实践技能课程系列教材

企业数智化经营管理沙盘实训教程

主　编　李　明
副主编　张战友　张　宁

黑龙江大学出版社
HEILONGJIANG UNIVERSITY PRESS
哈尔滨

图书在版编目（CIP）数据

企业数智化经营管理沙盘实训教程 / 李明主编 ; 张战友, 张宁副主编 . -- 哈尔滨 : 黑龙江大学出版社, 2024. 6. -- ISBN 978-7-5686-1201-2

Ⅰ. F272.7

中国国家版本馆 CIP 数据核字第 20247P9S11 号

企业数智化经营管理沙盘实训教程
QIYE SHUZHIHUA JINGYING GUANLI SHAPAN SHIXUN JIAOCHENG
主 编 李 明
副主编 张战友 张 宁

责任编辑 周志国 戴谨宇
出版发行 黑龙江大学出版社
地 址 哈尔滨市南岗区学府三道街 36 号
印 刷 华雅逸彩（北京）文化有限公司
开 本 720 毫米 ×1000 毫米 1/16
印 张 18.25
字 数 308 千
版 次 2024 年 6 月第 1 版
印 次 2024 年 6 月第 1 次印刷
书 号 ISBN 978-7-5686-1201-2
定 价 68.00 元

本书如有印装错误请与本社联系更换，联系电话：0451-86608666。

前　言

数字经济已经成为推动我国经济增长的关键力量。在“十四五”规划纲要中,创新被置于重要位置。没有数字技术的持续创新和算法的高效升级,实现产业基础的高级化、产业链的现代化以及供应链的安全将面临巨大挑战。5G+智能制造、5G 智能工厂、5G 智能+AI 车间等,这些数字经济的应用场景不仅涉及国民经济的各个产业领域,还深刻影响着社会的各类服务领域,预示着这些领域将成为学生未来的就业选择。

本教程是专为企业数智化经营管理沙盘实训精心设计的,适用于市场营销、财务管理、工商管理、电子商务、物流管理、网络营销、国际贸易、金融保险等多个相关专业的本科及高职高专学生。同时,也适合作为企业培训教材。旨在为师生提供一本科学、全面、系统的指导数智企业经营管理沙盘实践教学的工具书。

本教程旨在通过一系列精心设计的教学活动,帮助学生重构和深化专业知识体系,同时吸收和实践先进的企业管理理念。这些活动旨在提升学生的知识学习与应用能力,以及团队合作和沟通技巧。学生将根据不同的岗位需求进行分组,每项教学活动都强调团队合作,按照项目管理的标准模拟企业运营,进行竞争对抗。小组成员将扮演企业中的各种角色,借助模拟体验式的学习方式,深入理解有效工作的真谛,并在此过程中积累起以成果为导向的实际工作经验。

通过本教程的学习,学生将体验企业管理的完整流程,包括物流、资金流和信息流的协同运作,以及理解企业实际运营中各部门与管理人员之间的相互配合。学生将学习销售订单、原料采购、产品销售、生产、库存等物流管理的协调机制,以及产销排程、成本控制、合理开支等概念的理论与实践方法。此外,学生还将学习如何分析和预测营销环境，找准市场切入点，合理规划市场投入和品牌建设，以及如何深入分析竞争对手，采取出其不意的策略。

本教程还着重讲解数字企业的六大特征，以及技术如何支撑企业的数智化转型，强调数智化转型的必要性和紧迫性。通过实训和实践操作，学生将能够在不同环境下模拟数智企业经营并实现盈利，发现并解决企业面临的突发问题，对企业业务运行过程进行有效控制和监督。通过运用数字化技术，学生将认知数字化场景，培养数字化战略思维，以及掌握数据驱动经营的数字化执行能力。

本教程作为绥化学院 2023 年校本教材，由绥化学院李明主编，绥化学院张战友、新道科技股份有限公司张宁担任副主编。李明负责拟定大纲、组织协调和总撰定稿，编写第 1 章到第 3 章及第 7 章到第 9 章；张战友负责编写第 5、第 6 章；张宁负责编写第 4 章。

本教程编写过程中编者参考了数智企业经营管理沙盘实训平台的有关资料、课件、案例、应用情景，以及国内外许多企业经营管理方面的书籍、教材、期刊等资料，特向有关单位和个人表示感谢。本教程中所有图片均来自数智企业经营管理沙盘实训平台。由于编者水平有限，教材中如有不妥之处，敬请广大读者批评指正，以便进一步修改与完善。

编　者

目　　录

第 1 章　数智企业经营管理沙盘

学习目标：

(1)了解沙盘模拟及其教学应用。

(2)掌握企业数智化的概念、特征及其对企业经营管理的影响。

(3)清晰区分管理与经营的概念及其职能。

(4)掌握数智企业经营管理沙盘操作。

(5)掌握企业经营管理沙盘中的数字化应用。

1.1　沙盘模拟经营

1.1.1　沙盘模拟

沙盘模拟是一种针对现代企业经营与管理技术——ERP(企业资源规划)设计的角色体验实验平台。该模拟涵盖了企业运营的所有关键环节,包括战略规划、资金筹集、市场营销、产品研发、生产组织、物资采购、设备投资与改造、财务核算与管理等,并将企业运营的内外部环境转化为一系列规范性的准则。通过学生参与、沙盘载体、模拟经营、对抗演练、讲师评析、学生感悟等一系列实验环节,这种融合理论与实践议题、集角色扮演与岗位体验于一体的设计思想,使受训者在分析市场、制定战略、营销策划、组织生产、财务管理等活动中,能够参悟科学的管理规律,同时也对企业资源的管理过程有一个实际的体验。

1.1.2 沙盘模拟教学

20 世纪 50 年代,沙盘作为一种教学工具正式走进了管理学的课堂。这种教学方式借鉴了古代军事沙盘和建筑沙盘的原型特点,将一个企业生产运营的关键环节——包括整体战略规划、市场营销、产品研发、市场开发、资金筹集、生产管理、固定资产的投资和改造、财务管理等部分设计为运营的主要内容。学生通过角色扮演和岗位体验,置身于真实的企业经营环境中,体会经营企业的压力和喜悦。

近年来,企业经营管理沙盘教学作为一种新的体验式实验教学模式得到了普遍开展。由于其具有模拟情景、角色扮演、综合应用和寓教于乐的特点,突破了传统校外实训教学的诸多局限,有效地解决了经管专业学生素质和能力的培养问题。

传统的理论教学可以满足学生在知识层面的补充,但缺少实践环节。数智企业经营管理沙盘则可以帮助学生在进入社会之前,提前感受企业的经营流程,学习企业各方面的知识,通过体验的方式,学习企业中的点点滴滴。

1.1.3 数智企业经营管理沙盘

数智企业经营管理沙盘课程将参训学生划分成若干小组,每组由 5 人组成,每个小组代表一家虚拟公司,这些公司在同一行业内互为竞争对手。在这个训练过程中,每个小组的成员将分别担任公司中的重要职位,如总经理、营销总监、生产总监、人力资源总监、财务总监等,以全面模拟企业的日常运营与管理决策过程。学生将从先前的管理团队手中接管企业,并在面对来自其他企业(其他学生小组)的激烈竞争中,推动企业向前发展,进行数智化转型,直至完全成为数智化企业。

通过数智企业经营管理沙盘的学习,实现以下目标:

(1)通过亲身体验企业管理的完整流程,包括物流、资金流和信息流的协同,深入理解企业运营中各个部门与管理人员之间的相互配合。

(2)掌握企业基础信息的获取流程,以及信息流对企业决策的关键作用。

(3)认识现金流控制的重要性,体验企业财务管理的全部流程,包括贷款、融资、资产回报率和权益回报率等对绩效考核的影响。

(4)理解企业中销售订单、原料采购、产品销售、生产、库存等物流管理的相互协调,以及产销排程、成本控制和合理开支等概念的理论和方法。

(5)掌握市场战略分析与预测企业营销环境的方法,找准市场的切入点,合理进行市场投入和品牌建设,并深入剖析竞争对手的策略——出其不意,攻其不备。

(6)理解企业岗位职能的作用,以及知识管理和技能培训等人力资源管理的重要性。

(7)理解数字企业的六大特征,以及技术如何支撑企业数智化转型;认识数智化转型的必要性和急迫性。

1.2 企业经营管理沙盘中的数智化

1.2.1 从企业信息化到企业数智化

在数智化(数字化、智能化)成为热点之前,企业已经开展了多年基于业务流程再造与优化的“信息化”。简而言之,信息化是通过信息技术的手段,将优化后的业务流程进行固化、自动化,并提供业务决策支持。例如,传统的 ERP(企业资源计划)、HCM(人力资源管理)、CRM(客户关系管理)、SRM(供应商关系管理)、OA(办公自动化)等系统在企业中的应用与实施都属于这一范畴。

然而,与更加侧重于推动业务流程再造与优化的“信息化”相比,企业的“数智化”在驱动运营模式转变方面更为有力。随着云计算、移动互联网、大数据、人工智能、物联网、区块链等技术的发展与深度应用,业务流程变得更加以客户为导向,并融入生态体系。海量数据和智能分析能力使得决策支持以及客户洞察更加具有前瞻性,客户的个性化需求在企业数智化能力的支撑下得以快速满足。此外,平台经济、共享经济、网络协同、产业互联网等各种新的业务模式也因此得以实现。

1.2.2 企业数智化的基本特征

在数智化商业模式下,企业的运营模式和商业流程都将经历革命性的变化,展现出以下六大基本特征:

(1)客户导向。生产与经营活动将从以厂商为中心(B2C)转变为以客户为中心(C2B),真正构建起以客户为核心的商业模式和业务流程。

(2)员工能动。企业组织结构将从传统的自上而下模式转变为自下而上的员工能动模式,成为员工赋能的平台。

(3)数据驱动。企业的经营与管理将从流程驱动转变为数据驱动,数据的重要性超越流程,成为新的运营核心。

(4)智能运营。企业运营将从业务流程信息化转变为全面自动化、智能化,智能管理和智慧运营成为企业经营的基本需求。

(5)全球资源。企业的经营能力将从本地资源运营转变为全球资源整合,买全球、卖全球、协作全球成为未来企业竞争的关键能力。

(6)实时企业。企业的运行状态将从延时运营转变为实时运营,实时洞察、实时决策,"实时企业"的愿景得以真正实现。

1.2.3 企业数智化的定义

在此,我们将探讨如何精确地定义企业数智化。笔者认为:企业数智化是指利用基于新一代数字与智能技术的云服务,通过网络协同和数据智能,实现资源链接、流程重组、组织赋能、处理交易和执行作业,融入数字经济,推动企业业务创新(包括研发、生产、营销、服务等)和管理变革(涉及管理模式、组织与人才、管理决策等),从而转变生产经营与管理方式,实现更强竞争优势、更高经营绩效、更可持续发展的进步过程。

这是一项需要企业全力以赴的事业,是技术驱动业务变革、业务融合技术创新的长期过程,是一项需要循序渐进的长期变革,不是一个短期项目或计划。它需要企业高层的充分参与和全力推动,并从战略、文化、组织、技术、人才等多维度着手开展。

1.2.4　企业数智化的关键任务

企业数智化的本质在于数智力驱动下的商业创新，即管理创新与业务创新。通过全面总结数百家企业的数智化实践，发现实现数智化转型的企业主要聚焦于以下三项工作：

首先，构建企业数智力，即企业数智化的能力。这包括企业数智化基础设施的建设（例如中台架构的支持），以及数智技术的创新应用与研发能力的打造。

其次，以推动降本增效为目标的数智化管理。这一工作聚焦于运用新技术驱动的管理变革，以实现管理效率和效果的提升。

最后，以驱动增长为目标的数智化经营。这一工作聚焦于运用新技术赋能业务创新，通过创新产品、服务、营销、渠道及供应链，打造卓越的客户体验，从而推动企业的持续增长。

1.2.5　企业数智化，从场景重塑开始

企业经营管理过程中的每一项具体业务都由 N 个相互关联的业务场景（业务节点）构成。业务创新或变革往往始于技术驱动下的典型业务场景变革，而业务运行的效率则取决于与每个关联业务场景的衔接流畅程度及其运行效率。具体包括以下几个业务场景：

（1）智能选址、智慧导购、全域客户洞察、全局共享库存、异业会员共享等数字营销场景；

（2）共享服务、全球司库、智能资产配置、智慧风险管控、资产动态定价等智能管控场景；

（3）远程运维服务、智能排产、智能配料、智能调度、智能物流、大规模个性化定制等智能制造场景；

（4）供应商动态评价、供应商网络化协同、智能化全网寻源、卡拉杰克模型数字孪生等数字供应场景；

（5）社会化共享物流、工业互联网平台、产业互联网、供应链金融等社会化

商业场景；

(6)经营绩效智能评价、资金流动监控、智能市场分析与预测、投资风险预警等智能决策场景；

(7)网络化协同制造、社交化沟通与协作、跨组织/跨系统协同、协同效能分析等智慧协同场景；

(8)持续绩效与实时反馈、全面人才画像、智能简历推荐、实时劳动力分析等数智人力场景。

1.2.6 沙盘中的企业数智化

(1)网络营销与大数据结合

以客户需求为核心，将流量视为宝贵资产，实施线上线下融合、全链条的营销策略。

(2)智能生产与大数据融合

在生产环节中，运用智能排产、智能配料、智能调度和智能图纸更新等技术，显著提高工作效率；同时，与外部供应商实现高度协同，通过产业互联网缩短生产等待时间。

(3)数智人力与大数据整合

采用智能简历推荐、智能定薪和人力资源智能机器人等手段，大幅提升效率，节约成本，并重构管理流程。

(4)智能财务与大数据结合

借助人工智能等先进技术，推动财务管理向数字化、智能化转型，从而提高工作效率和准确性，降低财务风险。

1.3　认知经营管理

1.3.1　经营

1.3.1.1　经营的概念

早在两千五百多年前,在《诗经》里,《大雅 · 灵台》篇就有"经始灵台,经之营之"的诗句,这是"经""营"二字见于我国文字记载的最早组合,含义是经度营造或筹划建设。后来,司马迁把"经之营之"①发展为"经营"一词来使用。现代经营有"策划并管理"之意,是根据经营主体自身的资源状况和所处环境,对经营主体的长期发展进行战略规划和部署,制定明确的经营方针、经营目标的方法和手段。在企业中,经营的目的在于创造企业价值,追求效益最大化。

经营的意义可以被细分为多个方面,包括筹划、谋划、计划、规划、组织、治理以及管理等。然而,经营与管理并不等同。相较于管理,经营更加侧重于动态地规划和推动发展的过程,而管理则侧重于确保事物正常且合理地运转。

1.3.1.2　经营要素

(1)经营者

经营者是指从事商品生产、经营或提供服务的自然人、法人或其他组织。一般而言,我们将经营活动的主体统称为经营者。没有经营者,经营活动便无从谈起。经营者既可以是个体,也可以是多人集合,或是团体形式。

(2)经营对象

经营对象是经营活动的客体,即经营者将其经营活动施加于其上的事物。例如,企业的经营对象通常是物质资料,而政府的经营对象则是人类社会本身。

(3)经营权

经营权是实现经营的手段,通常指经营者对经营对象的占有、支配、使用以

---

① 司马迁在《项羽本纪赞》里写道:"谓霸王之业,欲以力征经营天下……"这里的"经营"一词,已明显地引申为筹划营谋的意思了。

及处理，或是强制、规范并承担经营责任的权力。物质资料的经营权被称为经济权力，一般表现为企业经营权；而社会的经营权则被称为政治权力，通常体现为政府经营权。

(4) 经营载体

经营载体一般指的是经营活动得以进行的组织形式。例如，经济的经营载体通常是家庭或企业，而政治的经营载体则只能是政府。

(5) 经营活动

经营活动是指企业投资活动和筹资活动以外的所有交易和事项，它是实现经营目的的过程。经营活动的范围十分广泛，就工商企业而言，它包括销售商品、提供劳务、购买商品、广告宣传、缴纳税款等一系列活动。

1.3.2 管理

1.3.2.1 管理的概念

管理是指一定组织中的管理者，通过实施计划、组织、领导、控制、创新等职能来协调他人的活动，他人与自己共同实现既定目标的活动过程。[①] 这是人类各种组织活动中最为普遍和重要的一种活动。近百年来，人们将研究管理活动所形成的基本原理和方法统称为管理学。作为一种知识体系，管理学是管理思想、管理原理、管理技能和方法的综合体。随着管理实践的不断发展，管理学也在不断充实其内容，成为指导人们有效开展各种管理活动，达到管理目的的重要指南。

1.3.2.2 管理的职能

(1) 决策

组织中的所有管理者，包括高层管理者、中层管理者以及一线(或基层)管理者，都必须从事计划活动。这些管理者必须制订计划，这些计划既要符合并支持组织的总体战略目标，也要支配和协调他们所负责的资源。此外，在计划

① 陈传明：《管理学》，北京：高等教育出版社，2019 年版，第 22—25 页。

过程中，他们必须做出决策。决策是制订和修正计划的前提，而计划则是实施决策的保证，因此计划与决策是密不可分的。

（2）组织

组织目标决定着组织结构的具体形式和特点。例如，政府、企业、学校、医院等社会组织，由于各自的目标不同，其组织结构形式也各不相同，并显示出各自的特点。任何社会组织是否具有自适应机制、自组织机制、自激励机制和自约束机制，在很大程度上取决于该组织结构的状态。因此，组织职能是管理活动的根本职能，是其他一切管理活动的保证和依托。

（3）领导

组织目标的实现需要依靠组织全体成员的共同努力。配备在组织机构各个岗位上的人员，由于在个人目标、需求、偏好、性格、价值观、工作职责以及掌握信息量等方面存在显著差异，在相互合作过程中必然会产生矛盾和冲突。因此，需要有权威的领导者进行领导，指导人们的行为，通过沟通增强人们的相互理解，统一人们的认识和行动，激励每个成员自觉地为实现组织目标共同努力。

（4）控制

控制的本质在于确保实践活动能够紧密贴合既定计划，而计划则构成了控制过程中不可或缺的基准与标准。作为管理者，其职责不仅限于采取充分的预防措施，以防止下属行为或事态发展偏离正轨，实现未雨绸缪、防患于未然；同时，还须敏锐地捕捉并及时获取计划执行状况的最新信息。这些信息随后需与原始计划进行细致入微的对比分析，以识别实践活动中潜藏的问题与偏差。

在发现问题后，管理者应迅速启动问题诊断机制，深入剖析其根源与成因，进而制定并实施一系列针对性强、行之有效的纠正措施，以确保实践活动能够迅速回归正轨，继续沿着计划设定的轨道稳健前行。

值得注意的是，控制与信任之间并非相互排斥的对立关系。相反，在高效的管理实践中，两者相辅相成、缺一不可。控制机制为组织提供了必要的秩序与保障，而信任氛围则促进了团队成员之间的协作与沟通，共同推动了组织目标的顺利实现。因此，管理者应在构建严格控制体系的同时，注重培养和维护组织内部的信任关系，以营造出一个既严谨有序又充满活力的管理环境。

（5）创新

管理者成功的关键在于创新。无论是办好任何一项事业，或是一张报纸的发行、一种产品的推销,都需要敢于走新的路,开辟新的天地。因此,创新自然成为管理过程中不可或缺的重要职能。

1.3.3 经营与管理的关系

“经营”包含在“管理”的外延之中,企业运营包括经营和管理这两个主要环节。经营是指企业进行市场活动的行为,而管理是指企业理顺工作流程、发现问题的行为。经营管理是相互渗透的,经营中的科学决策过程体现了管理的渗透,而管理中的经营意识则是情商的体现。

经营是对外的,追求从企业外部获取资源和建立影响;管理是对内的,强调对内部资源的整合和建立秩序。经营追求的是效益,需要资源和效益;管理追求的是效率,需要节流和控制成本。经营与管理是密不可分的。

经营是龙头,管理是基础,管理必须为经营服务。企业发展的规律是:经营—管理—经营—管理交替前进,就像人的左脚与右脚。如果撇开管理只抓经营是行不通的,管理跟不上,经营就无法前进。相反,如果撇开经营只抓管理,就会原地踏步甚至倒退。

思考题:

1. 企业数智化的关键任务是什么。
2. 什么是沙盘中的企业数智化。

第2章　组建沙盘企业

学习目标：

(1)理解企业中各角色任务与任务分层。

(2)了解企业组织架构与团队协作的重要性。

(3)树立全局观念与共赢理念，践行人尽其才的价值。

2.1　企业的概念

2.1.1　企业的设立

企业是依法设立的，以营利为目的，运用土地、劳动力、资本和技术等多种生产要素，向市场提供商品或服务。作为自主经营、自负盈亏、独立核算的法人或其他社会经济组织，企业的核心目标在于创造财富或价值。在这一过程中，企业必须承担相应的社会责任。

2.1.1.1　企业是市场经济活动的主要参与者

创造价值是企业经营行为的内在动机，企业的生产状况和经济效益直接影响社会经济实力的增长和人民物质生活水平的提升。只有培育大量充满生机与活力的企业，社会才能稳定、和谐且健康地发展。

2.1.1.2 企业是社会生产和服务的主要承担者

过程即生产和服务过程,大多由企业来承担和完成。许多企业需要组织社会生产,通过劳动者将生产资料(如劳动工具等)作用于劳动对象,从而生产出商品。因此,企业是社会生产的主要承担者。

2.1.1.3 企业是经济社会发展的重要推动力量

企业为了在竞争中立于不败之地,就需要不断积极采用先进技术,这在客观上必将推动整个社会经济技术的进步。企业的发展对整个社会的经济技术进步有着不可替代的作用。加快科技成果产业化,培育发展创新型企业,是企业发展壮大的重要途径。

2.1.2 企业的基本组织形式

目前我国企业的组织形式主要有三种,即个人独资企业、合伙制企业、公司制企业。

2.1.2.1 个人独资企业

个人独资企业最典型的特征是投资者仅有一个自然人,且该投资者以其个人财产对独资企业的债务承担无限连带责任。与个人独资企业非常相似的一种组织形式是个体工商户,个体工商户的经营者对外债务同样承担无限连带责任。个体工商户的规模通常没有个人独资企业大。

2.1.2.2 合伙制企业

合伙制企业分为普通合伙企业和有限合伙企业。普通合伙企业的典型特征包括共同出资、共同经营、共享收益及共担风险。与公司制企业相比,合伙制企业的一个显著特征是合伙人可以劳务出资。在合伙企业中,普通合伙人对合伙企业债务承担无限连带清偿责任,而有限合伙人则以其出资额为限承担有限责任。

2.1.2.3　公司制企业

公司制企业,目前在我国主要分为有限责任公司和股份有限公司两种形式。有限责任公司的股东以其出资额为限对公司债务承担责任,而公司则以其全部资产对公司的债务承担责任。

2.2　企业组织架构

组织架构的本质在于实现企业战略目标,通过分工与协作的精心安排来达成。组织架构的设计受到多方面因素的影响,包括内外部环境、发展战略、技术特征、组织规模以及人员素质等。在不同的环境、时期和使命下,组织架构模式也会有所不同。

企业的组织架构不仅是管理的基础和载体,也是企业生产经营管理功能的具体体现。从某种程度上说,企业之间的竞争实质上是"效率"的竞争,而这种"效率"很大程度上依赖于合理的组织架构。某企业组织结构如图 2-1 所示。

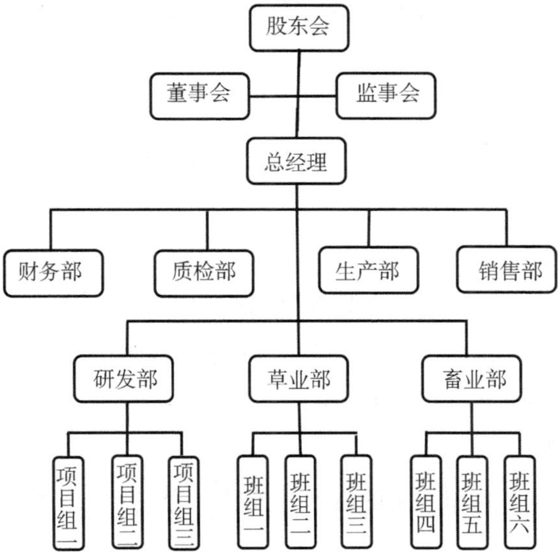

图 2-1　某企业组织结构

2.2.1 企业组织架构的四要素

（1）职能结构：一项业务的成功运作依赖于多个职能部门的协同作用。

（2）部门结构：指的是各管理部门的构成，即组织的横向结构。

（3）层级结构：涉及各管理层的构成，即组织在纵向上设置的管理层级。

（4）职权结构：描述各层次、各部门在权力和责任方面的分工及其相互关系。

2.2.2 企业组织架构的影响因素

（1）企业环境

企业要想生存和发展，就必须不断地适应环境的变化。因此，环境是决定管理者采取何种组织架构类型的关键因素之一。

（2）企业战略

企业的组织架构是其实现经营战略的主要工具之一，不同的战略要求不同的结构与之相匹配。一旦战略形成，组织架构应作出相应的调整，以适应战略实施的要求。

（3）企业规模

企业规模是影响企业组织设计的重要因素之一。规模不同，其内部结构也存在明显的差异。

（4）业务特点

如果企业业务种类众多，就要求组织有相应的资源和管理手段与之对应，来满足业务的需要。因此，在部门或岗位设置上就会更加多样化，所需的人员也会更多，组织架构相对就复杂一些。

（5）技术水平

组织的活动需要利用一定的技术并反映一定技术水平的特殊手段来进行。

（6）人力资源

人力资源是组织架构顺利实施的基础。在组织架构设计中，对人员素质的影响考虑不够会产生较严重的问题。员工素质包括价值观、智力、理解能力、自控能力和工作能力。

(7)信息化建设

网络技术使企业高层管理人员能够通过网络系统低成本且及时地掌握各个基层机构形成的原始信息。

2.3　组建团队

组建一个由五名学生组成的团队,根据高绩效团队的特征,结合每位成员的意愿、素质和专长,进行精准的岗位分工。明确每位团队成员的角色职责后,以确保组织有序、高效且高质量地推进数智企业经营项目。

组建过程的信息,请参见表 2-1。

表 2-1　组建团队

序号	学习步骤	学习要求
1	公选总经理	
2	角色分工	
3	团队设计	
4	团队优势呈现	

2.3.1　公选总经理

公选总经理的主要职责及任职要求如下:

(1)主要职责

组织季度会议,分配季度工作任务;

接收经营反馈,制定经营决策;

对企业整体的经营结果负责。

(2)任职要求

①具备目标绩效管理、过程控制、发展合作、冲突管理等方面的知识与实践技巧;

②具备很强的演讲、沟通、团队管理、系统思维、分析决策、战略思维、驾驭全局、资源整合的能力；

③能够巧妙地采用多种方式影响他人；

④在仔细权衡代价和收益的基础上作出某种决策，为了使公司获得较大利益，甘愿承担风险；

⑤工作中能够不断鞭策大家，确保他人理解并接受领导的使命、目标、政策和工作安排，保证任务的顺利完成。

2.3.2 角色分工

2.3.2.1 营销总监岗位

(1)主要职责

① 营销战略的制定、分解与执行：负责组织拟定公司的营销计划、销售预测和具体的战略目标、战略措施，并负责具体的实施工作，确保各期营销计划及销售目标的完成；根据公司的营销策略及营销计划，负责向下属部门进行任务分解；定期对市场营销环境、目标、计划、业务活动进行核查分析，及时调整营销策略和计划，制定预防和纠正措施，确保完成营销目标和营销计划。

② 规章制度的建设与管理：主持制定公司营销管理有关的销售政策、规章制度、实施细则和工作程序，并经批准后组织实施；组织监督、检查各项制度的执行情况，确保部门日常管理的有序进行。

③ 营销费用预算及控制：负责公司年度营销费用预算；负责公司营销费用的审核，确保营销费用的合理性；负责公司年度广告费用的核算与确定。

④ 营销相关工作：开展对客户、市场、竞争对手的调查研究，针对市场和竞争对手的动向制定应对措施，巩固原有市场，开发新市场，提高品牌形象；根据市场需求状况报批新产品开发方案；全面负责公司客户信息的管理，妥善处理客户在营销层面的投诉问题；监督、检查客户服务及售后情况，确保服务质量不断提高。

(2)任职要求

首先，要具备强大的市场分析、营销和推广能力。其次，具备丰富的营销网络及销售成本控制经验。此外,具备良好的人际沟通和谈判技巧,以及分析和解决问题的能力。工作态度严谨,性格坦诚正直,工作计划性强,并具备战略前瞻性思维。

2.3.2.2 生产总监岗位

(1)主要职责

主要包括:根据公司战略目标和经营计划,合理配置设备、人员和场地等生产资源,以满足产能需求;负责车间制造管理,包括生产流程、工艺工程、设备运维,并规划和完成组织生产目标;负责对生产车间员工进行工作技能和安全操作规范的培训,确保员工具备必要的专业知识和操作技能;负责对生产车间设备的管理和维护,以及监督车间员工做好品质自检工作,确保产品质量;监控生产人员的规范操作方法,以确保生产现场的安全和清洁;根据排产计划安排生产工作,协调人员、物料、设备等的准备工作,确保生产进度;建立生产进度、安全、质量等体系制度,负责生产、安全检查等管理制度的拟定、检查、监督等;监督和管理生产现场及人员,推进生产现场的6S管理,落实公司安全生产教育;监督生产设备的运作和日常维护及保养工作。

(2)任职要求

具备ERP物资库存和采购模块的实施经验,能够担任项目经理的角色。对企业生产、采购和销售流程有深入了解。具有出色的沟通和表达能力,能够有效地与团队成员和客户进行交流。具备良好的学习新产品的能力,乐于接受新知识,并能够快速掌握新行业的要求和趋势。

2.3.2.3 人力资源总监

(1)主要职责

根据公司实际情况和发展规划,拟订人力资源计划,并经批准后组织实施。组织制定公司的用工制度、人事管理制度、劳动工资制度、人事档案管理制度、员工手册、培训大纲等规章制度和实施细则,并经批准后组织实施。组织办理员工绩效考核工作,并负责审查各项考核和培训结果。审批经人事部核准的过失单和奖励单,并安排执行。负责在公司内外收集有潜力和所需的人才信息,并组织招聘工作。受理员工投诉和员工与公司劳动争议事宜,并负责及时解决。了解人力资源部工作情况和相关数据,收集分析公司人事、劳资信息。审批公司员工薪酬表,报总经理核准后转会计部执行。制订人力资源部专业培训计划,并协助培训部实施、考核。加强与公司外同行之间的联系。代表公司与政府对口部门和有关社会团体、机构联络。根据公司业务发展战略,拟订年度及月度招聘计划,负责整体定岗、定编工作,完成员工招聘工作,搭建并不断完善拓展公司现有的招聘渠道。搭建适应公司发展需要的人力资源管理体系(包括人才发展、招聘配置、绩效管理、薪酬福利、员工关系等),并负责管理、执行、监督和完善。为公司的人力资源状况定期诊断和评估,完善人才储备及人才梯队建设。做好公司年度人力资源成本预算和分析,向公司提供人力资源、企业管理等方面的合理化建议,以及控制人力成本风险和运营管理等方面对策,及时处理公司管理过程中的重大人力资源问题。负责公司的整体企业文化建设、提升和传承,以及公司员工管理的沟通协调等。关注业务需求,定期进行组织诊断,及时发现问题并提出人力调整建议,为公司重大人事决策提供信息支持。

(2)任职要求

熟悉人力资源管理的流程,并能制定切实可行的人员培训、激励等管理政策和机制。实施对人力资源的培训、激励等管理活动。具备良好的团队合作精神和沟通协调能力。

2.3.2.4　财务总监岗位

(1)主要职责

负责企业的财务管理工作,建立、健全企业内部财务管理制度并组织实施,确保财务体系的高效运转。根据企业中、长期经营计划,制定财务战略规划和控制标准。根据相关财务管理制度组织制定企业的各项财务管理制度、内部控制制度及实施细则、工作流程,完善和规范企业财务管理体系。制订企业资金运营计划,监督资金管理报告和预算、决算,负责企业财务管理、会计核算、成本控制、资金管理及税务事宜的总体运作。监督和检查企业财务及相关业务活动的真实性、有效性,及时发现和制止违反企业财务制度的行为,确保企业资产、财务和资金的安全。指导和督促财务部及时完成会计报表的编制,并对会计报表的准确性负责。负责日常财务记账和外来账款管理。

(2)任职要求

具备良好的沟通协调能力和文档编写能力;保持良好的工作记录习惯,善于学习总结,工作严谨踏实,责任心强,条理清晰;品行端正,具有良好的职业操守。

2.3.3　协调企业各角色之间的关系

在实际工作中,可以通过以下几个方面来提升企业内部不同角色之间的协作关系:

(1)建立内部满意度调查制度

为了有效解决问题,可以定期发放满意度问卷,询问员工对当前服务的感受。通过持续收集这些反馈,可以为部门提供改进的方向,从而提升全年的服务质量。

(2)明确部门的职责定位

公司应确保每个部门的职责清晰,设立这些部门的目的是更好地服务其他部门,而不是仅仅方便本部门的员工。

(3)畅通的沟通渠道

沟通渠道是企业内部无形但至关重要的机制。高层管理者应致力于建立有效的沟通机制,促进不同角色之间的横向交流,确保信息的流畅传递。

(4)实施内部轮调制度

通过轮调制度,让员工有机会在不同部门工作,从而了解其他部门的工作内容。这种经验有助于员工回到原部门后,能更全面地考虑问题,站在他人的立场上进行思考。轮调最好在员工职业生涯的早期进行,以便他们能在更广泛的领域内发展专长。

2.4 团队设计

2.4.1 团队设计方案

组长组织小组成员在讨论中确定小组名称和队徽、小组的目标(任务)、小组的学习口号(要求积极、健康、体现小组精神)、团队和成员的优势。团队设计方案见表2-2。

表2-2 团队设计方案

设计内容	具体内容
小组名称和队徽	
小组的目标(任务)	
小组的学习口号(要求积极、健康、体现小组精神)	
团队和成员的优势	

2.4.2 团队设计示意图

团队设计示意图是团队设计方案的具体呈现形式,通过语言、文字、图形和数字等多种方式展示团队的设计方案。团队设计示意图主要包含以下要素:团队名称、队徽、团队目标与任务、团队文化以及团队成员等,这些要素共同展现了团队的经营理念和战略目标。团队设计示例见图2-2、图2-3、图2-4。

图 2-2　团队设计示例 1

图 2-3　团队设计示例 2

图 2-4　团队设计示例 3

2.5 创立企业操作说明

2.5.1 创立企业

学生登录数智企业经营管理沙盘系统[1]，进入系统后，点击图标①“开始经营”，进入企业信息填写页面。在企业信息填写页面分别填写“企业名称”“企业远景”“企业宣言”。如图 2-5 所示。

图 2-5　企业信息填写

数智企业模拟经营页面如图 2-6 所示：

（1）图标①展示姓名；

（2）图标②展示目前已经经营到某年某季度；

（3）点击图标③可查看企业目前还有多少现金，点击后显示具体金额，10 秒后金额自动隐藏，如需查看，可再次点击；

（4）点击图标④“帮助”按钮，输入名词，可进行规则名词解释；

（5）图标⑤为各岗位总监入口处；

---

① 数智企业经营管理沙盘系统是新道科技股份有限公司开发，顺应数智化人才培养需求而研发的一款展现数智企业经营管理全景的教、练、考、赛一体化的教学平台。

(6)图标⑥为查看企业详情。

图 2-6　数智企业模拟经营页面

2.5.2　企业全景及市场调研

“企业全景”用于查询企业详情,具体操作如图 2-7 所示:

(1)图标①位置的页签,展示订货会的信息,可点击切换,查看每次订货会的详单调研情况;

(2)图标②页签内容为每次选单时的订单概况,包括市场、产品、特性、数量以及评估价格;

(3)点击图标③“市场调研”按钮,可查看市场详情。

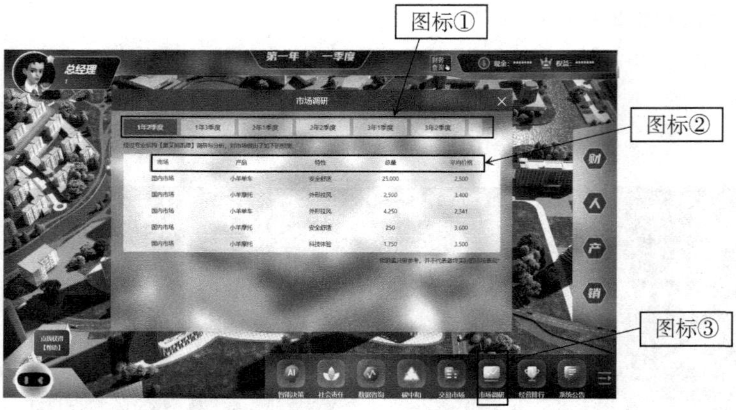

图 2-7　数智企业全景

2.5.3　经营排行及经营报告

经营排行用于年度经营结束后，查看各组经营排名状况。具体操作如下：

（1）“经营报告”包含营销报告、产能报告、人力资源报告、财务报告，点击后可切换；

（2）“营销报告”可查看企业本年度销售情况，广告投放情况以及广告排名情况；

（3）“产能报告”可查看当前公司资产状况，包含生产线、产能、库存和工人数量；

（4）“人力资源报告”可获取公司费用信息；

（5）“财务报告”可查看企业的资产、负债、所有者权益情况。

思考题：

1. 企业各角色之间的关系是什么。

2. 数智企业模拟经营操作的基本流程是什么。

第3章　市场营销管理

学习目标：

（1）理解市场营销环境及 SWOT 分析应用。

（2）掌握营销“4P”策略和营销“4C”策略的制定。

（3）了解数字营销，认知数字营销在企业中的应用。

（4）掌握营销总监岗位操作流程及逻辑关系。

3.1　认知市场营销

很多人错误地将市场营销仅仅理解为销售和广告。在过去，市场营销常被狭隘地定义为“宣传和推销”，即仅仅关注将产品卖出去的过程。然而，这种理解是不全面的，市场营销的实质应是满足顾客需求，并构建稳固的顾客关系。根据管理学之父彼得·德鲁克的观点，“营销的目的就是使推销成为多余”。销售和广告仅仅是市场营销组合的一部分，这个组合是一系列工具的综合体，旨在满足顾客需求并构建稳固的顾客关系。①

市场营销观念，也称为需求中心论，具体表现为顾客需要什么，企业就卖什么，而非企业能制造什么就卖什么。20 世纪 50 年代以后，新的营销观念的形成，不仅在形式上，更在本质上改变了企业营销活动的指导原则，使企业经营指导思想从“以产定销”转变为“以销定产”，第一次摆正了企业与顾客的位置，因

① 威廉·科恩：《跟德鲁克学营销》，蒋宗强译，北京：中信出版社，2013 年版，第 29 页。

此被视为市场观念的一次“重大革命”。

市场营销观念的变革不仅重塑了企业的经营程序和方法,还促使企业的市场营销活动转化为整体性的过程。在这一过程中,营销管理工作占据了重要地位。此外,它还改变了企业的组织结构,提高了市场营销部门在企业中的地位,建立了以市场营销为中心的新的管理体制。企业的市场营销工作从以生产者为中心转向了以顾客需求为中心,销售策略也发生了改变,从过去的以满足目标市场的顾客需要为主要目的的“硬卖”转变为更加注重增长的“软卖”。通过贯彻“顾客至上”的理念,来满足顾客需求,从而实现利润的增长。

3.1.1 市场营销环境分析

市场营销环境是指与企业市场营销活动相关的外部环境和条件[①],它由企业营销管理职能的内部条件和外部环境组成。它指的是企业在其中开展营销活动并受其影响和冲击的各种行动者与社会力量的组合。通常情况下,我们按照企业营销环境的影响范围,将市场营销环境进一步分为宏观市场营销环境和微观市场营销环境。

宏观市场营销环境是企业无法控制的因素,它通过影响企业的内部环境进而影响企业的营销能力和效率。这一环境由一系列巨大的社会力量构成,包括人口、经济、政治法律、科学技术、社会文化及自然生态等因素。通过分析研究这些外部环境,企业能够捕捉到环境变动所带来的营销机会。

微观市场营销环境是直接影响企业营销能力和效率的力量,主要包括企业自身、供应商、营销中介、消费者、竞争者及社会公众。通过分析研究这些因素,能够协调企业的相关利益群体,促进企业营销目标的实现。

微观市场营销环境和宏观市场营销环境之间不是并列关系,而是主从关系。微观市场营销环境受制于宏观市场营销环境,微观市场营销环境中的所有因素均受到宏观市场营销环境中的各种力量和因素的影响。研究营销环境的目的是通过对环境变化的观察来把握其趋势,以发现企业发展的新机会和避免

---

① 孟韬:《市场营销 互联网时代的营销创新》,北京:中国人民大学出版社,2021 年版,第 68 页。

这些变化所带来的威胁。营销者的职责在于正确识别市场环境所带来的可能机会和威胁，从而调整企业的营销策略以适应环境变化。

3.1.1.1　市场营销环境的关键因素

(1)竞争者

竞争者是指与本企业争夺市场份额和服务资源的对手，包括现有的企业、生产同类产品的企业、潜在的进入者、替代产品的生产企业等。从产品的替代性来分析，企业面临四个层次的竞争对手：①品牌竞争者，存在满足同一需求的不同品牌间的竞争；②产品形式竞争者，存在满足同一需求的同类产品的不同形式之间的竞争；③平行竞争者，存在满足同一需求的不同类产品的竞争；④愿望竞争者，存在满足不同需求的不同类产品的竞争，例如，消费者想要出去旅游，又想买家具，那么旅游公司与家具公司之间的竞争就属于这种愿望竞争。

(2)供应商

供应商是指向企业及其竞争者提供从事活动和业务所必需的各种资源(包括原材料、零配件、设备、能源、劳务及其他用品等)、生产产品和服务的企业及其分支机构、个体工商户。供应商对企业营销活动的影响主要表现在以下几方面：

①供货的可靠性、稳定性：与企业配套的供应商必须及时、稳定地进行供应，否则就会造成生产环节的脱节，影响产品的市场供应。

②供货的价格变动：原料价格的涨跌直接影响产品成本的提高与降低，导致企业利润空间的伸缩，对企业的综合竞争力和市场占有率有着直接的影响。

③供货的质量水平：原材料与零配件的质量好坏直接影响企业产品的质量。供应商售后服务质量水平的高低直接影响企业的营销服务能力。

(3)营销中介

营销中介是协助企业通过推广、销售产品给最终购买者的各种中介机构，包括中间商、物流机构(运输企业、仓储企业等)、营销服务机构(广告公司、咨询公司等)和金融机构(银行、信托公司、保险公司等)。

(4)公众

公众指对企业实现目标的能力具有实际或潜在利害关系和影响力的一切团体和个人。

(5)企业

企业是由各个职能部门组成的经营管理机构,其核心目的是实现盈利。企业的构成因素包括资源条件、企业文化、组织架构和企业能力等,这些因素是企业能够自由控制的。企业对资源的拥有和利用情况,直接决定了其活动的效率和规模。

3.1.1.2 市场营销环境分析方法——SWOT 分析法

SWOT 分析法是一种将与研究对象密切相关的各种主要内部优势和劣势、外部的机会和威胁等,通过调查列举出来,并依照矩阵形式排列的方法。通过系统分析的思想,将这些因素相互匹配起来加以分析,从中得出一系列相应的结论,这些结论通常带有一定的决策性。

SWOT 分析法从某种意义上来说隶属于企业内部分析方法。SWOT 是由 Strengths(优势)、Weaknesses(劣势)、Opportunities(机会)、Threats(威胁)四个英文单词的第一个字母构成。其中,S 和 W 代表内部因素,O 和 T 代表外部因素。按照企业竞争战略的完整概念,战略应是一个企业“能够做的”(即组织的强项和弱项)和“可能做的”(即环境的机会和威胁)之间的有机组合。

SWOT 分析法的主要思想是:抓住机会,强化优势,避免威胁,克服劣势。SWOT 分析主要有以下几个步骤:

(1)分析内外部环境因素

首先,识别和分析企业外部环境中存在的机会和威胁因素,这些是制约企业发展的外部条件因素,对企业发展产生有利或不利的影响,属于客观因素。

其次,识别和分析企业内部环境中的优势和劣势因素,这些是影响企业发展的自身条件因素,它们对企业发展起到积极或消极影响,属于主动因素。

(2)构造 SWOT 矩阵

构造 SWOT 矩阵,如表 3-1 所示。

表3-1 SWOT矩阵

内部环境	Strengths(优势)	Weaknesses(劣势)
外部环境	Opportunities(机会)	Threats(威胁)

(3)制订计划

①WT战略,又称为防御战略。企业一旦处于这样的位置,应尽可能减少内部劣势,避开外部威胁,并逐渐消除劣势。如果处理不当,可能会直接影响企业的生存。

②WO战略,又称为扭转战略。当外部环境中存在机会但企业在这些方面处于劣势时,要求企业利用外部机会,转变内部劣势,以实现企业的持续发展和竞争优势。

③ST战略,利用内部优势,规避外部威胁。企业一方面可以通过重新构建资源,利用竞争优势将威胁转化为机会;另一方面可以利用自身的优势,抓住市场中的其他机会。

④SO战略,又称为增长战略。企业应强化并扩大已有的竞争优势,以获得新的竞争机会。在这一战略中,企业必须敏锐地捕捉机会,把握时机,以寻求更好的发展前景。

(4)确定策略

SWOT分析法不仅仅是列出四项清单,而是通过评价公司的优势、劣势、机会和威胁,对SO(优势与机会)、WO(劣势与机会)、ST(优势与威胁)、WT(劣势与威胁)进行甄别和选择,并最终得出结论。这一结论旨在指导公司在现有的内外部环境下,如何更好地运用自身资源,以及如何规划公司的未来资源的布局与发展。

3.1.2 市场营销战略

3.1.2.1 市场细分战略

市场细分是指根据消费者的需求,将整个市场划分为具有共同特征的若干消费群体。由于消费者需求存在异质性,市场细分的目的在于将一个异质市场划分为若干相对同质的市场。市场细分是选择目标市场的基础工作,也是企业市场营销活动的重要组成部分。企业通过细分市场并针对选定的目标市场,设计恰当的产品、服务、价格、促销和分销系统"组合",以满足细分市场内顾客的需求和期望。

3.1.2.2 目标市场选择战略

由于企业自身资源的限制,无法满足整个市场中所有买方的需求。因此,在进行了市场细分和对不同细分市场的评估之后,企业需要进行目标市场的选择。所谓目标市场选择,是指企业在市场细分的基础上,从几个有望成为自身目标市场的细分市场中,根据一定的要求和标准,选择其中的某个或某几个细分市场作为目标市场的决策过程。[①] 目标市场的选择模式主要包括产品—市场的集中化模式、产品专业化模式、市场专业化模式、选择性专业化模式以及市场全面化模式。

除了考虑目标市场模式外,企业在选择一个或几个具有吸引力且有利于发挥自身优势的细分市场作为目标市场时,还需考虑应采取何种营销策略以取得满意的经济效益。目标市场的选择策略主要包括以下 4 种类型。

(1) 无差异性营销策略

在无差异性营销策略下,企业将整个市场视为目标市场,不考虑消费者需求的多样性,认为所有消费者对某种商品有共同的需求。因此,企业决定只推出一种产品,并采用单一的营销策略,力求在一定程度上满足尽可能多的消费

---

① 周君,王烨烨,高国生:《市场营销》,西安:西北工业大学出版社,2021 年版,第 34 页。

者需求。

优点:生产经营的品种少,有利于标准化和大规模生产,能节省各项费用,降低成本,从而能以较低的价格取得市场竞争优势。

缺点:单一产品要以同样的方式迎合所有客户的需求几乎是不可能的,如果许多企业都采取这种策略,可能会导致共性市场的激烈竞争,这对市场营销者和消费者均是不利的。

(2)差异化营销策略

差异化营销是指企业在市场细分的基础上,选择两个或两个以上的细分市场提供产品和服务,并且在渠道、促销和定价等方面结合不同细分市场的特点进行调整。

优点:针对不同的目标市场,制定不同的市场营销策略,企业可以更好地满足不同细分市场上消费者的不同需求,从而扩大商品销售量;同时,选择两个以上的目标市场,通过强有力的市场营销组合来增强竞争力,可以提高市场占有率。

缺点:差异化营销会增加企业的生产成本、管理费用、销售费用,导致市场营销总体成本上升。

(3)集中化营销策略

集中化营销是指企业将所有资源力量集中,定制一套营销方案,以满足一个或少数几个子市场的需求,从而作为其目标市场。

优点:通过利用目标市场和企业资源的集中优势,使企业经营的产品在特定市场上占有优势地位,从而提高市场占有率和知名度;生产专业化程度高,能准确了解和满足客户的不同需求;营销组合方案针对性强,可节约成本和营销费用。

缺点:目标市场过于狭窄,可能导致企业面临较大的经营风险。

(4)定制营销策略

定制营销是指企业在大规模生产的基础上,将每一个消费者视为一个单独的子市场。通过与客户进行个体沟通,明确并把握特定客户的需求,并为其提供定制化的满足方式,以更好地实现企业利益为目的的活动过程。定制营销也被称为“一对一”营销或个性营销。

优点:能极大满足消费者的个性化需求,提高企业竞争力;以需定产,有利于减少库存积压,加快企业的资金周转;有利于产品和技术上的创新,促进企业不断发展。

缺点:定制营销可能导致营销工作的复杂化,增大经营成本和经营风险。定制营销需要建立在定制的利润高于定制的成本的基础之上。此外,生产领域的定制营销还对企业的设计、生产、供应等系统和管理的信息化程度有很高的要求,一般的生产企业可能难以满足这些要求。

3.1.2.3 市场定位

企业选择和确定目标市场及目标市场策略后,就进入市场营销战略的最后一个步骤——市场定位。所谓市场定位,也称为产品定位,是指企业通过其产品在目标市场,即消费者心目中,塑造鲜明特色和良好形象。这一过程旨在满足消费者的需求和偏好,并与竞争者的产品有所区别。市场定位是企业制定市场营销策略的基础,有利于建立企业及产品的市场特色。

3.1.3 市场营销策略

3.1.3.1 4P 营销策略的制定

1960 年,麦卡锡提出了 4P 营销理论,将营销要素概括为四类:Product(产品)、Price(价格)、Place(渠道)和 Promotion(促销)。[①]

4P 营销策略是指企业在市场营销活动中,通过对自身可控的各种营销因素(产品、价格、渠道、促销)进行优化组合和综合运用,使之协调配合、扬长避短、发挥优势,从而取得更好的经济效益和社会效益的一种理论。

产品、价格、渠道、促销是市场营销中可控制的关键因素,也是企业进行市场营销活动的主要手段。对这些因素的具体运用,构成了企业的市场营销战略。它们之间是不可分割的,相互依存、相互影响和相互制约。在市场营销中,企业必须从目标市场需求和市场营销环境的特点出发,结合企业的资源条件和

---

① 佩罗特,麦卡锡,梅清豪:《营销学基础》,北京:中国财政经济出版社,2004 年版,第 28 页。

优势，综合运用各种市场营销手段，形成统一且配套的市场营销战略，以发挥整体效应，达到最佳效果。

3.1.3.2　4C营销策略的制定

1990年，美国学者罗伯特·劳特朋教授提出了与传统4P相对应的4C营销理论。[①] 4C营销策略以消费者需求为导向，重新定义了市场营销组合的四个基本要素，瞄准消费者的需求和期望。4C分别代表Customer（顾客）、Cost（成本）、Convenience（便利）和Communication（沟通）。

Customer（顾客）主要关注顾客的需求。企业必须首先深入了解和研究顾客，根据顾客的需求来提供产品。同时，企业提供的不仅仅是产品和服务，更重要的是由此产生的客户价值。

Cost（成本）不仅仅是企业的生产成本，或者说4P中的Price（价格），它还包括顾客的购买成本。同时，产品定价的理想情况应该是既低于顾客的心理价格，又能让企业有所盈利。此外，顾客的购买成本不仅包括其货币支出，还包括为此耗费的时间、体力和精力，以及购买风险。

Convenience（便利），即为顾客提供最大的购物和使用便利。4C营销策略强调企业在制定分销策略时，应更多地考虑顾客的方便，而非企业自身的方便。通过提供优质的售前、售中和售后服务，让顾客在购物的同时享受到便利。便利是客户价值不可或缺的一部分。

Communication（沟通）取代了4P中对应的Promotion（促销）。4C营销策略认为，企业应通过与顾客进行积极有效的双向沟通，建立基于共同利益的新型企业—顾客关系。这不再是企业单向的促销和劝导顾客，而是在双方的沟通中找到能同时实现各自目标的途径。

---

① Lauterborn B.：New marketing litany：Four P's passe：C-words take over, *Advertising Age*, 1990（41）, p. 26.

3.2 市场营销管理操作说明

学生登录数智企业经营管理沙盘系统,进入系统后,市场营销管理操作说明如下。

3.2.1 市场调研

通过市场调研功能查看市场需求量,进行销售策略的制定(如图 3-1)。具体操作如下:

(1)单击页面中图标①“市场调研”按钮,可根据该市场预测制定营销策略。

(2)点击图标②区域,可切换年份和季度,由此查看各年份详细的需求量状况。

图 3-1　市场调研

3.2.2　市场开拓

营销总监通过此功能可以开拓新的市场(如图 3-2)。具体操作如下:

(1)单击图标①,进入市场页面,可在本页面下开拓新市场。

(2)依次单击图标②“开拓”按钮,完成新市场开发。

(3)可以在开拓完成的市场直接销售产品。

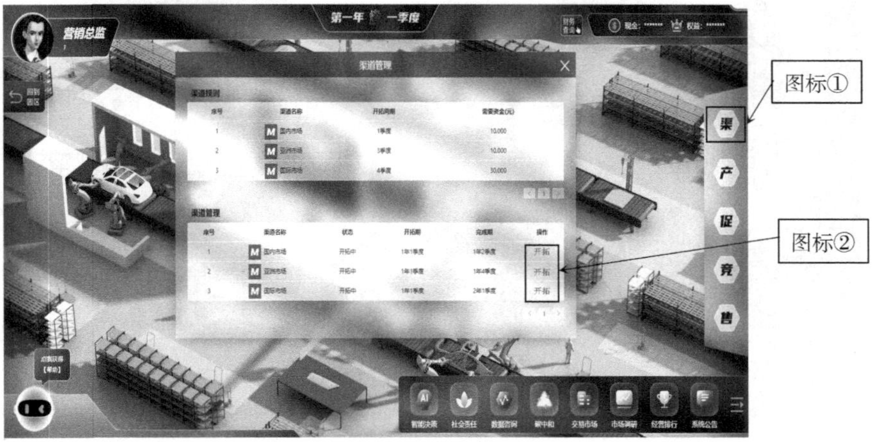

图 3-2　市场开拓

3.2.3　申请资质

营销总监通过此功能认证产品资质(如图 3-3)。具体操作如下:

(1)单击任务栏中图标①“产”按钮,进入资质认证页面,单击图标②“产品资质状态”按钮,可进行产品资质认证。

(2)依次单击图标③“申请”按钮完成新产品资质申请。

(3)申请成功的产品,代表企业已经获取该产品生产资质,可以直接用于生产。

（4）单击图标④“ISO 认证状态”按钮，进入 ISO 资质认证页面。

（5）在页面下，完成资质认证。

（6）认证成功代表企业获得该项资质。每张订单后面有资质要求，无资质就无法获得订单。

图 3-3　申请资质

3.2.4　广告投放

销售产品最重要的环节就是投放广告，可通过本环节，提高企业知名度（如图 3-4）。

具体操作如下：

（1）单击任务栏中图标①“促”按钮，进入广告投放页面。

（2）可在本页面选择所要投放广告的市场，点击图标②“投放”按钮。

（3）在弹出页面下单击图标③“+”按钮，增加广告数量，或直接在对话框内填写数字。

（4）广告可多累加，不可减少。

（5）最后单击图标④“确定”按钮，完成广告投放任务。

(6)完成广告投放任务意味企业可以在该市场进行选取订单。

(7)在投放时,1 个广告=1 个知名度。

(8)广告投放得越靠前,越有优先选单的机会。

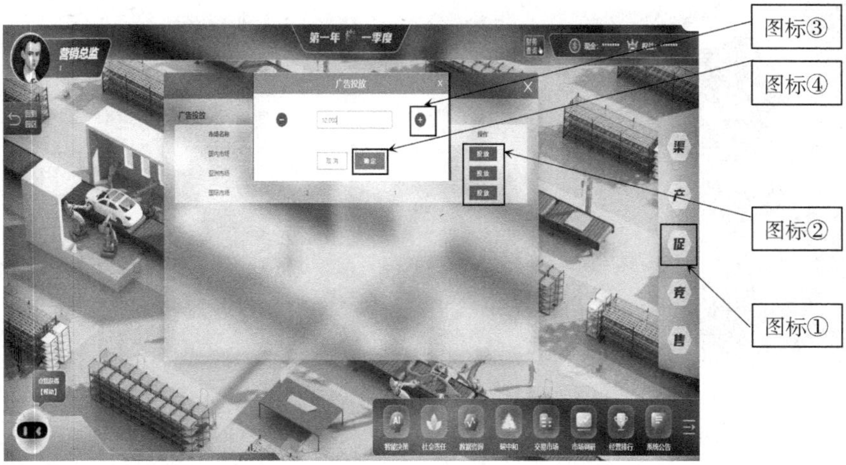

图 3-4 广告投放

3.2.5 选取订单

选取订单具体操作(如图 3-5)如下:

(1)单击任务栏中图标①“竞”按钮进入选单页面

(2)在该页面下,单击图标②“申报”按钮,可在弹出对话框内填写申报的数量和价格。

(3)申报成功后,系统自动在“申报数量”列,显示本企业已申请的订单和数量。

(4)单击图标③“已申报订单”按钮也可查看企业申报的总订单。

(5)在订单申报期内,可对订单数量和价格进行修改,系统以最后一次申报数量和价格为准。

(6)竞单由教师端开启,一旦开始无法暂停。

注:需在规定时间内完成选单。选单结束后无法更改订单。

图 3-5　选取订单

3.2.6　订单交付

通过此环节,企业可以对已经获取到的订单进行及时交付(如图 3-6、图 3-7)。具体操作如下:

(1)单击任务栏中图标①"售"按钮,弹出订单交付页面。

(2)在本页面展示的订单为分配给企业的,并非企业申请的全部订单(详情请查看规则)。

(3)当企业有足够的产品数量时,可单击图标②"交货"按钮。

(4)订单交货后,相关数据会在成本操作列中显示。

(5)"总价"栏中的现金会自动生成应付账款。

(6)具体收款期限为实际交货季度加上账期。

(7)交货时间可提前,但不可延后。交货期指的是本年度的第几季度完成交货,否则将被视为违约。

(8)订单中图标③"市场"栏显示该市场下的所有订单。

(9)根据本企业生产的产品及其特性,对应订单中图标④区域进行订单申报。

(10)页面中图标⑤区域显示该订单的最高价格和最多数量,在申请该订单时不得超过该价格和数量。

(11)“账期”表示货物交付成功后,货款到达公司的时间。自完成交货之日起计算。

(12)“ISO 要求”是指企业若想获取该订单应当具备的资质。如果没有相应的资质,即使申请后,依然无法分配到订单。

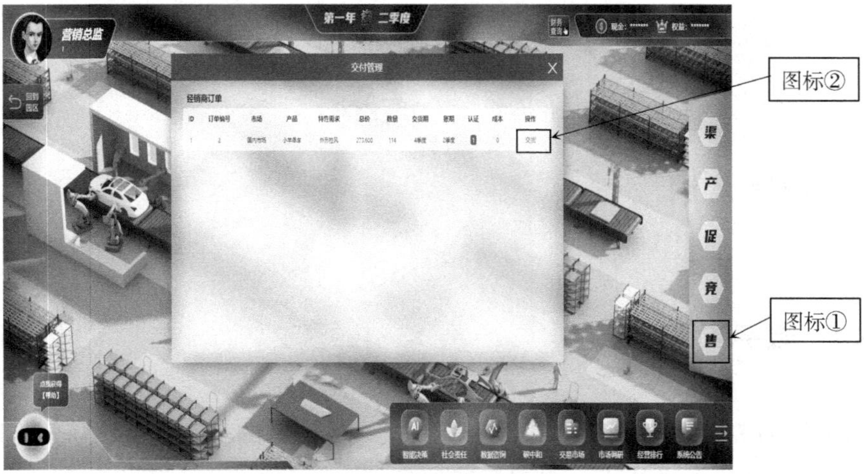

图 3-6　订单交付(1)

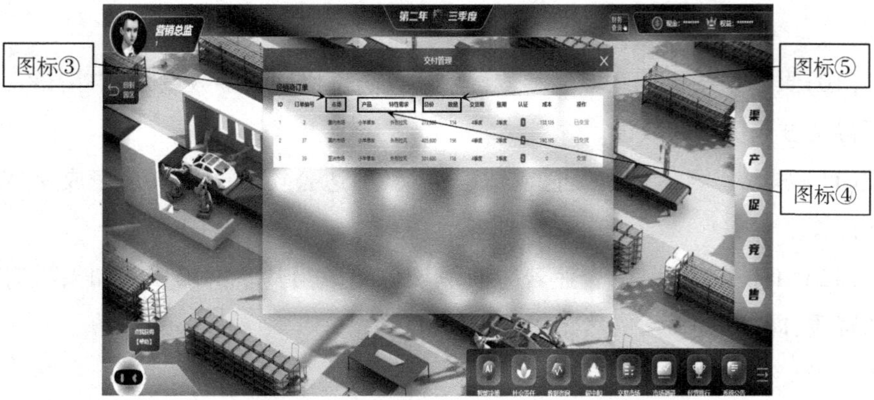

图 3-7　订单交付(2)

3.3　数字营销

3.3.1　数字营销的概念

随着通信技术、互联网络和数字交互式媒体技术的不断发展,各行各业都在积极运用这些先进技术。在市场营销领域,现代技术的应用也变得日益普遍,旨在实现更为精准和高效的营销目标。我们通常将借助数字技术开展的营销活动称为数字营销。

数字营销是指利用互联网、计算机通信技术和数字交互式媒体来达成营销目标的一种方式,也常被称为网络营销或在线营销。① 本质上,数字营销是基于明确的数据库对象,通过数字化多媒体渠道,如电话、短信、邮件、电子传真、网络平台等数字化媒体通道,实现营销的精准化,并确保营销效果可量化和数据化的一种高层次营销活动。

因此,数字营销的核心在于尽可能地利用先进的计算机网络技术,以最有

---

① 彭英:《数字营销》,北京:清华大学出版社,2023 年版,第 1—2 页。

效、最经济的方式开拓新市场和挖掘新消费者。

3.3.2　数字营销的本质

数字营销形式和特征都是围绕着数字营销的本质来进行的。

3.3.2.1　数字营销是基于数字化技术的营销

"数字化"最初指的是在通信和信息网络中运用的数据符号，即通过 0 和 1 组合的比特数据。这些数据借助计算机的自动符号处理功能，对文字、图像、声音等进行信息交流。尼古拉·尼葛洛庞蒂提出的数字化定义得到了广泛传播：数字化即"物质原子"被"数字化比特"所替代。数字化的核心内涵包括：

（1）被传递的信息是用 0 和 1 表示的。

（2）数字化的传播系统是交互式的、网状的。

（3）数字化的终端设备能够在各个点接收、储存、呈现、处理和发送"数字化比特信息"。

数字化营销本质上仍然是营销，数字化只是一种手段，是现代营销理论在新的技术背景下的发展。目前来看，数字营销主要通过以下三大途径进行：一是利用采用数字技术的传统大众媒体（如数字电视）进行营销；二是利用基于互联网技术与数字技术的网络媒体进行营销；三是利用基于移动通信网络的手机媒体、移动车载电视等进行营销。

数字营销案例：啥是佩奇[①]

2019 年 1 月，随着春节的临近，一部名为《啥是佩奇》的短片在网络上迅速走红，成了当时刷屏的爆款短视频。佩奇是外国儿童动画片中的角色，在国内也享有较高的知名度。在这部短片中，一位农村老人得知城里的儿子一家即将回村过年，而他的孙子非常渴望拥有一只"佩奇"。于是，老人立即行动，开始寻找佩奇，并发出"啥是佩奇"的疑问。在询问和寻找的过程中，发生了一系列令人捧腹的趣事。经过一番波折，老人最终亲手焊接出了一个佩奇的"硬核

① 新华网：《〈啥是佩奇〉一夜爆红 搞笑背后更有反思》，https://baijiahao.baidu.com/s?id=1623889671302131409&wfr=spider&for=pc。

手办”。

这部充满土味和温情的视频迅速在网络上引起了轰动。尽管观众在观看后才意识到这实际上是一部广告视频，旨在为电影《小猪佩奇过大年》的上映造势宣传，但随着视频的广泛传播，其推广电影的目的也得以实现。

这一短片的走红，从近年来在青少年中非常流行的“小猪佩奇”元素切入，结合城市与农村、老一辈与年轻一辈之间的差异，以及春节和团圆的氛围，通过这样一个看似平淡却充满欢笑与温情的故事，展现了亲情带给人们的感动。这种情感共鸣，很容易触动人们的内心，从而成为热门的讨论话题。

3.3.2.2 数字营销是基于虚拟实践的营销

数字营销是基于虚拟实践的营销方式。它通过运用虚拟思维进行思考，使营销活动能够深深植根于虚拟实践之中。

关键在于使营销活动的对象成为虚拟实践的客体，只有这样，才能真正实现数字营销的能动性、自主性、个性化以及互动性，使营销对象成为虚拟实践中不可或缺的一部分。

通过虚拟实践对现实实践的引导作用，达到数字营销的目的，从而有效地推动营销活动的进展。

3.3.2.3 数字营销作用于消费者的虚拟体验

数字营销必须作用于消费者的虚拟体验。通过刺激消费者的视觉、听觉及行为，使他们能够获得真实的感受。

数字营销不应仅仅依赖于文字加图片的告知式营销方式，而需要通过在线虚拟使用和虚拟场景模拟，使消费者全身心地沉浸在消费体验中。这样可以让消费者更真实地感受产品与自身需求的契合度，从而提升他们在网络购物中的满意度。

通过个性化的虚拟体验，在消费者心中建立起消费偏好，以此来影响他们的购买行为和购买决策。这种策略有助于深化消费者对品牌的认知和忠诚度，最终促进销售和品牌形象的提升。

3.3.2.4　数字营销使创意与传播、传播与营销一体化

数字营销的互动性、超越时空性以及去中心化特点,使得创意与传播、传播与营销实现了高度一体化。

在数字营销中,创意在传播过程中诞生,销售同样在传播过程中完成。创意、传播和销售三者在此过程中协同并行,共同推动营销活动的有效进行。这种一体化模式不仅提高了营销效率,也增强了品牌与消费者之间的互动和沟通。

3.3.3　企业数字营销的核心四要素

数字营销已经上升到了一个前所未有的高度。对于企业而言,数字营销主要包含四大要素:

(1)决策力

深入了解目标用户的规模及其画像,包括社会人口属性及行为模式等多个层面。同时,掌握竞争对手信息,并深入挖掘跨媒介营销中的深刻洞察,以指导媒介预算的合理分配,为决策提供坚实的数据支持。

(2)触达力

所有数字营销活动的核心目的在于将内容信息有效地传递给潜在消费者或用户。

(3)内容力

当前消费者更加重视具有质感和吸引力的内容。通过互联网广告效果监测、跨媒体营销效果监测及社交舆情分析,持续提升内容质量,增强内容力。

(4)结果力

任何营销活动的最终目的无非是两个层面:一是提升品牌形象,二是促进产品销售。一切以结果为导向,确保营销活动的效果最大化。

案例分析:中国式锦鲤成超级爆款,支付宝营销如何成功吸睛?[①]

---

① 网易:《中国式锦鲤成超级爆款,支付宝营销如何成功吸睛?》,https://www.163.com/dy/article/E1750F1N0519JM49.html。

2018 年 9 月 29 日，支付宝借助国庆长假的热潮，在微博上发起了名为“中国锦鲤”的抽奖活动。该活动计划于 10 月 7 日抽取一名幸运用户，并赠送超级大礼包。推文发布后仅一小时内，超过 200 家企业或机构迅速在评论区抢占位置，不仅包括提前安排的品牌蓝 V，其他品牌也看到了联动营销的聚合力，纷纷在评论区添加奖品，为中国锦鲤活动加码。根据微博官方数据，该推文在发布当晚转发量即突破百万，评论量达 25 万，点赞量超过 10 万。到 10 月 7 日开奖前，转发量已超过 310 万，评论量超过 80 万，点赞量超过 31 万。

此次活动的成功，首先得益于“锦鲤”这一具有传播潜力的概念，尤其是在微博用户日常转发锦鲤的文化背景下，将中国锦鲤作为核心文案，极大地推动了用户的直接参与。其次，品牌方的集中参与和转发进一步放大了活动的势能，使中国锦鲤迅速形成巨大的声势，同时也为品牌自身赢得了显著的增量级曝光，实现了共赢效果。活动开始一小时后，支付宝制作了礼品清单长图，丰富多样的礼品直接触及了当代消费群体的需求，有效激发了用户的参与热情，并引发了二次传播。微博发布活动通知后，支付宝的微博官方账号也迅速跟进，为微博有效引流。在持续造势阶段，支付宝以“300 万分之一的概率”为主题，联合微博大 V 发布系列海报。

公布中奖结果后，中奖者发布的微博再次制造了强势话题，在活动收尾阶段引发了“病毒式”传播。支付宝的锦鲤活动充分利用了微博生态的流量和聚合能力，联合企业共同发力，通过社会化营销创意撬动了裂变式传播，为社群生态时代品牌传播的路径提供了宝贵的借鉴。

分析一下，中国锦鲤案例中包含了数字营销的哪些核心元素。

3.3.4 未来的数字营销

数字营销的发展很大程度上依赖于技术的推动与发展。随着 5G 时代的到来，数字营销 3.0 时代将会被推动，届时可能会实现万物互联。在这样的环境中，营销创新的举措或价值点将会聚焦在以下几个方面。

3.3.4.1 在连接的广度与效率方面

未来数字化营销必定会经历一次根本性的变革。5G 技术改变了基础设施,提供了更快的速度和更低的延迟。正如 4G 时代使得观看视频变得更加便捷,5G 时代则催生了直播经济的兴起。连接的设备将不再局限于手机和电视,会包括更多的物联网设备。在连接形式和内容丰富度方面,视频化和直播化趋势将变得更加明显。这些变革将使我们的领域更加繁荣。

3.3.4.2　在连接领域方面

未来,数字营销领域将趋向于更加严格的规范,面向各个垂直领域的专有数据源和数字化营销方式将成为主流。因此,数字营销行业未来将连接更广泛的领域,同时也会更加细分。数字营销作为企业数字化的推动力,正逐渐崭露头角。一些企业利用各个平台进行营销,实际上也在运用数字营销,但它们未能有效沉淀数据。在数字营销的阶段,对企业提出了更高的要求,比如数据中台的建设。数据中台打破了传统企业组织架构下业务与技术的壁垒,将两者融合,并将基于技术的数据分析结果直接转化为业务优化方案,实现了 1+1>2 的效果。这既是机遇,也对数字营销本身提出了更高的要求。

3.3.4.3　在内容层面

广告宣传的目的在于吸引用户的注意力,进而激发他们的购买欲望。在内容不断变化的背景下,有一点是始终不变的。正如我们之前所讨论的:技术虽然日新月异,但最终会趋同;而数字营销,在经历各种创新与发展后,最终还需回归其本质——价值创造。如何创造和传播品牌价值,以及如何将品牌与用户形成价值共同体,是数字化营销传播的核心。

相较于数字化转型,当前的企业数字营销更为成熟。基于这一点,数字营销将成为企业数字化转型的有力催化剂和助推器。但要成为企业数字化转型的“后浪”,数字营销在解决现有问题的同时,或许还需要继续发展。然而,无论未来数字营销如何演变,对品牌而言,其核心价值是永恒不变的。品牌需要清晰地定义自己的品牌内涵,这是其背后的核心所在。

3.4　数字营销操作

学生登录数智企业经营管理沙盘系统,进入系统后,数字营销操作如下。

3.4.1 开启数字化营销

在模拟经营的任何时间段，学生都可以点击应用场景中的大屏，以打开数字化转型的解锁页面。简而言之，数字化的解锁过程，需要投入时间和金钱资源。经过一定的等待时间，经营活动即可进入数字化营销时代。如图 3-8 所示。

图 3-8 数字化营销时代

3.4.2 网络营销

学生点击“网络营销”按钮，可以打开网络营销页面，如图 3-9 所示。

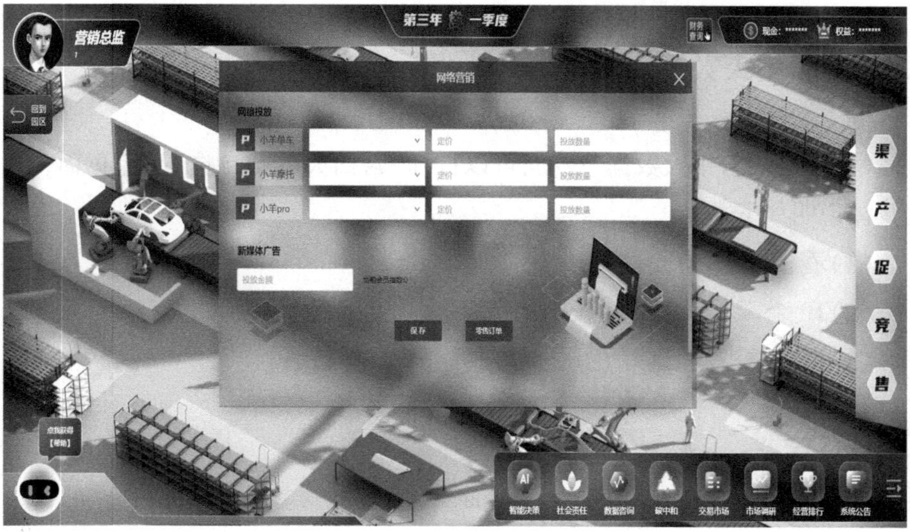

图 3-9　网络营销

3.4.2.1　网络营销的注意事项

(1)每种产品仅能上架一种特性。

(2)成功上架后,点击“保存”按钮,本季度内不可再更改。

(3)上架产品的定价必须介于原材料价值的 1 至 5 倍之间。

(4)新媒体广告可以重复投放,会员指数将随之累加。

3.4.2.2　网络营销的特点

网络营销作为企业的第二条销售渠道,与订货会相比,具有以下特点:

(1)低门槛。不需要特定的渠道资格或 ISO 等资质认证。

(2)竞争直接。流量成为决定性因素,会员指数与广告投放量共同影响销售额。

(3)不稳定。并非严格确定的以产定销,而是尽量地满足市场的需求,因此销量不容易精确预测和控制。

(4)价格相对较低。直接面对终端用户市场,减少了中间商的差价。

(5)回款快。无账期限制,能够立即回款。

3.4.3 营销大数据

学生点击“营销大数据”按钮,可以打开“营销大数据自选看板”页面,看板的具体说明如下:

(1)看板分为 10 个区块。

(2)10 个区块中都有相应的选项,用户可自行选择展示的类型。

(3)鼠标悬浮在具体的图形上时,可查看具体数值。

思考题:

1. 企业数字营销的核心要素有哪些。

2. 如何进行数字营销操作。

第 4 章　生产管理

学习目标：

(1)深入了解企业生产管理的全貌。

(2)熟练掌握生产管理三大手法。

(3)认知数智工厂及其核心应用。

(4)掌握生产总监岗位操作流程及逻辑关系。

4.1　认知生产管理

企业的生产活动是按照预定的经营目标和经营计划进行的,目的是充分利用人力、物力和财力资源。这些活动涉及产品品种、质量、数量、成本和交货期等多个方面,确保生产出符合市场需要和用户满意的产品。生产管理涉及对这一过程的计划、组织、指挥、协调和控制。简而言之,生产管理就是企业对生产活动的管理。

4.1.1　生产管理的任务

企业生产管理的基本任务是在生产活动中,根据经营目标、方针和决策,充分考虑企业外部环境和内部条件,运用计划、组织、控制等职能,将输入生产过程的人、财、物、信息等生产要素有机地结合起来。通过生产转换过程,企业应以尽可能少的投入生产出尽可能多的符合市场和消费者需要的产品和劳务,并力求取得最佳的经济效益。

4.1.1.1 生产准备

生产准备包括工艺技术、人力、物料和能源、设备完好运转四个方面。

工艺技术方面的准备工作主要包括图纸设计。这一阶段不仅涉及经济效益的深入分析,以选择最优的工艺方案,还包括编制和修改工艺文件,以及设计和补充制造工艺装备等。

人力的准备工作涉及人机管理。这包括根据生产任务的变化,充分发挥人才优势,对工种和人员进行选择、配备与调整等。

物料和能源的准备工作主要是购置原料。这包括采购原材料、燃料、动力、外购件、外协件等,在确保完成生产任务的同时,力求使总费用最省。

设备完好运转方面的准备工作涉及生产线维修。这包括设备选择的经济评价和计划检修类别的确定等,以确保生产线的顺畅运行。

4.1.1.2 生产计划

主要包括产品生产计划和生产作业计划。生产计划主要规定产品品种、产量(产值)、质量等计划,以及保证实现这些计划的技术组织措施计划。生产作业计划是生产计划的具体执行计划,它确保产品生产过程各阶段、各环节、各工序之间在期量上的协调与衔接,从而使企业能够实现有节奏的均衡生产。在制订计划时,企业既要考虑到市场需求和企业内外的生产条件,又要通过综合平衡,力求以最小的消耗和成本实现最优的生产方案。

4.1.1.3 生产组织

生产管理中的组织概念,涉及生产过程组织与劳动过程组织的统一。生产过程组织主要解决产品生产过程中各阶段、各环节、各工序在时间和空间上的协调衔接问题;而劳动过程组织则主要解决劳动者之间、劳动者与劳动工具、劳动对象之间的关系问题。生产过程组织与劳动过程组织是企业生产活动计划工作的基础和依据,这两者必须实行动态平衡,既要保持相对的稳定性,又要随着企业经营方针、经营计划的变化而相应调整。提高生产组织形式和劳动组织形式的应变能力,其主要目的是提高劳动生产率和经济效益。

4.1.1.4　生产控制

生产控制是指围绕完成生产计划任务所进行的各种检查、监督、调整等工作。其作用在于完善生产组织,实现生产计划,提高产品质量,降低生产消耗和生产成本。广义的生产控制是对生产全过程实行全面的控制。从范围来看,它包括生产组织、生产准备和生产过程的各个方面;从内容来看,主要包括投产前控制、生产过程控制、产品质量控制、机物料消耗与生产费用控制、库存和资金占用的控制等。对于企业来说,重要的是实行事先控制。做好事先控制的前提是建立和健全各种控制标准,加强信息收集和反馈系统,并根据反馈信息及时采取对策措施。

4.1.2　生产管理的类型

(1)工业工程

工业工程专注于研究如何将人、物料、设备等要素组成一个整体系统,并对该系统进行设计、改进和组合配置。工业工程的本质在于其永不满足的追求,不断寻求优化与提升,以实现更高的效率、更好的质量和更低的成本。

(2)成组计划

成组计划是组织多品种中小批量生产的一种科学方法。

(3)并行工程

并行工程的功能包括:缩短产品从开发到投入市场的时间,提高产品质量,降低成本,确保用户满意。

(4)敏捷制造

敏捷制造的功能包括:借助信息技术迅速设计新产品,不断改进老产品,采用先进制造技术和高度柔性化的设备,采用多变的动态组织结构,最大限度地调动和发挥人的主动性和创造性。

(5)准时化生产

准时化生产方式即 JIT(Just-In-Time)生产方式,是一种精准生产策略,特点是只有在后序工程提出要求时,前序工程才开始生产,从而实现生产拉动而非推动。在 JIT 生产现场,控制技术的核心是看板系统,通过看板的传递或运动来控制物流。

4.1.3 生产管理的三大手法

4.1.3.1 标准化

所谓标准化,是指将企业中存在的各种规范,如规程、规定、规则、标准、要领等,形成文字化的文件,统称为标准化(或标准书)。制定这些标准后,依据标准执行行动的过程则被称为标准化。①

创新改善与标准化是企业提升管理水平的两大核心要素。创新改善是推动企业管理水平持续提升的动力源泉,而标准化则是确保企业管理水平稳定不下滑的关键机制。缺乏标准化,企业的管理水平将难以维持在较高水平。

4.1.3.2 管理看板

管理看板(如图 4-1)是管理可视化的一种表现形式,旨在对数据、情报等的状况进行一目了然的展示,特别是对管理项目,尤其是将情报进行透明化管理。它通过各种形式的标语、现况板、图表、电子屏等,将文件上或现场隐藏的情报揭示出来,以便任何人都能及时掌握管理现状和必要的情报,从而能够快速制定并实施应对措施。因此,管理看板是发现问题、解决问题的非常有效且直观的手段,是优秀的现场管理不可或缺的工具之一。在制定管理看板时,必须根据公司经营方针,对主要的指标进行重点分解管理,一般步骤如下:

①综合目标设定;②目标实施;③对策选定(包括对策研讨,选定数例,制定对策方案)。

---

① 李春生:《精益生产管理实践》,北京:北京理工大学出版社,2021 年版,第 156—157 页。

图 4-1　管理看板

4.1.3.3　精益生产

企业经营的目的是向社会提供产品和服务,同时为企业创造利润。为达到这一目的,企业必须投入人员、材料、设备、资金等资源,并通过有效使用和优化组合这些资源来制造出社会需要的产品。利润的高低取决于投入和有效产出的比例大小,即生产效率高低。班组是使产品增值的基本单元,也是提高生产效率的主战场。

与单件生产方式和大量生产方式相比,精益生产方式综合了单件生产方式品种多样和大量生产方式成本低的优势,同时避免了单件生产方式生产效率低和大量生产方式僵化的劣势,是生产方式的一次革命性飞跃。

精益生产是一种全新的管理思想和方法体系,并在实践中得到了充分的验证。其成功并非仅仅依赖于一两种新的管理方法,而是一系列精益生产方法的集合。然而,企业在推行和应用这些方法之前,必须对自身的内外环境、企业文化、产品属性和市场状况进行深入的分析和研究,努力为引入精益生产方式创造必要的条件。

4.1.4 生产管理的分析方法

生产管理中常用的生产分析方法包括但不限于：成本分析、线性规划、排队模型、模拟技术、统计分析、网络计划模型、启发式模型、计算机探索求解方法、图解和图像分析等。在选择和应用这些分析方法时，必须结合实际生产情况来决定最合适的分析策略（如图 4-2）。

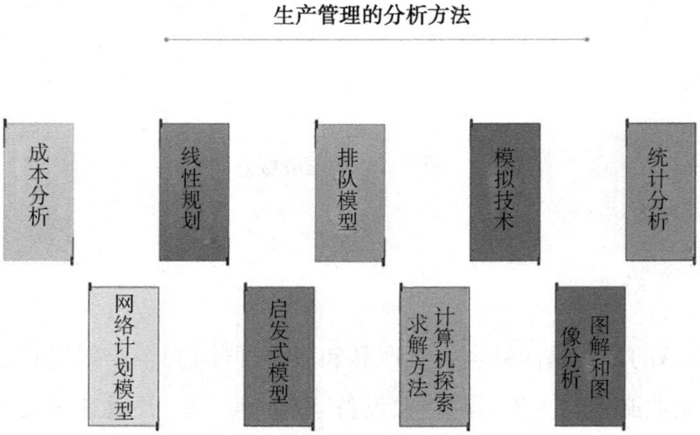

图 4-2　生产管理的分析方法

4.1.5 生产管理的绩效考核

绩效是指生产部门所有人员通过不断丰富自身知识、提升技能、改善工作态度，致力于创造良好的工作环境和机会，从而持续提高生产效率、产品质量、员工士气、降低成本，并确保交货期和安全生产的行为与结果。生产管理绩效主要涵盖六个核心方面：效率、品质、成本、交货期、安全和士气（如图 4-3）。

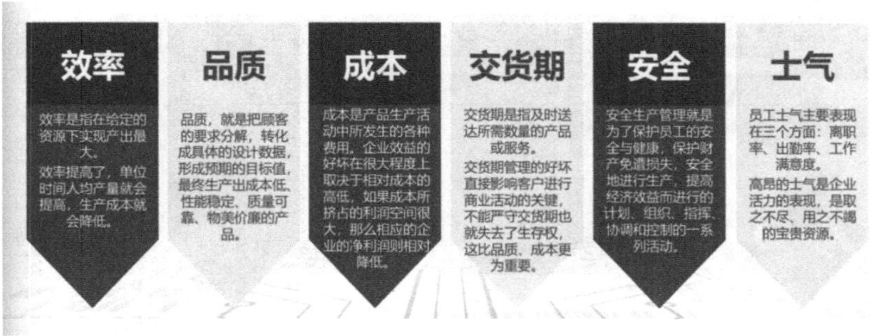

图 4-3　生产管理的绩效考核

4.2　生产管理操作说明

学生登录数智企业经营管理沙盘系统，进入系统后，生产管理具体操作如下。

4.2.1　工人管理

工人管理（如图 4-4）具体操作如下：

(1)单击任务栏中图标①“人”按钮，进入工人管理页面。

(2)在页面下，单击图标②“招聘需求填报”按钮，弹出文本框，在文本框中填写具体的工人数量等信息。

(3)最后点击“确定”按钮，完成操作。此时，数据将直接传输到人力总监页面。

(4)在设备管理的下方，生产线后，在文本框中按照生产线规则配置工人，配置成功后，点击图标③“保存”按钮，即可完成操作。

(5)操作完成后，在图标④“实际产量”下方将显示具体的数字，表示实际的产量。

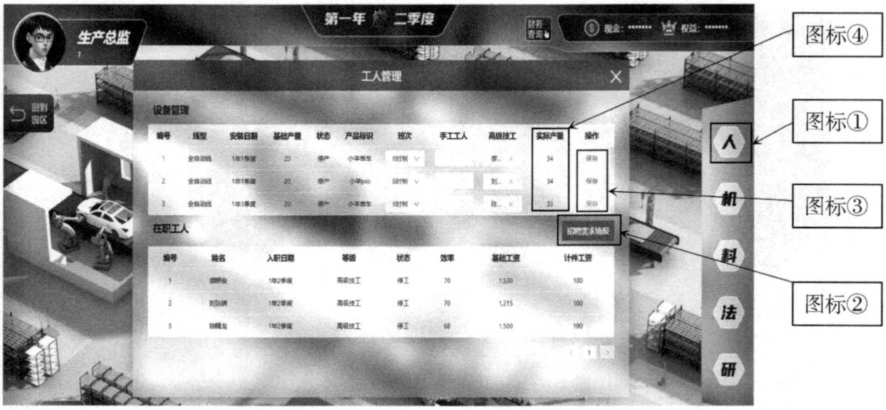

图 4-4　工人管理

4.2.2　设备管理

设备管理(如图 4-5)具体操作如下:

(1)单击任务栏中图标①“机”按钮,进入设备管理页面。

(2)在该页面中有如下功能:购买新的设备;对老设备进行出售;传送最新的图纸;对目前生产线上的产品进行调整,转为别的产品;生产线开始生产新的产品。

(3)在设备管理区域的两个空白文本框中,选出企业所要购买的生产线和产品,点击图标②“新增”完成购买操作。

(4)图标③、图标④、图标⑤、图标⑥区域,用于生产线的编辑。

(5)图标③“拆除”按钮,相当于生产线出售。

(6)单击图标④“更新 BOM”按钮,将最新的图纸传入生产线中。

(7)单击图标⑤“转产”按钮,可直接将生产线当前生产的产品,转成其他产品。

(8)单击图标⑥“开产”按钮,即生产线开始生产新的产品,进入工作状态。

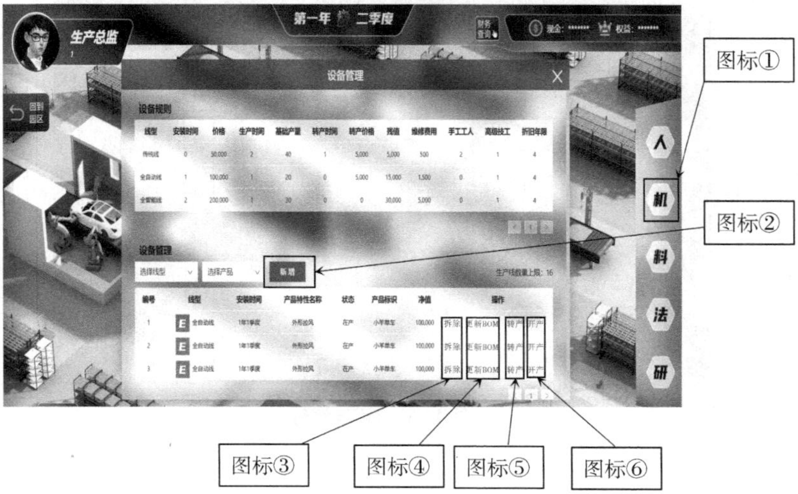

图 4-5　设备管理

4.2.3　库存管理

库存管理(如图 4-6)具体操作如下:

(1)单击图标①“料”按钮,进入库存管理页面。

(2)在库存管理页面中,点击图标②“下单”按钮,弹出下单信息对话框。

(3)在文本框中填写具体数字,点击“确定”完成订购原材料操作。

(4)在页面最下方“原料订单”“原料库存”“产品库存”,即图标③区域,可进行随意切换查看详情。

(5)点击“收货”按钮,将订购的原料收入库中。

(6)在“原料库存”“产品库存”中,可查看具体的库存数量,点击图标④“出售”按钮,可将库存折价出售。

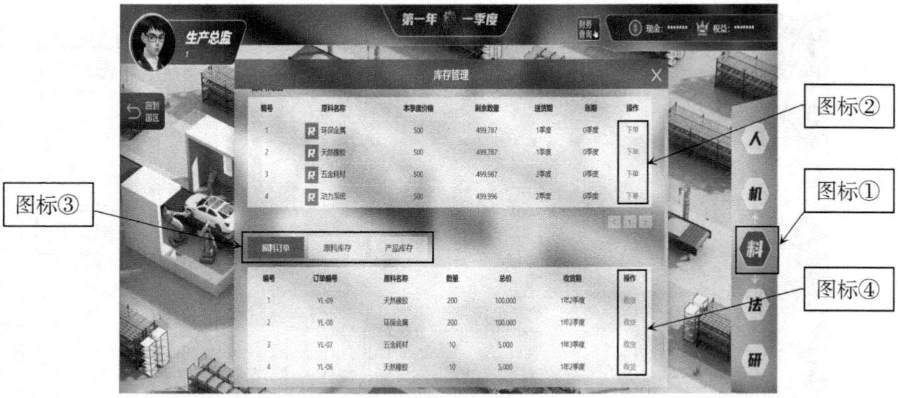

图 4-6　库存管理

4.2.4　设计管理

设计管理具体操作如下(图 4-7 和图 4-8 所展示的操作流程是相同的,唯一区别在于所使用的产品型号不同):

(1)单击任务栏中图标①“法”按钮,进入设计管理页面。

(2)在产品原型处选择所要设计的产品,如“混动型”“纯电型”“纯电 pro”。

(3)点击图标②“替换”按钮,选择页面上方的特性。

(4)点击图标③“确定”按钮,自动生成新的版号。

(5)在图标④“历史版本查询”处查看本企业已经生成的版本。

(6)新的图纸生成时,图标⑤“版号”栏中显示当前产品版本编号,生产线更新 BOM 时,更新该产品的最新版本号。

(7)不可重复使用已经更新换代过后的版本。

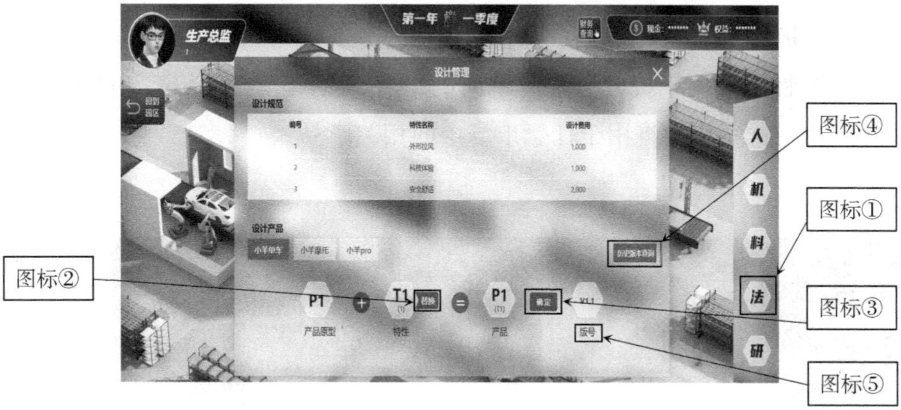

图 4-7　设计管理(1)

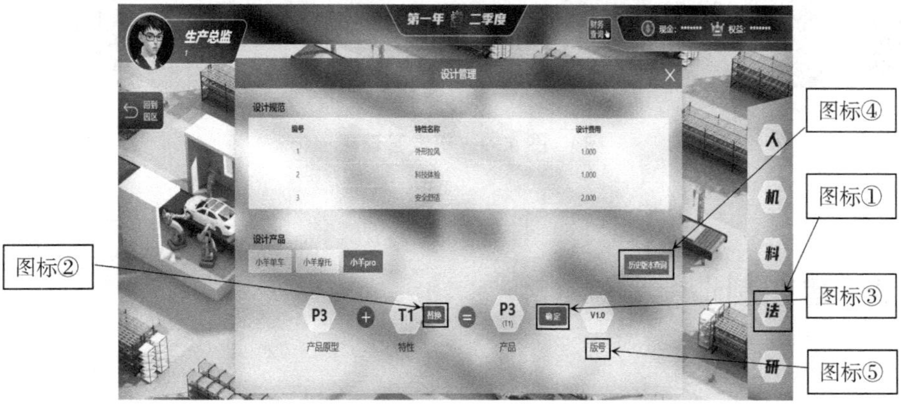

图 4-8　设计管理(2)

4.2.5　研发管理

研发管理(如图 4-9)具体操作如下:

(1)单击任务栏中图标①“研”按钮,进入研发管理页面。

(2)在页面文本框中,选择所要提升的产品种类,如“豪华内饰”“超大空间”“超强性能”(不同的规则,特性名称不同)。在右侧输入想要研发的数值

(不得小于等于当前研发值)。页面右下角会显示出系统自动计算出的研发费用,点击图标②"研发"即可完成操作。

(3)特性研发用于提升分配订单时的得分,但不影响产品生产的图纸。在选择订单时,这些特性将用于任意市场中的相关产品。

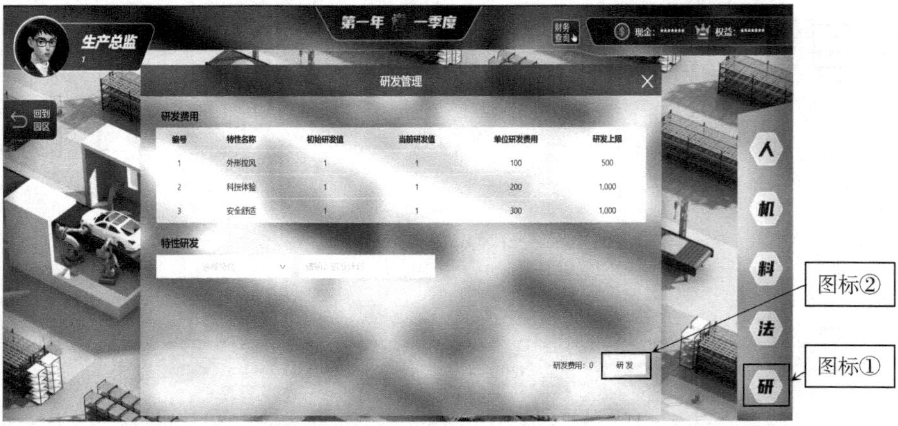

图 4-9 研发管理

4.3 智能制造

4.3.1 数字化工厂

4.3.1.1 数字工厂的定义

数字化是指将复杂多变的信息转换为可度量的数字和数据,进而建立适当的数字化模型,并将这些数字和数据转换成一系列二进制代码,输入计算机内部进行统一处理的过程。简而言之,数字化就是将数据、信息、符号、图标等转换成数字信号存储于计算机中。

在数字工厂中,常见的信息存储介质包括一维码和二维码。产品的所有信息，如来料、异常、事件周期、生产设备、生产人员等，都可以转换成条码的形式。通过软件将数据录入电脑，电脑生成条码，并将条码粘贴在产品上；读取时则使用扫码枪、手持终端等设备进行。数字化的基本过程见图 4-10。

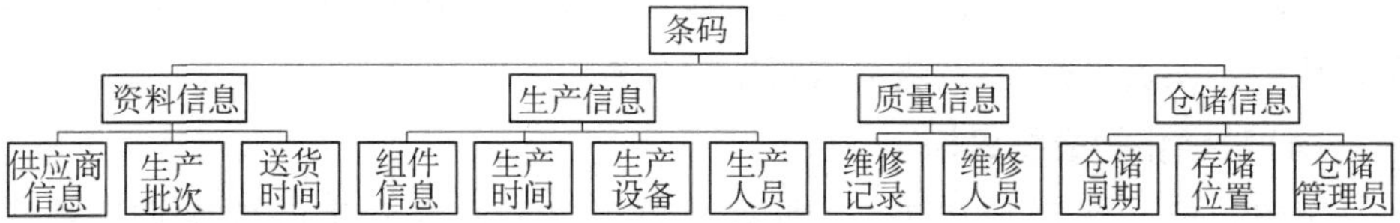

图 4-10 数字化的基本过程

4.3.1.2 数据采集

(1) 传统采集

在未引入自动化设备之前，工人通常采用手持扫码的方式进行数据录入和采集，例如快递分拣和商超中的操作。当供应商或仓库将商品送达超市时，收货员会清点数量并核对单货信息，然后将该批次的信息通过扫码枪或人工录入电脑。此时，电脑软件中便存储了该批次的商品信息。当顾客购买该批次中的某件商品时，收银员扫码后，系统会显示该商品的价格，同时将商品从系统中销账。

(2) 自动化设备采集

自动化设备的采集原理与人工采集相同，只是数据来源和存储介质更为多样。例如，传感器数据也可以被采集并上传至系统。这些数据同样可以存储在 RFID(射频识别)等介质中。

4.3.1.3 数字化工厂的内容

(1) 创建数字化工厂的目的

旨在从繁杂的工作中解脱出来，等待系统下达的指令，从而形成“可视化管理系统”。

(2) 可视化管理系统

生产企业数字化的应用通过将产品状态标识为“红、黄、绿”等颜色来实现可视化管理。红色代表报警或不良,黄色代表在流转或异常,绿色代表产品正常。通过这种可视化的数据,引导管理者做出更加正确的决策。

(3)生产企业数字化的应用

在生产企业中,我们可以通过数字化实现产品追踪、质量管理、生产管理、人员管理等。更深层次地,我们可以将质量信息统计出来,并将所有的生产设备形成一个图表进行监控,进而进行数据分析。

(4)数字化的最终目标

最终目标是实现数智工厂,即通过数字化手段提升生产效率和智能化水平。

4.3.1.4 数智工厂的核心

智能工厂是在数字化工厂的基础上,通过利用物联网技术和监控技术来加强信息管理服务,提高生产过程的可控性,减少生产线的人工干预,以及合理计划排程。同时,智能工厂集成了初步智能手段和智能系统等新兴技术,构建了一个高效、节能、绿色、环保、舒适的人性化工厂。

数智工厂已经具备了自主能力,能够进行数据采集、分析、判断和规划。通过整体可视技术进行推理预测,并利用仿真及多媒体技术,将实际的设计与制造过程通过增强现实展示出来。系统中的各组成部分能够自行组成最佳系统结构,具备协调、重组及扩充特性。系统已经具备了自我学习、自行维护的能力。因此,数智工厂实现了人与机器的相互协调合作,其本质是人机交互。

4.3.2 数智工厂的应用场景

4.3.2.1 应用场景一:智慧园区

管理数智工厂对产业园的综合管理提出了更高的要求。传统产业园由于管理工作繁多,很多模块都是单独管理,无法做到资源的统一协调,且很多数据并不是实时在线,大大增加了管理难度。

数智工厂要求对园区的视频监控、安防报警、人员巡查、门禁考勤、访客管理、一卡通管理、停车位、会议室、信息发布、能源使用情况、环境变化、设备参数等工作进行实时在线的统一管理。企业可利用传感器技术实现动态捕捉、热成像报警、人脸识别、温/湿度感应等,再利用OA或报表系统实现在线巡检、信息发布、会议室在线预约、访客线上登记等。将系统数据和传感器数据利用微服务接口的方式进行调用,形成园区全貌管理指标,最后利用3D建模技术开发智慧园区全局管理模型或数据分析工具制作园区综合管理驾驶舱,实现对园区资源的统一高效管理,打造绿色、高效、安全的智慧园区。

4.3.2.2 应用场景二:智慧物流管理

物流一直是工厂管理的薄弱环节。大多数制造企业依赖第三方物流公司进行产品和原材料的运输,但对第三方物流机构的管理缺乏有力且有效的手段,导致对客户的交付时间把控不准以及对异常物流无法追溯到真实原因。

企业可基于车联网技术将物流车辆的实时地理位置信息进行保存,再利用大数据处理技术实时监控所有物流车辆的运行状态。对停车超时、未按规定路线行驶、车速异常等情况进行实时报警。对收发货异常的订单可追溯其物流车辆的历史轨迹与停靠点记录,实现物流各环节精细化、动态化、可视化管理。提高物流系统智能化分析决策和自动化操作执行能力,提升物流运作效率。

4.3.2.3 应用场景三:三位一体监造平台

随着制造企业对内部生产过程管理能力的提高,催生出了上下游监造管理的需求。一方面,这是对供应商原材料质量管控的进一步延伸;另一方面,也是对客户满意度更加重视的表现。从供应商到工厂再到最终客户的三位一体监造平台,是智慧工厂的核心应用场景。

对于供应商的监造管理需要从四个方面入手:

①对接其产线设备传感器数据,掌握供应商生产过程中的设备参数,便于后期异常追溯;

②接入生产监控视频,实现对供应商生产作业的实时监控,增强管理力度;

③打通供应商的生产信息系统,掌握供应商订单的执行进度与质量情况,可有效预估订单风险;

④开发数据上报界面,对供应商临时零散的数据做到及时规范的收集,提高协同能力。

4.3.2.4 应用场景四:质量闭环追溯

传统的质量管理方式局限于对当时产品生产过程数据的监控,在出现批量质量异常时无法有效锁定不良批次,对于导致异常的物料也无法追溯其使用在哪些成品中,这增加了质量管理的成本与管控难度。

质量追溯可以帮助企业更实时、高效、准确、可靠地实现生产过程和质量管理。结合条码自动识别技术、序列号管理以及条码设备,可以有效收集产品或物料在生产和物流作业环节的相关信息数据。每完成一个工序或一项工作,都记录其检验结果、存在问题、操作者及检验者的姓名、时间、地点及情况分析,并在产品的适当位置作出相应的质量状态标志。通过跟踪产品生命周期中流转运动的全过程,企业能够实现对采、销、生产中物资的追踪监控、产品质量追溯、销售货物追踪等目标。

利用数据分析工具建立质量计划、过程控制、发现问题、异常处理、管理决策、问题关闭的质量闭环管理平台,形成经验库与分析报表,以支撑企业打造一个来源可溯、去向可查、责任可追的质量闭环追溯系统。

4.4 数字化生产操作说明

学生登录数智企业经营管理沙盘系统,进入系统后,数字化生产操作如下。

4.4.1 开启数字化生产

在模拟经营的任何时间段,学生可以点击应用场景中的大屏页面,打开数字化转型解锁页面,如图 4-11 所示。

图 4-11　开启数字化生产

数字化生产的解锁过程与数字化营销解锁过程基本一致，需要投入时间和金钱资源。经过一定的等待时间，生产活动即可进入数字化生产时代。如图 4-12 所示。

图 4-12　数字化生产时代

4.4.2 智能生产

4.4.2.1 智能生产的具体操作

点击图标①“智能生产”按钮，即可打开“智能生产”页面（如图 4-13），具体操作如下：

（1）在生产线中选择产品。

（2）选择 8 小时制或 12 小时制。

（3）点击图标②“开启智能生产”按钮即可完成操作。

图 4-13　智能生产

4.4.2.2 智能生产转型成功后，企业获得三个被动的特质

（1）订货周期变成 0（与供应商高度协同）。

（2）转产周期和费用变成 0（显示出生产过程的高度灵活性）。

（3）在智能生产系统中，用户可选择一条或多条生产线，并设定好每条生产线所生产的产品。

4.4.3　生产大数据

学生点击“生产大数据”按钮,即可打开“生产大数据自选看板”页面。看板的具体说明如下:

(1)看板分为 10 个区块。

(2)10 个区块都设有相应的选项,用户可自行选择展示的内容类型。

(3)当鼠标悬停在具体的图形上时,可查看相应的具体数值。

在开启“智能生产”后,系统将自动执行以下操作:①自动购买原材料;②自动进行工人排产;③自动完成材料收货;④自动更新最新的 BOM(物料清单);⑤自动转产;⑥自动开始生产。

思考题:

1. 正确认识生产管理的三大手法。

2. 什么是数智工厂的核心以及应用情景。

第5章　人力资源管理

学习目标：

(1)全面认识人力资源管理及其未来趋势。

(2)理解人力资源的内容与任务,强化人才留用能力。

(3)了解数智人力,认知其应用场景。

(4)熟练掌握沙盘人力总监操作流程,理解操作步骤及其逻辑关系。

5.1　认知人力资源管理

不同管理实践的历史时期,人力资源管理的发展水平各异,其概念的内涵和外延也有所不同。人力资源管理是指那些用来提供和协调组织中的人力资源的活动。人力资源管理可以划分为宏观人力资源管理和微观人力资源管理两个方面。

宏观人力资源管理涉及对社会人力资源的管理,这是政府的一项重要职能。微观人力资源管理则专注于对企事业单位内部人力资源的有效管理,旨在改善企事业单位的氛围,提高经济效益。

人力资源管理(Human Resource Management,HRM)是根据企业发展战略的需求,有计划地对人力资源进行合理配置。通过对企业员工的招聘、培训、考核、激励等一系列过程,调动员工的积极性,发挥员工潜能,为企业创造价值,带来效益,确保企业战略目标的实现。①

5.1.1　人力资源管理的发展趋势

(1)人力资源管理的战略化

人力资源管理的战略化意味着将人力资源管理与企业的发展战略相结合,为实现企业战略目标提供必要的人才支持。

(2)人力资源管理的虚拟化

人力资源管理的虚拟化涉及人力资源外包管理,即通过招标的方式,企业将原本由人力资源部门承担的工作委托给专业的服务机构来执行。

人力资源管理的重心正在向知识型员工转移:随着全球知识经济时代的到来,人力资源管理的重点正逐渐从"手工工作者"转向"知识型员工"。这一转变反映了现代企业对于知识资本的重视,以及对于提高员工技能和创新能力的追求。

(3)人力资源管理趋向柔性化

人力资源管理趋向柔性化意味着更加注重企业文化、价值观念和道德修养。在知识经济社会中,由于员工和企业内部协调机制的变化,企业管理者更多地通过沟通来指导员工的行为。这种管理方式强调企业文化、价值观念和道德修养的重要性,旨在建立一个优秀的团队并实现企业目标。

(4)人力资源管理以客户价值为导向

以客户价值为导向的人力资源管理将员工视为服务对象,站在员工需求的角度,以新的思维对待员工,并以营销的视角来开发组织中的工作。通过提供令员工满意的人力资源产品与服务,来吸引、保持、激励和开发企业所需的人力资源。

① 金艳青:《人力资源与服务研究》,长春:吉林人民出版社,2021 年版,第 5 页。

5.1.2 人力资源管理的内容

(1)选人

为了确保选对人,人力资源管理需要关注以下几个关键问题:

① 选人者的素质问题;② 选人范围的界定;③ 选人的机制、程序、方法和策略。

(2)育人

为了培养出优秀的员工,人力资源管理需要考虑以下几个方面:

① 如何根据员工的个性和能力因材施教;② 如何根据工作需求对员工进行实用性培训;③ 如何使育人工作与用人和激励机制相协调,避免育人不当。

(3)用人

为了有效地使用人才,人力资源管理需要研究以下三个问题:

① 如何根据员工的才能进行合理分配;② 如何在工作中持续激发员工的工作积极性;③ 如何在用人过程中运用激励机制和方法。

(4)留人

为了留住人才,人力资源管理需要探讨以下几个问题:

① 如何通过提供有竞争力的待遇留住员工;② 如何通过建立情感联系留住员工;③ 如何通过提供事业发展机会留住员工。

5.1.3 人力资源管理的任务

(1)人力资源战略

组织的人力资源管理活动围绕其使命、愿景、价值观、目标和战略展开。其中,确定人力资源战略至关重要,因为它决定了组织需要怎样的团队来实现其战略目标。

(2)工作岗位分析

在明确人力资源战略要素之后,组织必须根据其人力资源战略需求来设计一个科学合理的组织结构。完成组织结构设计后,组织还需确定在每个部门中应设置的职位数量、每个职位需承担的主要工作职责和任务,以及承担此职位工作的人所需具备的任职资格条件。这就是工作岗位分析所要完成的工作。

(3) 人力资源规划

人力资源规划是根据组织的战略目标和内部人力资源状况制定的人员配制计划。其主要内容包括预测员工在组织内部的流动情况以及流入和流出组织的行为,根据预测结果制订相应的人员供求平衡计划,以满足组织未来经营对人员的需求。

(4) 招聘

招聘是指组织通过招募和甄选新员工来填补职位空缺的过程。招募阶段主要解决如何获得足够数量的求职者供组织进行筛选的问题,而甄选阶段则是解决如何从众多求职者中挑选出最适合组织需求的人员的问题。

(5) 绩效管理

绩效管理是组织人力资源管理乃至整个组织管理和运营的核心环节。绩效管理体系确保了员工个人及团队的工作活动和行为能够积极促进企业战略目标的实现,是一种重要机制。通过将组织的经营目标或战略进行细化,并将关键目标和责任层层分配,绩效管理确保了组织战略得以有效执行和实施。

(6) 薪酬管理

薪酬是员工在为组织贡献了知识、技能、能力和努力之后所获得的经济性回报。一个良好的薪酬体系是确保员工工作积极性、长期保持良好工作绩效以及留存于组织中的关键因素。

(7) 培训与开发

培训与开发是指一个组织为了使员工具备完成当前或未来工作所需的知识、技能和能力,进而提升员工在当前或未来职位上的工作绩效,而开展的一系列有计划、连续性的活动。培训与开发是组织确保员工拥有实现企业战略和目标所需的相关知识、技能、能力和态度的关键手段。

(8) 劳动关系管理

劳动关系管理是现代人力资源管理的一项重要内容,它所关注的重点主要是如何通过促进组织和员工之间的和谐关系来确保组织目标的实现和长期发展。

人力资源管理任务见表 5-1。

表 5-1　人力资源管理任务

人力资源管理任务	解决问题
人力资源战略	确定组织需要一支怎样的人力资源队伍来实现组织战略
工作岗位分析	明确组织中要做的“事”及什么样“人”能担任
人力资源规划	明确组织需要的“人”
招聘	选择让哪些“人”来做“事”
绩效管理	如何确保“人”做“事”
薪酬管理	“人”做了“事”之后应该得到怎样的报酬
培训与开发	怎么让“人”更适应于“事”
劳动关系管理	如何妥善处理“人”与组织保持良好关系，使其保持良好关系

5.2　人力资源管理操作说明

学生登录数智企业经营管理沙盘系统，进入系统后，人力资源管理操作说明如下。

5.2.1　招聘工人

招聘工人（如图 5-1）具体操作如下：

（1）单击人力总监任务栏中“选”按钮，进入招聘管理页面。

（2）“人力资源需求”由生产总监填写。

（3）根据“人力资源需求”栏下的招聘条件，为企业招聘工人。

（4）在“人力资源市场”页面的右下角，可以直接点击对应的数字切换到该页面。

图 5-1　招聘工人

(5)选择好工人后,单击“发薪水”按钮,弹出薪水管理页面。

(6)在本页面的文本框中填写为工人支付的工资。

(7)单击“确定”按钮,完成操作。

(8)完成发薪后,在页面会直接显示已经发放成功的信息。

(9)单击“查看薪水”按钮,可查看企业为该工人支付的工资。

(10)单击“修改”按钮,可对工资进行重新设定。

(11)“期望月薪”为工人希望得到的工资,期望月薪不等于实际发放给工人的工资,具体的工资可由企业根据实际情况填写。

5.2.2　岗位管理

岗位管理(如图 5-2)具体操作如下:

(1)单击任务栏中图标①“用”按钮,进入岗位管理页面。

(2)在该页面下单击图标②“统一发薪”按钮,为所有员工支付工资。

(3)单击“确定”按钮,完成薪水发放。

(4)对已经完成发放的工人,可以选择是否解雇。

(5)如需解雇工人,单击图标③“解雇”按钮,在弹出的对话框中单击“确定”按钮,完成操作。

注:只有支付完工资后才可进行解雇。

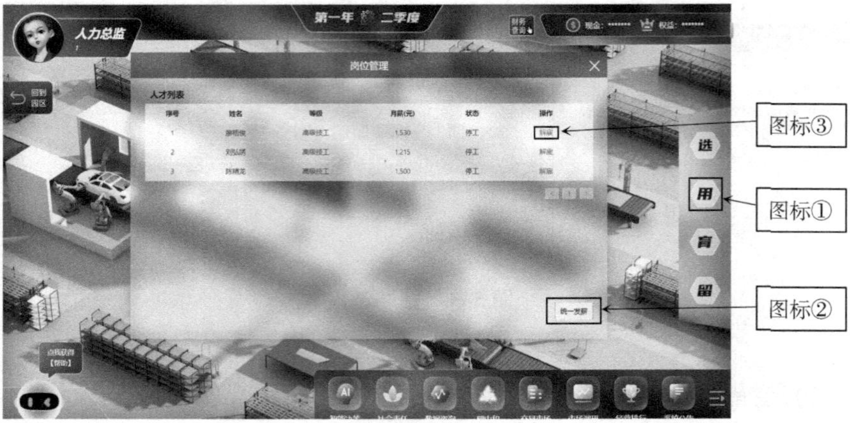

图 5-2　岗位管理

5.2.3　培训管理

培训管理(如图 5-3)具体操作如下:

(1)单击图标①“育”按钮,进入培训管理页面。

(2)在页面中,点击图标②“+”可选择工人。

(3)单击图标③“开始培训”按钮,完成培训任务。

注:只能培训初级工人;只能培训停工状态的工人。工人开启培训后无法暂停,也无法上工开产。

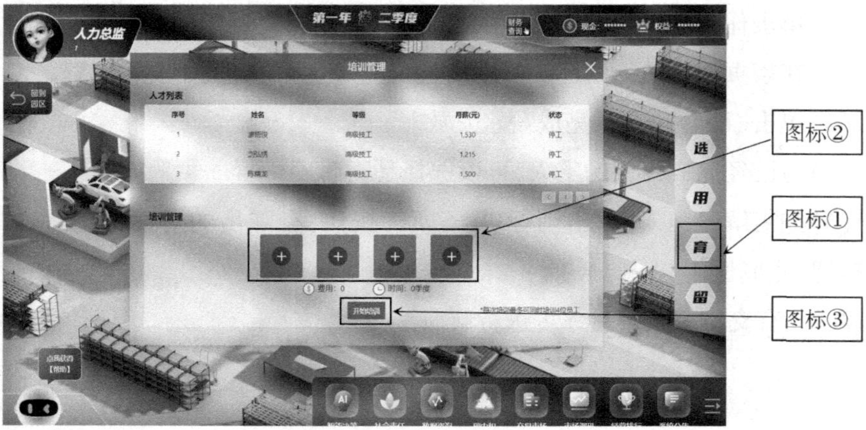

图 5-3　培训管理

5.2.4　激励(涨薪)管理

激励(涨薪)管理(如图 5-4)具体操作如下:

(1)单击图标①"留"按钮,进入激励管理页面。

(2)在页面中,单击图标②"涨薪"按钮,弹出涨薪信息对话框(如图 5-5)。

(3)在对话框中输入具体额度,单击图标③"确定"按钮,完成操作。

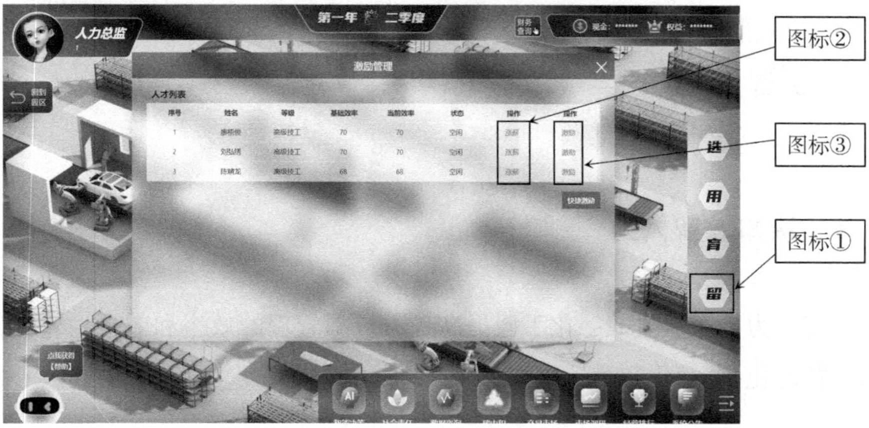

图 5-4　激励(涨薪)管理(1)

注:"涨薪"和"激励"均属于提升工人效率的策略,但它们提升效率方式和支付的形式不同。"涨薪"意味着工人的工资将在下季度开始增加,这种增长是持续性的,不会立即从现金中扣除。相比之下,"激励"的方式是直接支付现金,且为一次性的,也可视为一种福利。

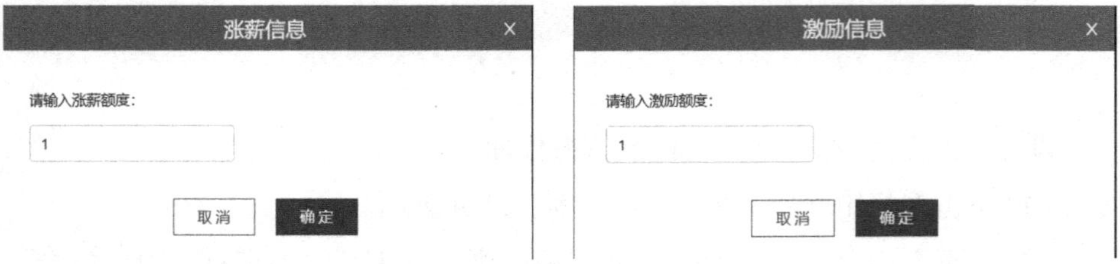

图 5-5　激励(涨薪)管理(2)

5.3　数智人力

5.3.1　认知数智人力

数智人力旨在通过数字化手段提高人力资源管理的效率和效果,实现人力资源的智能化、自动化和个性化。

5.3.1.1　数字化转型

数字化转型是指企业利用现代技术和通信手段,改变其为客户创造价值的方式。如今,数字技术正被融入产品、服务与流程中,旨在转变客户的业务成果及商业与公共服务的交付方式。这就是数字化转型的核心内容。

(1)第一个层次关乎未来的市场

在这一层,管理层需要思考的关键问题是如何实现数字化转型,具体可以从以下几个角度出发:

①竞争对手的业务架构是如何确立的。

②本公司是否充分强化了技术基础。

③本公司目前是否正在积极利用新技术。

④本公司是否抓住了数字化转型的机会。

⑤本公司是否正在改善客户体验。

(2) 第二个层次关乎业务

在这一层，管理层需要思考的关键问题是如何构建新的业务模式。具体可以从以下几个角度进行探讨：

①是否建立了敏捷且扁平的组织结构，以便充分挖掘数字化技术的潜力，快速进行全新产品的开发，并优化组织架构。

②是否提倡企业家精神，以实现自身业务的再造。

③在传统行业中，是否实现了对竞争对手的赶超。

(3) 第三个层次关乎基础架构

在这一层，管理层需要思考的关键问题是如何构建基础架构。具体可以从以下几个角度出发：

①本公司对于新兴数字化技术之间的交界地带是否有所涉足。

②是否充分挖掘了数字化与高级分析技术人才的潜力。

③是否已经建立了稳定的利润池。

④在提升效率方面的潜力如何。

⑤是否正在有针对性地建立合作关系。

5.3.2　数字化背景下的人力资源新任务

人力资源管理的发展历程可以概括为三个主要时代，反映了从简单的人事管理到战略合作伙伴的演变。

第一个时代，以人才密集型交易为重点。以人力资源手册为工具，来有效管理本地员工和团队。在这个时期，首席人力资源官通常由通才型人员担任，他们应具备薪酬、福利、培训等专业知识。

第二个时代，以人力资源信息作为工具，在业务中以赢得“一席之地”为重点。通过使用部分数字化系统（如人力资源管理系统、员工自助服务系统等），支持业务骨干更好地开展工作。在这个时代，首席人力资源官通常扮演业务伙伴的角色，他们具备组织发展、人才管理、激励等专业技能。

第三个时代，即数字化时代，人力资源管理的重点转向为企业创造与获取价值。在这个时代，首席人力资源官必须转型成为业务的领导人。他们需要具备组织塑造、领导层变革、调动和整合资源等方面的能力。首席人力资源官将从业务合作伙伴转变为与 CEO、CFO 共同合作的“黄金三角”，人力资源职能也将从单一部门的职能转变为渗透到企业数字化转型的各个方面的跨领域职能。

5.3.3 数字化时代人力资源的四个职能

5.3.3.1 调动——有效调动和集结关键资源

应该如何调动和集结组织的关键资源，以尽快创造价值？HR 工作的聚焦点应该是什么？需要运用哪些方面的能力才能尽快产生价值？回答这些问题，不仅要从人力资源的角度来思考，还要从公司整体数字化转型的视角来思考，包括转型中的战略方向、执行风险、组织和人员的能力水平、变革举措的动能等。

5.3.3.2 塑造——对组织重新塑造

重点是三个维度：成本、增长和敏捷性。

在成本方面，人力资源可以通过重塑管理层级和管理跨度，优化管理模式，从而降低管理成本。这需要避免传统业务管理中可能出现的过度分散化或过度管理的问题。

在增长方面，需要将针对增长目标或潜力的议程与组织能力和结构紧密结合起来。对增长目标或潜力的选择往往直接决定了企业所需构建和强化的组织能力。

在敏捷性方面，需要对原有传统组织设计中看似稳定的架构进行调整，使其变得更为敏捷。这主要通过采用互联互通、松散耦合的方式，创建简单而灵活的结构，让关键人才在组织中能够自由涌现。

5.3.3.3 决定——招聘的决定

数字化人才招聘需要从“从人才到人才”的理念转变为“从人才到价值”的导向。

数字化人才招聘有三种方式：①从母公司或其他子公司内部借调核心业务的一流人才，确保快速获得具备专业技能的人才；②通过收购初创型数字化企业,吸收其中的优秀人才,这种方式可以为公司带来业务增长点;③通过外部招聘的渠道招募人才,虽然这种方式可能需要投入更多时间和精力,但可以带来更加多元化的选择。

需要注意的是,虽然前两种方式在快速获取人才方面可能更有效,但在实际操作中,要根据具体情况灵活选择招聘方式。

5.3.3.4　变革——承担起推动变革的角色

人力资源措施的制定包括对企业现有资源的审查、在重要岗位上安排关键人才,以及为与价值创造相关的优先工作提供必要的支持与便利。

5.3.4　数字人力对企业管理的六大意义

数字化人力资源是一种技术驱动的工作方式,它利用新时代的科学技术,使人力资源交易和决策变得直观和明智,从而提高组织效率。这对于企业具有重大意义。

5.3.4.1　数字人力是提升员工敬业度的关键杠杆

现代员工倾向于通过移动端主动寻找令自己满意的工作场所,期望通过"始终在线,始终可用"的移动设备进行管理。人力资源部门(HR)需要将员工视为客户,并在各个接触点上提供一致的用户体验。

5.3.4.2　数字人力是文化转型的推动力

可能每个人都渴望改变其组织的文化,但很少有人真正了解这种变革背后的"调整选项"。随着新生代的加入,推动工作场所转型的传统方法正变得不再适用。如今,大部分工作和人际互动都在虚拟社交世界中进行,只有数字化人力资源才能真正助力企业文化的转型。

5.3.4.3　数字人力是一种授权机制

数字化人力资源使得许多流程(例如招聘、薪酬管理、学习与发展以及人才管理)更加直接地关联到管理者和员工,从而提高了自主权和透明度。员工可以更好地控制自己的职业生涯和工作生活,进而对各种业务策略产生重大且可衡量的影响。

5.3.4.4 数字人力是人才大战中的竞争优势

通过数字渠道提供的员工价值主张有助于组织吸引和留住更高质量的人才。如今,大部分求职者都倾向于通过数字渠道进行求职,而众多企业也纷纷报告,称通过社交媒体平台他们能够获得更优质的人才资源。

5.3.4.5 数字人力提供了洞察力和预测能力

通过实时员工数据、内置分析功能以及大数据参考的无缝集成,数字化人力资源管理解决方案能够提供更为有意义的管理参考。这种解决方案甚至能够帮助预测可能对业务产生重大影响的未来事件。例如,组织预测员工流失或未来表现的能力,可能对其管理结果产生巨大的积极影响。

5.3.4.6 数字人力是人力资源价值的关键

人力资源管理在制定业务战略方面常常处于相对尴尬的地位,这主要是因为其发言权有限,且人力资源计划的客观性质和定性影响的度量难度较大。然而,根据权威报告,我们可以发现 KPI 的使用与人力资源的战略作用之间存在着很强的相关性。因此,要想在战略讨论时发挥作用,人力资源主管必须能够量化员工绩效,而数字化人力资源管理正是实现这一目标的关键。

5.3.5 开启数智人力

学生登录数智企业经营管理沙盘系统后,系统中的数智人力操作说明如下:

在模拟经营的任何时间段内,学生可以通过点击应用场景中的大屏幕,打开数字化转型解锁页面,如图 5-6 所示。

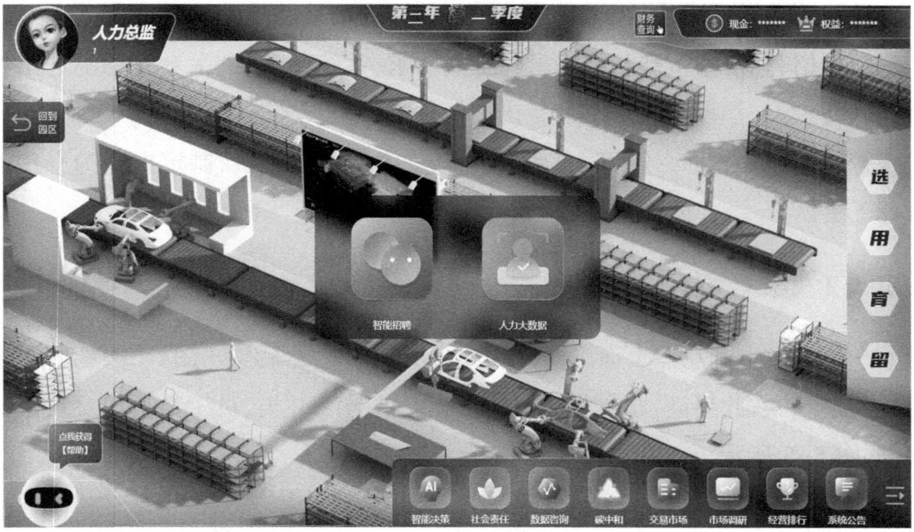

图 5-6　开启数智人力

数智人力的解锁过程与数字化营销解锁过程基本一致,需要投入时间和金钱资源。点击解锁后,经过一定的等待时间,即可进入数智人力时代(如图 5-7)。

图 5-7　数智人力时代

数智人力转型成功后,将开放两个新的管理场景:智能招聘和智能定薪。

智能招聘:根据生产总监提出的工人需求,系统的AI助手会自动筛选出符合条件的工人,并且按照效率月薪比进行排列。

智能定薪:AI助手会根据实践中所有工人的中位工资,制定出更为合理的推荐工资。

5.3.5.1 智能招聘的具体操作

学生点击生产总监页面,选择图标①"人"选项,然后点击图标②"招聘需求填报"按钮。在此界面,学生需填写所需招聘的员工种类、员工数量以及员工效率,如图5-8所示。

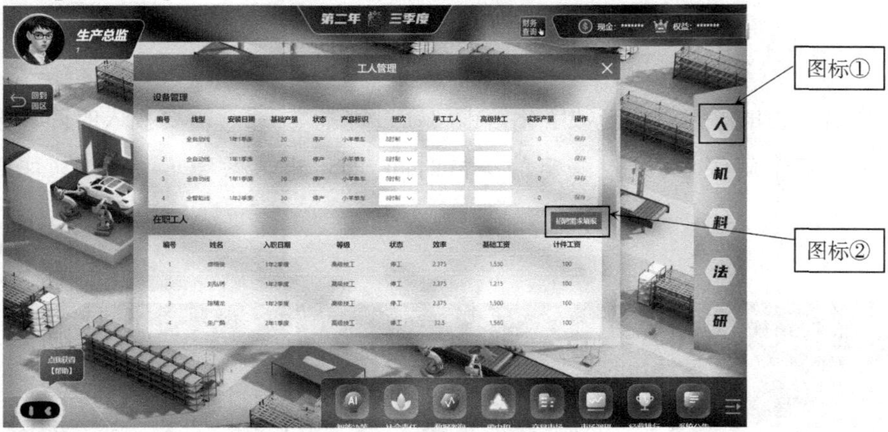

图5-8 智能招聘

5.3.5.2 智能筛选的具体操作

点击图标①"智能筛选"按钮,便能筛选出所有符合要求的员工,如图5-9所示。

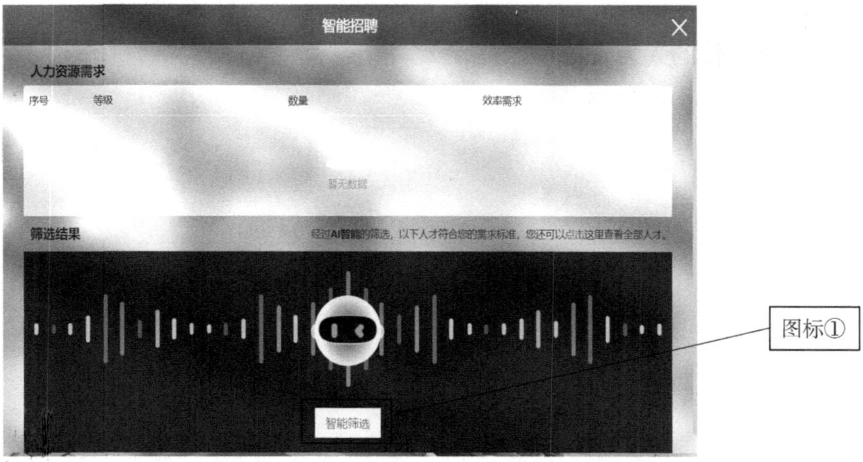

图 5-9 智能筛选

具体操作如下：

(1)“招聘需求填报”环节支持多次填写，以满足不同阶段的招聘需求。

(2)点击“智能筛选”按钮后，页面将显示符合预设条件的员工列表。

(3)点击页面上方的“点击这里”按钮以查看更多人才。

(4)对于已选定的员工，可以直接按照期望月薪来制定薪资。

(5)借助“智能定薪”功能，企业可查看市场中的中位工资，并以此作为参考来发放薪水。

(6)成功发放薪水的员工，在本季度结束前，企业可以随时查看和更改薪资。

5.3.6 人力大数据

学生点击“人力大数据”按钮，即可打开“人力大数据自选看板”页面。

看板的具体说明如下：

(1)看板分为 10 个区块。

(2)每个区块中都有相应的选项，用户可以自行选择展示的类型。

(3)当鼠标悬浮在具体的图形上时，可以查看具体数值。

思考题：

1. 数字化时代的人力资源职能是什么。

2. 数字人力对企业管理的六大意义。

第 6 章　财务管理

学习目标：

（1）认知财务管理的基本概念，结合财务管理基本内容进行案例分析。

（2）掌握财务三大报表的编制方法，理解其内在逻辑关系，运用财务指标分析企业报表。

（3）了解智能财务，认知智能财务在当前及未来的发展趋势。

（4）掌握沙盘财务操作流程，理解操作步骤背后的逻辑关系及其对整体财务状况的影响。

6.1　认知财务管理

财务管理是根据资金运动的规律，遵循国家法律和政策，对企业生产经营过程中的资金筹集、使用和分配进行预测、决策、计划、控制、核算和分析，以提高资金运作效果，实现资本保值增值的管理活动。[①] 第一，财务管理是一项综合性管理工作，它涉及组织的各个方面。随着社会经济的发展，财务管理主要通过价值形式对经营活动进行规划和控制。通过价值形式，企业的一切物质条件、经营过程和经营结果都能得到合理规划和控制，从而不断提高企业效益，增加企业财富。第二，财务管理与企业各方面具有广泛联系。企业中每个部门都会通过资金的使用与财务部门发生联系，每个部门也需要在合理使用资金、节

---

① 吴灵辉：《财务管理》，北京：电子工业出版社，2023 年版，第 4—5 页。

约资金支出等方面接受财务部门的指导,并遵守财务制度,以保证企业经济效益的提高。第三,财务管理能迅速反映企业生产经营状况。在企业管理中,决策是否得当、经营是否合理、技术是否先进、产销是否顺畅,都能在企业财务指标中迅速得到反映。财务部门应通过自己的工作,及时向企业领导通报有关财务指标的变化情况,以便将各部门的工作纳入提高经济效益的轨道,努力实现财务管理的目标。

6.1.1 预算管理

预算管理是指企业以战略目标为导向,通过对未来一定期间内的经营活动和相应的财务结果进行全面预测和筹划,科学、合理地配置企业各项财务和非财务资源,并对执行过程进行监督和分析,对执行结果进行评价和反馈,指导经营活动的改善和调整,进而推动实现企业战略目标的管理活动。

预算作为企业财务活动的行为标准,使得各项活动的实际执行有章可循。各部门业绩必须以预算标准为基础。通过分解并落实预算规划目标,企业能够有效地将其与部门及责任人的业绩考评结合起来,成为奖勤罚懒、评估优劣的重要依据。

6.1.2 企业筹资

企业筹资是指企业为了满足经营活动、投资活动、资本结构管理和其他需要,运用一定的筹资方式,通过一定的筹资渠道,筹措和获取所需资金的一种财务行为。

企业筹资的最基本目的是企业经营的维持和发展,为企业的经营活动提供资金保障。然而,每次具体的筹资行为往往受特定动机的驱动,例如为提高技术水平购置新设备而筹资,为对外投资活动而筹资,为产品研发而筹资,为解决资金周转的临时需要而筹资。

6.1.2.1 筹资方式

筹资方式是指企业筹集资金所采取的具体形式,这些方式受法律环境、经济体制、融资市场等筹资环境的制约。

一般来说,企业最基本的筹资方式有两种:股权筹资和债务筹资。股权筹资旨在形成企业的股权资金,通过吸收直接投资、公开发行股票等方式取得;债务筹资形成企业的债务资金,通过向银行借款、发行公司债券、利用商业信用等方式取得。此外,诸如发行可转换债券等筹资方式,则兼有股权筹资和债务筹资的双重特性,被视为一种混合筹资方式。

6.1.2.2 筹资的分类

(1)按企业所取得资金的权益特性不同

按企业所取得资金的权益特性不同,可分为股权筹资、债务筹资和衍生工具筹资。股权筹资是指股东投入的资本,企业依法长期拥有并有权自主调配运用的资金。债务筹资是指企业按合同向债权人取得的,需在规定期限内清偿的债务。衍生工具筹资包括兼具股权与债务筹资性质的混合融资方式及其他衍生工具融资。

(2)按是否借助于金融机构来获取

按是否借助于金融机构来获取,可分为直接筹资和间接筹资。直接筹资是指企业直接与资金供应者协商融通资金的筹资活动。间接筹资是指企业借助银行和非银行金融机构来筹集资金。

(3)按资金的来源范围不同

按资金的来源范围不同,分为内部筹资和外部筹资。内部筹资是指企业通过利润留存而形成的筹资来源,其数额大小主要取决于企业可分配利润的多少和利润分配政策,一般无需额外花费筹资费用。外部筹资是指企业向外部筹措资金而形成的筹资来源。

(4)按所筹集资金的使用期限不同

按所筹集资金的使用期限不同,可分为长期筹资和短期筹资。长期筹资是指企业筹集使用期限在1年以上的资金。短期筹资是指企业筹集使用期限在1年以内的资金。

6.1.3 投资管理

企业投资,是企业为了获取未来的收益,向特定对象投放资金的经济行为。例如,建设厂房、购买设备、兴建电站、购买股票、债券、基金等,都属于投资行为。企业需要通过投资来配置资产,从而形成生产能力,并取得未来的经济利益。

与日常经营活动相比,企业投资的主要特点表现在以下三个方面。

6.1.3.1 属于企业的战略性决策

企业的投资活动通常涉及企业未来的经营发展方向、生产能力与规模等问题。例如,厂房设备的新建与更新、新产品的开发、对其他企业的股权控制等,都是企业投资活动的一部分。

6.1.3.2 属于企业的非程序化管理

企业的某些经济活动并不经常性地重复出现,例如新产品开发、设备更新、企业兼并等,这些被称为非例行性活动。对这类非重复性、特定的经济活动进行的管理,则被称为非程序化管理。

6.1.3.3 投资价值的波动性大

投资项目的价值主要取决于其投资标的物资产的内在获利能力。这些标的物资产的形态持续处于转变之中,因此,未来收益的获取存在较高的不确定性,其价格也表现出较强的波动性。

6.1.4 营运资金管理

营运资金,指的是企业在日常生产经营活动中被占用在流动资产上的资金。营运资金的概念有广义与狭义之分,广义的营运资金指的是企业流动资产的总计;而狭义的营运资金则是指流动资产减去流动负债后的净额。这里所指的营运资金为狭义概念。营运资金的管理不仅涵盖流动资产的管理,还包括流动负债的管理,二者共同构成了营运资金管理的全面框架。

6.1.4.1　流动资产

流动资产是指可以在 1 年或超过 1 年的营业周期内变现或运用的资产。流动资产具有占用时间短、周转快、易变现等特点。企业拥有较多的流动资产,可在一定程度上降低财务风险。

6.1.4.2　流动负债

流动负债是指那些需要在 1 年内或超过 1 年的一个营业周期内偿还的债务。这类负债通常被称为短期负债,其特点包括成本较低以及偿还期限较短。因此,对流动负债的管理必须予以加强,以确保企业的财务健康和运营效率。

6.1.5　成本管理

成本,作为营运过程中的一种耗费,属于商品经济中的一个价值范畴。它是企业为生产商品或提供劳务等所耗费的必要劳动价值的货币表现,是企业再生产过程中的价值补偿。简言之,成本就是为了获得某种利益或达到一定目标所发生的耗费或支出。

成本管理,是指企业在营运过程中实施的一系列管理活动,包括成本预测、成本决策、成本计划、成本控制、成本核算、成本分析和成本考核等。其目的在于充分组织企业全体人员,对营运过程的各个环节进行科学管理,力求以最少的生产耗费取得最多的生产成果。通过有效的成本管理,企业能够优化资源配置,提高经济效益,从而在激烈的市场竞争中占据优势地位。

6.1.6　财务报表分析

6.1.6.1　三大财务报表

对于任何财务人员而言,三张表——资产负债表、利润表和现金流量表——是他们最熟悉的工具。

资产负债表,又称财务状况表,是展示企业在特定日期(常为各会计期末)财务状况的主要会计报表。它以特定日期的静态企业情况为基础,浓缩成一张报表,全面反映企业的资产、负债和所有者权益状况。

利润表,专注于反映公司在一定期间内利润的实现(或亏损状况)情况。从企业经营资金运动的角度来看,利润表是一种反映企业经营资金动态表现的报表。

现金流量表,它是反映一定时期内(如月度、季度或年度)经营活动、投资活动和筹资活动对其现金及现金等价物所产生影响的财务报表。现金流量表是原先财务状况变动表或者资金流动状况表的替代物,它详细描述了由公司的经营、投资与筹资活动所产生的现金流,为评估企业的现金流动性和财务健康状况提供了重要视角。

6.1.6.2 三大财务报表关系

在编制报表时要注意以下两种情况:一是如果没有利润表,可以通过比较资产负债表中净资产的期末数与期初数,从而计算出当年的利润数额;二是如果没有现金流量表,可以通过观察货币资金的期初与期末余额的增减变化,计算出当年的现金及现金等价物净增加额。

报表中的勾稽关系主要包括以下几种:

(1)平衡勾稽关系

资金平衡表分左右两侧,一侧反映资金占用情况,另一侧反映资金来源情况,两侧必须保持平衡。

(2)对应勾稽关系

基于复式记账法原则,每项经济业务需用相等金额在两个或两个以上互相关联的账户中登记,以明确资金运动的流向以及相互对应的固定关系。

(3)和差勾稽关系

在报表中,有些勾稽关系表现为一个特定指标等于其他几个指标之和或之差。

(4)积商勾稽关系

报表中部分勾稽关系表现为某个项目等于其他几个项目的乘积或商。

(5)动静勾稽关系

专用基金及专用拨款表等属于“动态表”，而资金平衡表则被视为“静态表”。“静态表”与“动态表”在反映某些指标时具有一致性，由此在报表中形成动静之间勾稽关系。

(6)补充勾稽关系

为了更全面地了解报表中某些指标的明细核算资料和计算依据，会额外设置项目或表格加以补充说明，这构成了报表间的补充勾稽关系。

6.1.7　偿债能力分析

偿债能力是指企业偿还其自身所欠债务的能力。对偿债能力进行分析，有助于债权人做出正确的借贷决策；有助于投资者做出正确的投资决策；有助于企业经营者做出正确的经营决策；同时也有助于正确评价企业的财务状况。

债务通常根据到期时间分为短期债务和长期债务，因此偿债能力分析也相应分为短期偿债能力和长期偿债能力。

6.1.7.1　短期偿债能力

反映短期偿债能力的指标主要包括营运资金、流动比率、速动比率和现金比率。

(1)营运资金

营运资金是指流动资产超过流动负债的部分。其计算公式如下：

$$营运资金 = 流动资产 - 流动负债$$

营运资金越多，偿债越有保障。当流动资产大于流动负债时，营运资金为正，表明企业财务状况稳定，偿债的风险较小。相反，当流动资产小于流动负债时，营运资金为负，此时，企业部分非流动资产以流动负债作为资金来源，企业偿债的风险很大。

(2)流动比率

流动比率是企业流动资产与流动负债之比。其计算公式为：

$$流动比率 = 流动资产 / 流动负债$$

流动比率表明每 1 元流动负债有多少流动资产作为保障，流动比率越大，短期偿债能力越强。一般认为,生产企业合理的最低流动比率是 2。

(3)速动比率

速动比率是企业速动资产与流动负债之比。其计算公式为:

速动比率 = 速动资产 / 流动负债

速动比率表明每 1 元流动负债有多少速动资产作为偿债保障。一般情况下,速动比率越大,短期偿债能力越强。剔除存货影响的速动比率至少是 1。速动比率过低,企业面临偿债风险;但速动比率过高,会因占用现金及应收账款过多而增加企业的机会成本。

(4)现金比率

现金资产包括货币资金和交易性金融资产等。现金资产与流动负债的比值称为现金比率。现金比率计算公式为:

现金比率 = (货币资金 + 交易性金融资产) / 流动负债

现金比率表示每 1 元流动负债有多少现金资产作为偿债保障。由于流动负债是在一年内(或一个营业周期内)陆续到期清偿,所以并不需要企业时时保留相当于流动负债金额的现金资产。经验研究表明,0.2 的现金比率通常被认为是可以接受的水平。而这一比率过高,就意味着企业过多资金被闲置在盈利能力较低的现金资产上,这无疑会影响企业的盈利能力。

6.1.7.2 长期偿债能力

反映长期偿债能力的指标包括资产负债率、产权比率、权益乘数和利息保障倍数。

(1)资产负债率

资产负债率是企业负债总额与资产总额的比率。其计算公式为:

资产负债率 = 负债总额 / 资产总额 × 100%

当资产负债率高于 50%时,表明企业资产主要来源于负债,财务风险较大。当资产负债率低于 50%时,表明企业资产主要来源于所有者权益,财务较为稳健。这一比率越低,表明企业资产对负债的保障能力越高,企业的长期偿债能力越强。

(2)产权比率

产权比率,又称资本负债率,是负债总额与所有者权益的比率,它是企业财务结构稳健与否的重要标志。其计算公式为：

产权比率 = 负债总额 / 所有者权益 × 100%

一般来说，这一比率越低，表明企业长期偿债能力越强，债权人的权益保障程度越高。在分析时需要结合企业的具体情况，当企业的资产收益率大于负债利息时，负债经营有利于提高资金收益率，获得额外的利润，这时的产权比率可以适当高些。产权比率高，是高风险、高报酬的财务结构；产权比率低，是低风险、低收益的财务结构。

(3) 权益乘数

权益乘数是总资产与股东权益的比值。其计算公式为：

权益乘数 = 总资产 / 股东权益

权益乘数表明股东每投入 1 元钱可实际拥有和控制的企业资产总额。在企业存在负债的情况下，这一比例往往会大于 1。企业负债比例越高，进而推动权益乘数越大。

(4) 利息保障倍数

利息保障倍数是指企业息税前利润与应付利息的比率，又称已获利息倍数，是衡量企业偿付借款利息能力的重要指标。其计算公式为：

利息保障倍数 = 息税前利润 / 应付利息

利息保障倍数 = (净利润 + 所得税 + 利息费用) / 应付利息

利息保障倍数反映了企业支付利息的利润来源(息税前利润)与利息支出之间的关系。通常情况下，该比率越高，长期偿债能力越强。从长期看，利息保障倍数至少要大于 1(国际公认标准为 3)，也就是说，企业的息税前利润至少要大于其应付利息，以确保具备偿还债务利息的能力。如果利息保障倍数过低，企业将面临亏损、偿债的安全性与稳定性下降的风险。

6.1.8　营运能力分析

营运能力主要指的是资产运用和循环的效率高低。一般而言，资金的周转速度越快，说明企业的资金管理水平越高，资金的利用效率也越高，企业能够以较少的投入获得较多的收益。因此，营运能力的指标是通过投入与产出(主要是收入)之间的关系来反映的。企业营运能力分析主要包括以下三个方面。

6.1.8.1 流动资产营运能力

反映流动资产营运能力的指标包括存货周转率和流动资产周转率。

(1) 存货周转率

在流动资产中,存货通常占据较大比重,存货的流动性直接影响企业的整体流动比率。存货周转率可以通过存货周转次数和存货周转天数来深入剖析。

存货周转率(次数)是指一定时期内企业营业成本与存货平均资金占用额之间的比例关系。它是衡量和评价企业采购、生产、销售等各个环节管理效率的综合性指标。其计算公式为:

$$存货周转次数 = 营业成本 / 存货平均余额$$

$$存货平均余额 = (期初存货 + 期末存货) / 2$$

存货周转天数是指存货从取得至销售完成一次周转所需的时间。计算公式为:

$$存货周转天数 = 计算期天数 / 存货周转次数$$

$$存货周转天数 = 计算期天数 \times 存货平均余额 / 营业成本$$

一般而言,存货周转速度越快,存货占用水平越低,流动性越强,这有助于企业更快地将存货转化为现金或应收账款,从而增强企业的短期偿债能力及盈利能力。

(2) 流动资产周转率

流动资产周转率是衡量企业流动资产周转速度的重要指标。流动资产周转率(次数)是指一定时期内营业收入净额与企业流动资产平均占用额之间的比率。其计算公式如下:

$$流动资产周转次数 = 营业收入 / 流动资产平均余额$$

$$流动资产周转天数 = 计算期天数 / 流动资产周转次数$$

$$流动资产周转天数 = 计算期天数 \times 流动资产平均余额 / 营业收入净额$$

$$流动资产平均余额 = (期初流动资产 + 期末流动资产) / 2$$

在一定时期内,流动资产周转次数增多,意味着以相同的流动资产能完成更多的周转额,流动资产的利用效果越佳。相反,流动资产周转天数减少,表明流动资产在生产、销售等各个环节所占用的时间缩短,有助于相对节约流动资产,进而增强企业的盈利能力。

6.1.8.2 固定资产营运能力

反映固定资产营运能力的指标为固定资产周转率。固定资产周转率(次数)是指企业年营业收入与固定资产平均额的比率。这一指标用于反映企业固定资产的周转情况,并衡量其利用效率。其计算公式如下:

固定资产周转率 = 营业收入 / 平均固定资产

平均固定资产 = (期初固定资产 + 期末固定资产)/ 2

固定资产周转率较高,即在一定时期内固定资产周转次数较多,表明企业的固定资产投资决策得当,资产结构配置合理,且利用效率高;反之,若固定资产周转率不高,则说明固定资产的利用效率较低,能提供的生产成果有限,企业的营运能力不强。

6.1.8.3 总资产营运能力分析

反映总资产营运能力的指标是总资产周转率,即总资产周转次数。它是通过计算企业营业收入与企业资产平均总额之间的比率来衡量的,其计算公式如下:

总资产周转次数 = 营业收入 / 平均资产总额

当企业各期的资产总额相对稳定,波动不大时,平均总资产的计算方法为:

平均总资产 = (期初总资产 + 期末总资产) / 2

然而,若资金占用的波动性较大,企业应采用更为详细的资料进行计算。例如,可以按照各月份的资金占用额来计算月平均总资产,计算方法为:

月平均总资产 = (月初总资产 + 月末总资产) / 2

通过这样的计算,可以更准确地评估企业在不同时间段内资产的实际使用效率。

6.1.9 盈利能力分析

盈利能力是企业获取利润、实现资金增值的关键能力。因此,衡量盈利能力的指标主要通过收入与利润之间的关系以及资产与利润之间的关系来反映。

(1)营业毛利率

营业毛利率是衡量企业盈利能力的重要指标之一,它是营业毛利与营业收入的比率。其计算公式如下:

营业毛利率 = 营业毛利 / 营业收入 × 100%

营业毛利 = 营业收入 - 营业成本

营业毛利率反映了企业每1元营业收入中所包含的毛利率水平,即营业收入在扣除营业成本后,剩余多少金额可用于弥补各期费用并形成利润。营业毛利率越高,表明产品的盈利能力越强,企业的经营效率也相应更高。

(2)营业净利率

营业净利率是衡量企业盈利能力的重要指标,它表示净利润与营业收入之间的比例关系。其计算公式如下:

营业净利率 = 净利润 / 营业收入 × 100%

营业净利率反映了每1元营业收入最终能转化为多少利润,这一指标用于评估产品最终的盈利能力。在利润表的编制过程中,从营业收入出发,经过扣除营业成本、期间费用、税金等一系列项目后,最终得出净利润。通过这一过程,营业净利率能够更准确地展示企业在经营活动中实现净利润的水平。

因此,营业净利率不仅是对企业盈利能力的一个直观反映,也是投资者和经营者分析企业财务状况、制定经营策略时不可或缺的重要参考指标。

(3)总资产净利率

总资产净利率是指净利润与平均总资产之间的比率,它反映了每1元资产所创造的净利润。其计算公式为:

总资产净利率 = 净利润 / 平均总资产 × 100%

这个指标用于衡量企业资产的盈利能力。总资产净利率越高,表明企业资产的利用效率越好,即每一单位资产创造的利润越多。影响总资产净利率的关键因素包括营业净利率和总资产周转率。具体而言,总资产净利率可以通过以下公式进一步分解:

总资产净利率 = 净利润 / 平均总资产 =

(净利润 / 营业收入) × (营业收入 / 平均总资产)

简化为:

总资产净利率 = 营业净利率 × 总资产周转率

通过这种分解,可以更清晰地看到营业净利率和总资产周转率对总资产净利率的影响。营业净利率体现了企业销售活动的盈利能力,而总资产周转率则反映了企业资产的管理效率。因此,提高总资产净利率需要从提升营业净利率和优化资产周转率两方面入手。

(4)净资产收益率

净资产收益率,又称为权益净利率或权益报酬率,它是净利润与平均所有者权益的比值,用于表示每 1 元权益资产所赚取的净利润,从而反映权益资本经营的盈利能力。其计算公式如下:

净资产收益率 = 净利润 / 平均所有者权益 × 100%

通常情况下,净资产收益率越高,表明所有者和债权人的利益保障程度越高。这是因为高效的利润创造力意味着企业具备更强的偿债能力,从而能够更好地保障所有者和债权人的权益不受损害。

6.1.10　发展能力分析

反映企业发展能力的指标主要包括营业收入增长率、总资产增长率、营业利润增长率、资本保值增值率以及所有者权益增长率。这些指标分别从不同的角度衡量了企业在一定时期内的成长性和资本的增值情况。

(1)营业收入增长率

该指标反映的是营业收入的相对增长情况,用于衡量企业的经营状况和市场占有能力,同时也是预测企业经营业务拓展趋势的重要指标。其计算公式如下:

营业收入增长率=本年营业收入增长额 / 上年营业收入×100%

本年营业收入增长额=本年营业收入-上年营业收入

(2)总资产增长率

总资产增长率是企业本年资产增长额与年初资产总额的比率,这一指标用于反映企业本期资产规模的增长情况。其计算公式如下:

总资产增长率=本年资产增长额 / 年初资产总额×100%

本年资产增长额=年末资产总额-年初资产总额

总资产增长率越高,表明企业一定时期内资产经营规模扩张的速度越快。

但在分析时,需要关注规模扩张的质和量的关系,以及企业的后续发展能力,避免盲目扩张。

(3)营业利润增长率

营业利润增长率是企业本年营业利润增长额与上年营业利润总额的比率,该比率用于反映企业营业利润的增减变动情况。其计算公式如下:

营业利润增长率=本年营业利润增长额 / 上年营业利润总额×100%

本年营业利润增长额=本年营业利润-上年营业利润

(4)资本保值增值率

资本保值增值率是指在扣除所有客观因素影响后的期末所有者权益与期初所有者权益之间的比率。该比率用于衡量所有者权益在一定时期内的保值增值情况。其计算公式如下:

资本保值增值率=扣除所有客观因素影响后的期末所有者权益 / 期初所有者权益×100%

(5)所有者权益增长率

所有者权益增长率是指企业本年度所有者权益增长额与年初所有者权益之间的比率,这一比率能够反映企业在该年度内的资本积累能力。其计算公式如下:

所有者权益增长率=本年度所有者权益增长额/年初所有者权益×100%

本年所有者权益增长额=年末所有者权益-年初所有者权益

所有者权益增长率越高,表明企业的资本积累越多,应对风险、持续发展的能力越强。

6.2 财务管理操作说明

学生登录数智企业经营管理沙盘系统,财务管理操作说明如下。

6.2.1 预算控制

预算控制(如图 6-1)的具体操作如下:

(1)单击页面中图标①“控”按钮,进入预算控制页面。

(2)在页面文本框中填写各岗位本季度计划使用的资金。(财务总监应事先与各岗位总监进行协商)

(3)填写完毕后,单击图标②“确定”按钮。

(4)切换季度后,“上季度预算”栏目下将显示本季度所填入的金额。同时,“上季度使用”栏目下将显示上季度实际使用的现金情况。在“使用率”栏目下,将会以百分比方式显示。

图 6-1　预算控制

6.2.2　融资管理

融资管理(如图 6-2)的具体操作如下:

(1)单击页面图标①“融”按钮,进入融资管理页面。

(2)在该页面下,点击图标②“融资决策“按钮选择一个套餐,在额度任务栏中填写额度。

(3)单击图标③“确定”按钮完成操作。

(4)不同的贷款产品还款方式也不同,这些方式会在“还款方式”栏目下明确显示,包括短期贷款和长期贷款等。

注:申请的贷款不可超过“额度上限”。

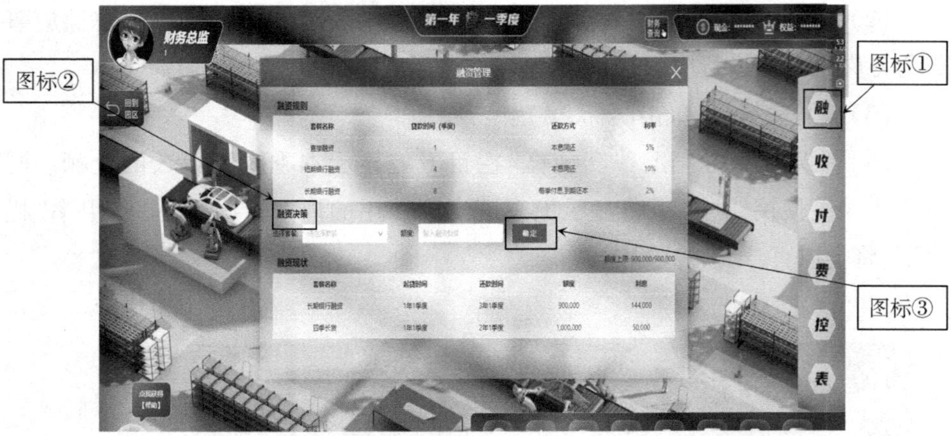

图 6-2 融资管理

6.2.3 应收账款管理及应付账款管理

应收账款管理(如图 6-3、图 6-4)及应付账款管理(如图 6-5)具体操作如下:

(1)单击图标①“收”按钮,进入应收账款管理页面。

(2)在页面中单击图标②“收款“按钮,完成收款操作。

(3)对于未到期的货款,无法进行收款,页面中将显示图标③“贴现“按钮,表示货款未到期,无法立即收款。若企业急需用钱,可以点击”贴现“按钮,进入贴现页面。

图 6-3　应收账款管理(1)

(4)在贴现页面的文本框中填写所需贴现的金额。

(5)填写完毕后,单击图标④“确定”按钮,完成此操作。

(6)完成贴现后,企业将立刻收到扣除贴息后的货款,贴息由系统自动扣除,总的应收账款也相应减少。

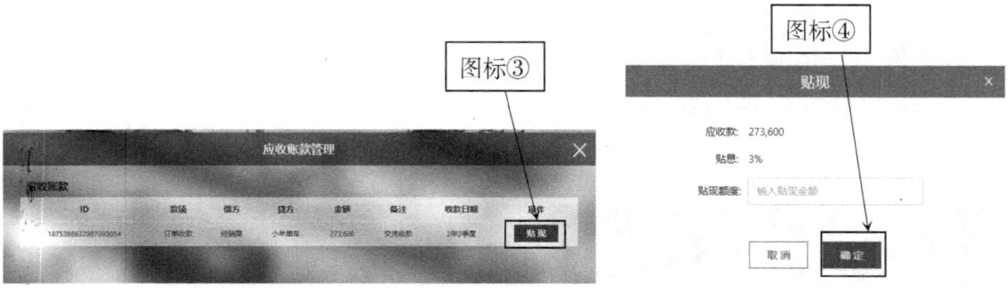

图 6-4　应收账款管理(2)

(7)单击图标①“付”按钮,进入应付账款管理页面。

(8)在应付账款页面下,单击图标②“付款”按钮,完成此操作。

注:关注付款日期,支付本季即可,可提前付款但不可延期付款。

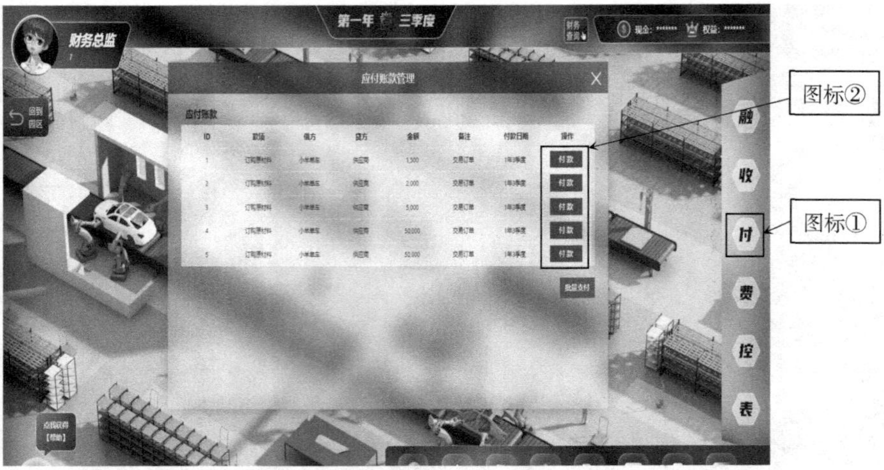

图 6-5　应付账款管理

6.2.5　费用管理

费用管理(如图 6-6)的具体操作如下:

(1)单击任务栏中图标①“费”按钮,进入费用管理页面。

(2)在费用管理页面下,单击图标②“缴纳”按钮,完成此操作。

(3)费用包括管理费、利息费、本金。

注:请按时支付各项费用。

图 6-6　费用管理

6.2.6　报表管理

报表管理(如图 6-7)的具体操作如下：

(1)单击图标①“表”按钮,进入报表管理页面。

(2)在报表管理页面下,可查看企业的三大报表:资产负债表、利润表、现金流量表。

(3)在页面上方图标②区域可直接点击想查看的报表。

注:报表无需填写,且展示实时数据。

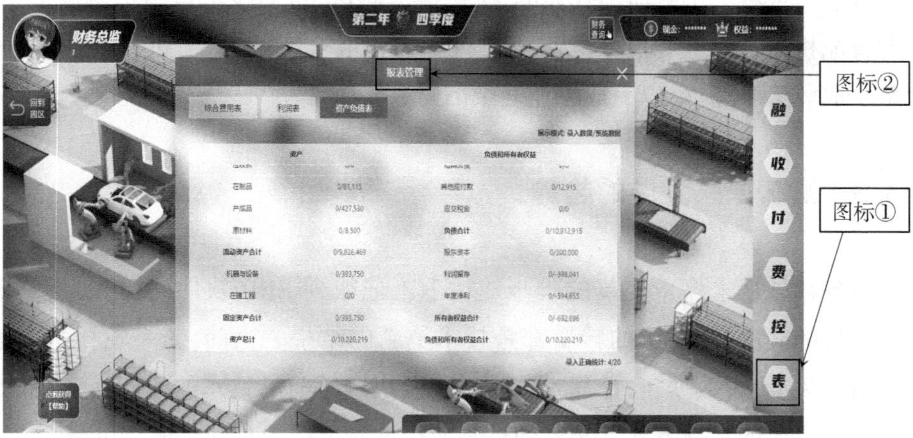

图 6-7　报表管理

6.3　智能财务

6.3.1　认知智能财务

智能财务不是仅局限于财务流程中部分环节的自动化,也不仅仅是某个财务流程的整体优化和再造,而是代表着财务管理模式乃至财务管理理念的革命性变革。它依托人机深度融合的方式,共同实现前所未有的新型财务管理功能。

智能财务是建立在云计算、大数据、人工智能等前沿技术之上,并结合企业互联网模式下的财务转型升级与创新发展的实践,产生的一种新形态。通过大数据技术进行建模与分析,并利用人工智能技术的力量提供智能化服务,智能财务为企业财务转型赋能,帮助企业打造高效、规范的财务管理流程,从而有效提高效率、降低成本、控制风险,进而有效促进企业财务转型。

6.3.2　智能财务的本质特征

智能财务将人工智能为代表的"大智移云物区"等新技术运用于财务工作,借助智能机器和财务专员共同组成人机一体化混合智能系统,进行智能判断、策略生成和策略选择,以完成企业复杂的财务管理活动。

6.3.3　财务未来发展的趋势

财务领域从未停止变革的脚步。从手工记账到 ERP 软件的引入,从算盘到计算机的应用,每一次的转变都是技术革新的结果。当前,新一轮技术变革正在悄然兴起,大数据、云计算、人工智能、区块链等前沿技术的兴起,正在深刻影响财务人员的工作方式。技术的进步使得这些工作的自动化成为可能。

作为财务人员,如果不积极了解财务未来的变化趋势,仍固守朝九晚五的重复性工作,很可能在不经意间被时代的洪流所淘汰。因此,尽管财务人员无需成为技术的专家,仍必须理解这些技术的基本逻辑及其对工作可能带来的改变。

6.3.3.1　自动化

据研究表明,42%的财务活动可以通过成熟的技术实现全自动化,同时,19%的活动可以实现近全自动化。信息技术正在推动这一变革成为现实。

财务人员最为熟悉的自动化场景之一是各个 ERP 模块的集成,例如,销售和采购的业务数据能够自动同步到财务管理模块,以便进行数据的归集和处理。

6.3.3.2　智能化

人工智能已经不知不觉间进入了我们的生活。伦敦证券交易所的 Willcock 教授认为,财务机器人日后将替代人类完成一些批量重复性的工作,使他们重新部署到更多需要人际交往的角色中去,或专注于更有意义的部分。

6.3.3.3　数字化

在技术革新的时代背景下,海量数据与先进的模型、算法及工具相结合,将在会计行业中激发出非同寻常的创新火花。

6.4　智能财务操作说明

学生登录数智企业经营管理沙盘系统,进入系统后,智能财务操作说明如下。

6.4.1　开启数字财务

在模拟经营的任何时间段,学生可以点击应用场景中的大屏,打开数字化转型解锁页面,如图 6-8 所示。

图 6-8　开启数字化

数字财务的解锁简单来讲，需要投入时间和金钱资源。点击解锁后，经过一定时间，企业的财务管理即可进入数字化时代。如图 6-9 所示：

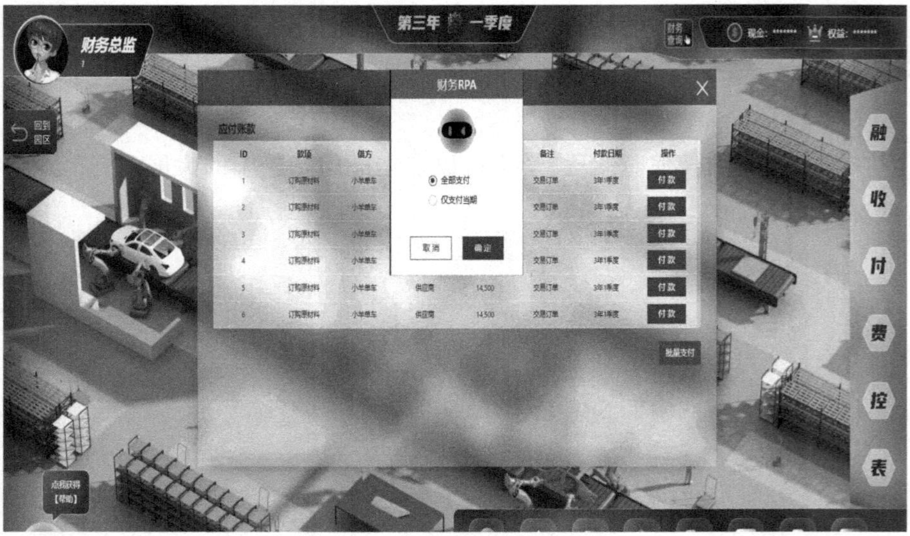

图 6-9　数字化财务时代

6.4.2　财务风险监控

学生点击“风险监控”按钮，即可打开“风险监控”页面，如图 6-10 所示。具体操作如下：

(1) 每个模块均代表一个独立的财务指标，通过观察各指标，可以全面分析企业的风险情况。

(2) 指标外框无颜色显示，表示当前阶段无法获取该指标的信息。

(3) 指标外框呈现绿色时，表示当前阶段该指标对应的财务状况良好。

(4) 指标外框呈现黄色时，表示当前阶段该指标对应的财务状况存在低风险。

(5) 指标外框呈现红色时，表示当前阶段该指标对应的财务状况有较高的风险，应当及时制订改善计划。

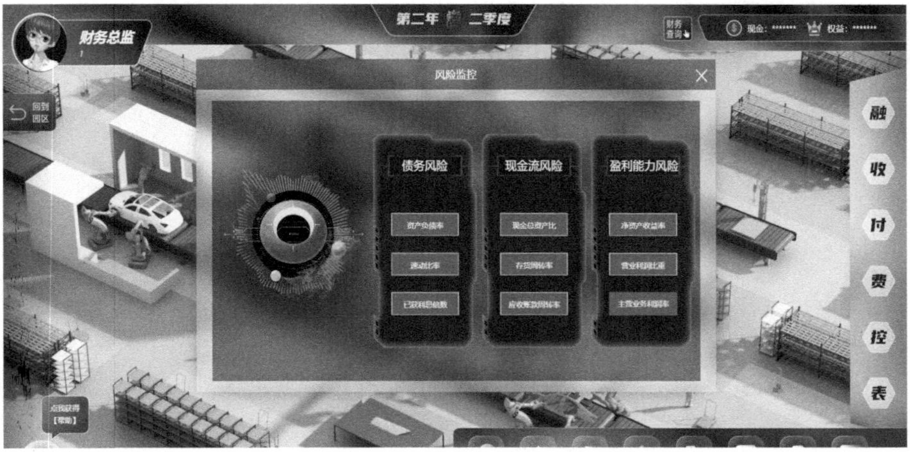

图 6-10　财务风险监控

智能财务从债务风险、现金流风险、盈利能力风险三个方向实时调取企业的各项数据，并基于杜邦体系进行实时评估。一旦数据低于或高于标准，将通过颜色标注来代表风险等级：红色代表高风险；黄色代表中风险；绿色代表低风险。

6.3.3 财务大数据

学生点击“财大数据”按钮，即可打开“财务大数据自选看板”页面。该看板的具体说明如下：

(1)看板分为 10 个区块。

(2)每个区块中都有相应的选项，用户可以根据自己的需求选择展示的类型。

(3)当鼠标悬浮在具体的图形上时，可以查看该图形的具体数值。

思考题：

1. 企业三大报表之间的关系。
2. 智能财务表现在沙盘中的应用。

第 7 章　数智企业经营管理沙盘规则

学习目标：

（1）掌握数智企业经营管理沙盘岗位通用规则。

（2）熟悉销售总监相关技术规则、生产总监相关技术规则、人力总监相关技术规则以及财务总监相关技术规则。

案例背景

HQ 公司成立于 2021 年，是一家新近成功融资的电脑公司。自筹备阶段起，公司就以其美观的设计和卓越的安全性能指标，荣获国际上的多项设计大奖。公司的运营部门通过在网络平台上进行新媒体运营，赢得了用户的高度认可。近期，一家国产电脑品牌完成了对团队的投资，为企业注入了丰厚的启动资金。为了紧跟现代营销的潮流，公司高层引进了一批年轻人才，运用数字营销策略，不仅巩固了传统市场，还建立了新零售体系，通过数据驱动营销的方式，加速企业的快速发展。

在此背景下，学生将分别担任财务总监、人力总监、生产总监和营销总监等关键职务，综合运用所学知识，结合公司的现状和未来的市场调研来经营自己的公司。相信在未来的四年中，大家能够实现企业的盈利和品牌推广，并开创出属于自己的一片天地。

注：本经营规则中仅为示例数据，旨在帮助学生理解规则的使用。在参与实践时，请查阅具体规则。

7.1 岗位通用规则

7.1.1 岗位通用规则各项基本情况

公司设有财务总监、人力总监、生产总监及营销总监四个关键岗位。目前公司的财务状况显示，其所有者权益中仅有现金30万元。

公司资产负债表如表7-1所示。

表7-1 资产负债表

项目	金额/元
现金	300 000
产品库存	0
原料库存	0
土地与设备	0
资产合计	300 000
负债	0
应交税金	0
负债合计	0
股东资本	300 000
利润留存	0
本期利润	0
权益合计	300 000
负债+所有者权益合计	300 000

市场调研针对不同年份和季度的产品需求量进行了详细分析。以第一年为例，相关数据见表7-2。

表 7-2　市场调研相关数据

第一年第二季度				
市场	产品	特性	总量/个	平均价格/元
本地市场	天扬	极致轻薄	250	2 500
本地市场	救世者	杜比音效	2 500	3 400
本地市场	天扬	杜比音效	4 250	2 341
本地市场	救世者	极致轻薄	250	3 600
本地市场	救世者	超强显卡	1 750	3 500
第一年第三季度				
市场	产品	特性	总量/个	平均价格/元
本地市场	天扬	杜比音效	2 500	2 200
本地市场	天扬	超强显卡	2 500	2 200
本地市场	救世者	杜比音效	2 500	3 300
本地市场	救世者	超强显卡	2 500	3 300

注:市场调研是市场详单的缩减版,系统规则中详单数量较多,不同的规则详单数量不同,这里以某一规则为例。详单中会列出具体的年份季度、单张订单量,单张订单价格等数据。

7.1.2　岗位通用规则市场信息

该地区目前拥有三大市场,分别是本地市场、国内市场和国际市场。这些市场相当于不同的销售渠道,随着销售市场的不断扩大,开拓所需的时间也相应增加。为了确保能够在规定时间内选择订单,各企业应当提前做好充分的准备。订货会的开启时间与市场调研及详细清单中的年份和季度应保持一致。值得注意的是,各市场之间并无直接关联,只有具备相应市场资质的企业才能在特定市场中销售产品。

7.1.3 岗位通用规则相关说明

7.1.3.1 团队协同方式

每个模拟公司均包含四个核心岗位:财务总监、人力总监、生产总监和营销总监。这些岗位在线上环境中独立操作,采取并行作业的方式,各自负责其职责范围内的工作。

7.1.3.2 运营阶段及各阶段参考时间

在为期四年的经营周期内,整个模拟公司运营将被细分为16个季度(详细的运营规则请参见各岗位及整体运营的规则说明)。每一年度,分4个季度运行。每个季度均设定为15分钟,4年总计240分钟。选单环节的时间安排会根据不同的模拟案例有所调整,具体时间分配请参见详细时间分配表(见表7-3)。

表7-3 运营阶段及各阶段参考时间

经营功能	运行启动	时间
第一年第一季度经营	手动启动	15分钟
第一年第二季度经营	手动启动	15分钟
第一年第三季度经营	手动启动	15分钟
第一年第四季度经营	手动启动	15分钟
第二年第一季度经营	手动启动	15分钟
第二年第二季度经营	手动启动	15分钟
第二年第三季度经营	手动启动	15分钟
第二年第四季度经营	手动启动	15分钟
第三年第一季度经营	手动启动	15分钟
第三年第二季度经营	手动启动	15分钟
第三年第三季度经营	手动启动	15分钟
第三年第四季度经营	手动启动	15分钟

续表

经营功能	运行启动	时间
第四年第一季度经营	手动启动	15 分钟
第四年第二季度经营	手动启动	15 分钟
第四年第三季度经营	手动启动	15 分钟
第四年第四季度经营	手动启动	15 分钟
成绩结算	手动启动	依据现场情况

注:每季度经营时间,由教师决定,教师可随意更改经营时间。

7.1.3.3 季度中各岗位任务

在经营过程中,各岗位的总监应按时完成当季的操作任务,以确保企业的顺利运营。每个季度的岗位操作没有固定的先后顺序,各企业可以根据自身情况自由进行决策。季度时段被设定为专门用于执行本季度内各岗位所分配的工作任务。为了确保工作的有序进行,具体的任务安排请参见表 7-4。

表 7-4 各岗位任务

岗位	任务 1	任务 2	任务 3	任务 4	任务 5	任务 6
财务总监	融 (融资管理)	收 (应收账款)	付 (应付账款)	费 (费用管理)	控 (预算控制)	表 (报表管理)
人力总监	选 (招聘管理)	用 (岗位管理)	育 (培训管理)	留 (激励管理)	—	—
生产总监	人 (工人管理)	机 (设备管理)	料 (库存管理)	法 (设计管理)	研 (研发管理)	—
营销总监	渠 (销售渠道)	产 (产品研发)	促 (促销广告)	竞 (竞单管理)	售 (交付管理)	—

7.1.3.4 存续方式

企业要实现持续经营,核心在于通过销售实现盈利。沙盘中的“团队成长”

模拟了商业竞争环境，目的是通过竞争获取利润。销售方式主要分为三种：订货、零售和出售。企业可以利用这三种方式来获得收入。

7.1.3.5 经营结果评分细则

（1）经营结果的最终得分计算公式如下：

最终得分（Z）= ［所有者权益 + 数智化建设得分（即数智化建设费用）× 10 −扣分（即预算控制使用率扣分）］× 商誉 × 1；

（2）根据最终得分进行降序排列，第一名获得 100 分，第二名 99 分，后续名次以此类推。

7.1.3.6 企业知名度 & 商誉值

企业知名度是指公众对企业名称、商标、产品等方面的认知和了解程度。在某一市场中，企业的知名度越高，其得分也越高，因此在分配订单时会获得更高的优先级。促销广告与企业知名度的比例为 1 ∶ 1，即投放的广告越多，企业的知名度也会相应提升。

商誉值扣减情况如下：

（1）订单交付违约。若订单未能按时交货，系统将判定为违约行为，随即扣除违约金，并导致商誉值减少 1 分。

（2）工人工资拖欠。如未能按时支付工人工资，在季度结算时，系统将自动执行扣减操作，商誉值将减少 5 分。

（3）原材料收货延误。对于原材料收货工作，若公司未能按时完成，季度结束时系统将自动执行收货操作，并导致商誉值减少 1 分。

（4）货款偿付逾期。若公司未能按时支付贷款的利息或本金，季度结束后系统将自动执行扣减，商誉值将减少 1 分。

（5）应付账款拖欠。未能按时支付应付账款，季度结束后系统将自动执行扣减，每笔未支付账款将导致商誉值减少 1 分。

（6）管理费用拖欠。如未能按时支付管理费用，季度结束后系统将自动执行扣减，商誉值将减少 1 分。

（7）网络营销库存不符。在进行网络营销销售产品时，公司需确保库存量充足。若在切换季度时发现库存量小于所填写的产品数量，将导致商誉值减少

1 分。

(8)预算资金使用率异常。设定各部门预算资金使用率为 X,当 X 小于 80%或大于 120%时,将扣减 10 000 分值。

7.1.3.7　数据咨询

(1)数据咨询按钮用于购买其他企业的情报,支付一定金额后,即可获取其他企业的详细信息。

(2)规则中规定的情报费用为单次购买单个企业的费用(不同规则下的情报费用可能不同)。

(3)购买的信息有效期为一个季度(例如,如果在第二年第三季度购买了某组信息,则在本季度内任意时间均可查看该组企业信息,但一旦切换到第二年第四季度,查看权限将消失)。

(4)单次可以购买多组信息,也可以在不同季度多次购买同一家企业的信息。

(5)可查看的信息权限包括:财务信息(如资产负债表)、产品库存、原料库存、产线明细(包括产线种类、是否生产、产品种类、特性、数量等)、科研明细(如技术研发情况)以及会员明细。

7.2　销售总监相关技术规则

7.2.1　销售总监任务清单

销售总监任务清单如表 7-5 所示。

表 7-5　销售总监任务清单

序号	任务	意义
1	渠	开拓销售渠道
2	产	申请产品和认证 ISO 资质
3	促	投放促销广告
4	竞	参加订货会
5	售	交付获取的销售订单

7.2.2　销售渠道相关规则

销售渠道包括三个市场,分别是本地市场、国内市场和国际市场,具体信息见表 7-6。

表 7-6　渠道规则具体信息

渠道名称	开拓周期/季	需要资金/元
本地市场	1	10 000
国内市场	3	10 000
国际市场	4	30 000

规则解释:

①从投入资金的季度开始计时,经过一定的开拓周期后,完成市场开拓;

②开拓市场所需资金将一次性扣除,且在此过程中无法中断或加速;

③市场开拓完成后,系统将自动授予公司相应的市场资质(例如,若在第一年二季度开始开拓欧洲市场,则在第二年一季度才允许在该市场销售产品);

④只有在获得市场资质后,才允许在该市场销售产品。

7.2.3　产品资质相关规则

产品资质包括产品和 ISO 认证。表 7-7 展示了产品规则,而表 7-8 则详细说明了 ISO 认证资质的规则。

表 7-7　产品规则

产品名称	编号	消耗时间/季	消耗资金/元
天扬	P1	1	10 000
救世者	P2	2	20 000
XX1	P3	4	50 000

规则解释：

①研发从投入资金的季度开始计时，经过一定的时间消耗后完成；

②所需产品资金将一次性扣除，因此期间无法中断或加速；

③投资研发完成后，系统将在到期时自动授予产品生产资质。以“救世者”产品为例，若从第二季度开始研发，那么该产品将在当年第四季度时获得生产许可可以开始生产；

④只有获得产品资质后，生产线才允许开工生产；

⑤公司应根据产品特性进行生产，具体的搭配方式，请参考市场调研中的详细规则。

表 7-8　ISO 认证规则

ISO 认证名称	认证周期/季	需要资金/元
ISO 9000	1	10 000
ISO 21000	3	10 000
ISO 26000	4	20 000

规则解释：

①认证过程从投入资金的季度开始计时，经过一定的认证周期后完成；

②ISO 认证资金一次性扣除，企业无法在此过程中中断或加速；

③投资认证完成后，系统将在到期时自动授予产品认证资质。例如，如果 ISO 9000 认证花费了 1 个季度，那么该资质将在当年的下一个季度时正式生效

并可以使用；

④只有获得认证资格后，企业才允许选择具有该认证资格的订单。

7.2.4 促销广告投放相关规则

促销广告投放的相关规则如表 7-9 所示。

表 7-9 促销广告投放相关规则

市场名称	当前知名度	当前排名	操作
本地市场	0	1	投放
国内市场	0	1	投放
国际市场	0	1	投放

规则解释：

①促销广告用于提升企业在特定市场的知名度，而企业知名度是计算订单得分的一个关键因素。得分越高，企业在选单时将拥有更高的优先权，从而更容易获得理想的订单。

②关于促销广告的投放时机，企业可以在竞单前的任何时间投放，但其有效期仅限于一次竞单活动。竞单结束后，企业知名度将归零，且在该次竞单时无法投放新的广告。

③促销广告需按目标市场的不同，分别投放相应的广告。每个市场投放的广告仅对该市场当季的企业知名度得分产生影响。

④在竞单开始前，企业可以多次投放促销广告，投放的总额度将依次累计并叠加。

7.2.5 广告和企业知名度

为了销售更多产品，将以投放广告的方式来提高企业知名度。广告投放操作页面如图 7-1 所示。

图 7-1　广告投放

(1)市场名称亦称为销售渠道,各销售渠道之间互不连通。点击投放至特定市场后,该市场的当前排名将发生变动。

(2)广告额度与企业知名度点数相等,即 1 元广告等于 1 点企业知名度。

(3)企业知名度直接影响经销商订单的分配结果。

(4)分配结果主要依据企业营销力综合得分,其公式为:Y = 知名度 + 市场占有率 × 商誉值 × (参考价 - 报价) + 1 000 × 特性值。

从上述公式可以看出,影响企业最终得分的因素包括投放的促销广告以及产品的特性值。

7.2.6　经销商订单分配方式

(1)根据企业营销力综合得分,计算出各队伍的得分情况。

(2)在分配过程中,得分最高的队伍将优先获得其申报的全部数量。例如,如果第一组得分最高,且市场上原本有 2 000 个产品可供分配,第一组申请 1 500 个,那么在分配时,第一组将直接获得 1 500 个产品。

(3)按照得分排名顺序依次分配,直至产品数量不足以满足下一队的申报需求。如上例,市场还剩 500 个产品,将按照得分顺序分配给其他组。

(4)当产品数量不足以满足所有队伍的申报时,系统将仅分配剩余数量。

(5)若存在 N 组分数相同的情况,分配时优先级相同。当剩余产品数量 A 不足以满足其申报数量时,将执行以下步骤:

① 从申报数量中抽取最小的申报数 M,作为每队的基本分配量;

② 若 A 仍小于 M,则系统将剩余的 A 数量平均分配给这 N 组,即每队分配 A/N(向下取整)的订单。

例如,如果 2 组和 3 组分数相同,且 2 组申请 200 个,3 组申请 300 个,由于 2 组的申请量较小,M 为 200,因此首先给两组各分配 200 个产品。

如果 2 组和 3 组同时申请 300 个,在剩余 500 个产品不足以满足两者全部需求时,两组各获得 500/2,即 250 个产品。

如果 2 组申请 500 个,3 组申请 1000 个,在剩余产品数不足以满足两者需求时,应计算比例后取整分配。

7.2.7 竞单规则

竞单规则基本情况见表 7-10。

表 7-10 竞单规则基本情况

订单编号	市场	产品	特性需求	参考价/元	数量/个	交货期	账期	ISO 要求	申报数量/个	操作
DD5	本地市场	天扬	极致轻薄	2 500	250	四季度	一季度	ISO 9000	0	申报

规则解释:

①申报采取以队伍为单位的集体行动方式,可以同时针对所有市场和产品进行订单申报。首先,从提供的订单列表中选择一张订单;接着,在订单的申报界面填写数量和价格。申请的产品数量将会显示在订单表的“申报详情”栏目中。

②所有岗位的角色都可以参与任何市场的订单申报。如果对同一张订单进行多次申报,系统会以最后一次点击“申报”按钮时所提交的产品数量为准。

③在申报界面,如果输入 0,则表示取消对该市场申报的订单。

7.2.8 销售订单交付规则

(1)销售订单是企业在竞单中申请并完成分配后所获得的订单。

(2)订单状态:所有当年分配的订单均可在销售总监的“售”栏目中查询,并显示交货状态。

(3)所有订单必须在规定的交货季度前(包括本季度)按照订单规定的数量完成交货,且每笔订单不得拆分交货。

(4)交货季度后仍未完成的订单将产生违约金,并扣除 1 分商誉值。同时该订单被标记为违约状态,无法执行交货操作。

(5)点击交货时,系统会判断库存中符合条件的产品是否充足(包括产品及其特性)。若充足,则扣除相应数量的产品库存,并将该订单的交货完成日期设定为应收账款的起始日期。

(6)当订单状态显示为已交货时,订单的“成本”列将在表格中显示。

7.3 生产总监操作相关规则

7.3.1 生产总监任务清单

生产总监任务清单如表 7-11 所示。

表 7-11　生产总监任务清单

序号	任务	意义
1	人	招聘管理
2	机	设备管理
3	料	原料管理
4	法	设计管理
5	研	研发管理

注:①人——人工配置;②机——机器设备;③料——原材料库存;④法——产品图纸设

计;⑤研——产品研发。

7.3.2 人工管理规则

生产线配比情况见表 7-12。

表 7-12 生产线配比情况

线型	基础产量/个	状态	产品标识	班次	手工工人/人	高级技工/人	实际产量/个	操作
传统线	40	停产	天扬	8 小时	2	1	74	保存

班次规则见表 7-13。

表 7-13 班次规则

班次名称	班次编码	产量加成/倍	效率损失/%
8 时制	BC1	1	2
12 时制	BC2	1.2	50

规则解释:

①人工管理分为两个板块:设备管理和在职工人管理。

②在设备管理页面,需要填写并操作“班次”“手工工人”“高级技工”“保存”等多个功能按钮;

③可以针对处于停产状态的生产线进行人员配置;

④在班次列下,根据班次规则选择最适合当前生产需求的班次;

⑤在手工工人和高级技工列下,根据生产线规则配置所需数量的工人;

⑥点击“保存”按钮后,系统将自动计算并显示实际产量的具体数值,产线配置完成;

⑦班次表示此线生产工人的工作时长,分为 8 小时制和 12 小时制。班次

不同，所产出的产能加成也不同。（注：虽然 12 小时制能在一定程度上提升产量，但同时也会加速工人效率的降低）

⑧实际产量由基础产量、班次和工人效率计算得出。计算公式为：基础产能×（1+手工工人效率/4+高级技工效率）×班次加成（最终结果向下取整）。其中，基础产能从生产线规则表中读取，工人效率则根据实际招聘的工人情况读取，而班次加成则参考班次规则表确定。

⑨在“在职工人”栏中，列出本企业已入职的工人。在该页面的招聘需求填报处，填写工人需求，包括种类（手工还是高级）、数量、效率等。填写完毕后，该需求将转接到人力资源总监页面进行进一步处理。

7.3.3　机器设备相关规则

7.3.3.1　设备规则

设备规则详情见表 7-14。

表 7-14　设备规则详情

线型名称	购买价格/元	安装周期/季	生产周期/季	产量/个	转产周期/季
传统线	50 000	0	2	30	1
全自动线	100 000	1	1	20	0
全智能线	200 000	2	1	30	0

设备转产规则详情见表 7-15。

表 7-15 设备转产规则详情

转产价格/元	残值/元	维修费用/元	需要普通工人/人	需要高级技工/人
5 000	5 000	500	2	1
5 000	15 000	1 500	1	1
0	30 000	5 000	0	1

规则解释：

①设备有三种线型，分别为传统线、全自动线和全智能线，新建生产线时均可自主选择。（注：根据不同的规则，生产线的具体名称可能会有所差异）

②生产线的购买费用为一次性支付，期间无法中断或加速。

③安装周期是指生产线自购买到可以使用的期限。例如，如果在某年第一季度购买全自动线，安装周期为 1 个季度，则该生产线将在第二季安装完成并开始使用。

④生产周期为生产一次产品所需的时间。

⑤产量是指生产线的基础数据（实际产量计算的重要基数）。

⑥转产周期是指转产一次所需的季度数，转产条件包括——只能在停产状态时启动转产操作；账户必须有足够支付转产费用的资金。

⑦转产价格是指转产一次所需花费的金额。

⑧残值是指生产线折旧到一定年限时，该产品的价值。无论何时，企业若选择直接出售生产线，均可获得与其残值相等的金额。

⑨生产线维修的费用，会在产线建成 3 年后由系统自动扣除。例如，如果在某年第二季度购买一条安装周期为 0 的产线，则产线的建成时间为某年第二季度，其维修费将在 3 年后的第一季度跳转至第二季度时扣除，不得提前或推后。

⑩手工工人和高级技工是指该生产线生产产品所需的工人数量。

⑪产品开产标志着企业生产计划的具体实施和产品制造的正式启动。

7.3.3.2 产品图纸规则

产品图纸规则详细说明了产品的构成，包括所使用的原料种类及其数量。

在组织生产时,必须严格按照这一配方来准备原料。产品图纸规则基本情况见表 7-16。

表 7-16　产品图纸规则基本情况

产品名	产品标号	环保金属/个	IPS 屏幕/个	五金耗材/个	碳纤维/个
天扬	P1	1	1	0	0
救世者	P2	1	0	1	1
XX1	P3	2	1	1	2

(1)生产线的运作有其先决条件,主要涵盖以下几个方面:

① 必须具备该产品的生产资质;

② 需要有充足的原材料供应;

③ 确认生产线是否处于停产状态;

④ 确保工人已经配置妥当;

⑤ BOM(物料清单)更新已经完成;

⑥ 确认现金是否充足。

(2)在满足所有产品生产的条件之后,通过点击“开产”按钮,即可启动生产周期。产品生产周期基本情况见表 7-17。

表 7-17　产品生产周期基本情况

名称	编码	初始期望工资/元	计件工资/元	效率/%
手工工人	GR1	500	50	50
高级技工	GR2	1 500	100	60

① 在开始生产时,需要支付工人的计件工资。计件工资的计算公式如下:

计件工资 = 实际产量 ×(手工工人计件工资 + 高级技工计件工资)

= 手工工人数量 × 手工工人计件工资 +

高级技工数量 × 高级技工计件工资

例如,参考表 7-17,传统生产线需要 2 名手工工人和 1 名高级技工,假设一

季度的实际产量为74,那么计件工资计算如下:

$$计件工资 = 74 \times (50 \times 2 + 100) = 14800(元)$$

② 在制品成本的计算公式为:

在制品成本 = 原材料 + 工人月薪 × 生产周期(月) + 计件工资 × 件数

例如,在自动线生产产品的情况下,生产周期为2个季度(即6个月),工人工资应按6个月计算。

7.3.3.4 生产线相关费用

(1)折旧

折旧是指随着生产线的使用,产线的价值逐年贬值,系统中产线均折旧4年,按平均年限折旧法,进行折旧。折旧额=(购买价格-残值)/4。折旧不会对现金流造成影响,由系统自动扣除,产线建成满一年开始折旧。如在某年第一季度开始购买安装全智能线,则当年第三季度全智能线建成,那么在当年第三季度跳转至第四季度时,计提折旧。

(2)生产线残值与拆除

①当生产线净值=生产线残值时,无需计算折旧费用;

②关于出售生产线的资金处理,存在以下两种情况:

Ⅰ.若生产线的净值大于其残值时,收到的资金等于净值减去残值;

Ⅱ.若生产线的净值等于其残值时,收到的资金等于残值。

7.3.4 原料库存规则

原材料库存规则相关详情见表7-18。

表7-18 原材料库存规则相关详情

材料名称	材料编码	基础价格/元	数量/个	送货周期/季	账期/季
环保材料	R1	500	500 000	1	0
IPS 屏幕	R2	500	500 000	1	0

续表

材料名称	材料编码	基础价格/元	数量/个	送货周期/季	账期/季
五金耗材	R3	500	500 000	2	0
碳纤维	R4	500	500 000	2	0

规则解释：

①原料是生产产品的必要条件之一。在原料市场中，企业可以从供应商处购买原材料。

②基础价格是指购买材料时需要支付的价格。

③剩余数量会随着各企业的购买行为而更新。

④为了确保生产流程的顺畅，企业需要根据实际使用原料的时间提前进行订购。订购原材料时，企业无需支付费用，订货期加上送货周期即为可收货日期。例如，如果在第一季度订购 50 个环保材料，那么这些材料将在第二季度才能收货和使用；一旦订购，无法撤销该订单。

值得注意的是，只有在收货季的当季可以进行收货操作；

如果当季未完成收货操作，系统将自动完成收货，并扣减企业的商誉值。

⑤收货流程完成后，系统会自动产生应付账款。账期，即应付账款的时间期限，表示在多长时间内需要付款（收货下单时无需付款，但该部门需要预算费用）。

7.3.5　资产处理规则

资产处理规则相关详情见表 7-19。

表 7-19　资产处理规则相关详情

资产名称	资产编码	处理价格/%
产品	1	80
原料	2	80

规则解释：

当企业急需现金时，可以选择出售产品或原料以获得流动资金。产品或原料的出售价格可以按照成本价格的 80%进行。

7.3.6 设计管理规则

7.3.6.1 产品设计

产品设计规则相关详情见表 7-20。

表 7-20 产品设计规则相关详情

特性名称	编码	设计费用/元	升级单位成本/元	初始值	上限
杜比音效	T1	1 000	100	1	1 000
超强显卡	T2	1 000	200	1	1 000
超强续航	T3	2 000	300	1	1 000

规则解释：

①在产品原型中，选择对应的产品名称（P1、P2、P3）及其特性（T1、T2、T3），即可组合成全新的产品。设计完成后，需支付相应的设计费用。

②每次设计完成后，都会有一个版本号。版本号从 1.0 开始，依次递增，如 1.1、1.2 等。每次设计都需要重新支付设计费用，不论之前是否设计过 。

7.3.6.2 特性研发管理

如表 7-20 所示，初始特性的研发值为 1。每次研发的目标值不得小于当前值。在输入目标值后，系统会计算出研发所需的费用，计算公式为：费用 = （目标值 - 当前值）× 单位研发费用。点击“研发”按钮后，费用将立即被扣除。特性研发的增加有助于企业获取更多订单。

7.4　人力总监相关技术规则

7.4.1　人力总监任务清单

人力总监任务清单见表 7-21。

表 7-21　人力总监任务清单

序号	任务	意义
1	选(人)	招聘管理
2	用(人)	岗位管理
3	育(人)	培训管理
4	留(人)	激励管理

7.4.2　招聘管理规则

招聘管理规则基本情况见表 7-22。

表 7-22　招聘管理规则基本情况

序号	任务
1	人力资源需求
2	人力资源市场

规则解释：

①人力资源需求即为生产总监在任务中提出的人员需求；若生产总监未预先填写招聘需求，人力总监也可自行招聘，但需与生产总监协商一致。

②人力资源市场即为人才市场，系统会随机投放一批工人供企业选择。人力总监应根据等级、基础效率、期望月薪来选择性价比较高的员工。选择成功

后,点击“发放薪水”按钮即可完成流程。

注:人力资源市场不参与竞争,工人不会因各企业发放的薪资不同而选择更优的职位。

③发放薪水时,企业可以根据实际情况随意填写工资数额。但是,这一行为并非毫无约束,因为工人的入职意愿与工资水平密切相关。具体来说,当企业开出的工资 Q 与工人期望的工资 G 之比低于 70%时,工人将拒绝入职;当比值位于 70%至 100%之间时,工人的入职意愿将呈现随机性;而当比值达到或超过 100%时,工人则会欣然接受邀请,正式入职。

(4)薪水发放完成后,可点击修改,用于修改工人工资,系统将以最后一次录入的薪资为准。

(5)企业开出薪水后,切换到下季度时,可查看员工的实际入职情况。

7.4.3 员工管理规则

员工管理规则相关详情见表 7-23。

表 7-23 员工管理规则相关详情

序号	姓名	等级	月薪/元	状态	操作	操作
1	张三	手工工人	500	工作中	发薪	解聘
2	李四	高级技工	1 500	空闲	发薪	解聘
3	王五	手工技工	450	培训中	发薪	解聘

规则解释:

①该表格全面展示本企业所有在职员工的信息。

②在员工信息中,等级、月薪、状态反映了该员工当季的具体情况。状态分为三种:“工作中”表示该员工目前正在生产活动中,此时企业不可进行解雇操作;“培训中”表示该员工正在接受培训,此时无法进行其他操作;只有处于“空闲”状态的员工才可以被解聘。

③发薪操作即为发放薪水,计算公式为:薪水 = 月薪 × 3。

④企业作为雇主,有权解聘任意员工,但在解雇时需要支付赔偿金。赔偿

金的计算公式为:赔偿金 $=(N+1)\times$ 月薪,其中 N 表示员工的入职年限,计算时向上取整。只有处于空闲状态的员工才可以被解聘。如果解聘时员工处于欠薪状态,企业还需支付欠薪。

⑤为了提升管理效率,页面设有统一发薪按钮,点击后可以一键发放所有员工的薪水。

⑥如果某季度员工未被发放薪水,则视为工资拖欠。跨越季度时,系统会强制扣除拖欠的工资,并且被拖欠工资的员工效率将减半。如果员工连续两个季度被拖欠工资,该员工将直接离职,此时企业不仅要承担相当于解聘赔偿金的费用支出,还将面临扣除 5 点商誉的处罚。

7.4.4　工人培训管理规则

工人培训规则基本情况见表 7-24。

表 7-24　工人培训规则基本情况

培训名称	消耗现金/元	消耗时间/季	原岗位	培训后岗位	工资涨幅/%
升级培训	2 000	1	手工工人	高级技工	100

规则解释:

①培训管理企业提升工人技能的重要途径,其核心在于对低等级员工进行培训,并投入现金作为培训费用。例如,培训一名工人需要支付一定数额的现金;若同时培训三名工人,总费用将累加,体现了培训规模与成本之间的关联。

②消耗时间是指从培训开始到培训完成所需的时间。培训结束后,员工可以随意配置在生产线内,但在培训期间无法进行配置操作。例如,如果在第一年第二季度开始培训,那么该培训将在第一年第三季度完成,此时企业方可对员工进行后续工作的配置与安排。

③培训前的员工以手工工人身份参与生产活动,培训结束后晋升为高级技工,高级技工是技能等级的顶端群体,无法再次接受培训。

④工资涨幅是指培训完成后工人的工资变化情况。例如,在表 7-23 中,王

五培训后的工资按照 100%的涨幅进行计算,即 450×(1+100%),最终得 900 元。此时工作效率保持不变,确保了生产活动的稳定与高效。

7.4.5 员工激励管理规则

员工激励规则见表 7-25。

表 7-25 员工激励规则

激励名称	编码	提升效率比例/%
激励	JL1	20
涨薪	JL2	100

规则解释:

①员工激励机制包括激励和涨薪两种方式,不同的激励方式对应不同的效率提升比例,在计算效率比例时,采用向下取整的方式计算。

②激励所需支付的资金为一次性费用。具体而言,每投入 1 万元资金用于奖励,员工效率将提升 20%。激励并不涉及员工工资的调整,即工人的工资保持不变。

③与激励不同,涨薪则是直接调整工人的工资。从涨薪季度开始,之后的每月工资将等于涨薪金额加上原本的工资。

④激励和涨薪都是用来提升员工工作效率的方法。

7.5 财务总监相关技术规则

7.5.1 财务总监任务清单

财务总监任务清单如表 7-26 所示。

表 7-26　财务总监任务清单

序号	任务	意义
1	融	融资贷款
2	收	应收账款收现
3	付	应付账款
4	费	支付各项费用
5	控	调拨预算费用
6	表	企业报表填写

7.5.2　贷款类型及贷款方式

贷款规则说明如表 7-27 所示。

表 7-27　贷款规则说明

序号	贷款名称	额度上限/倍	贷款时间/季	还款方式	利率/%
1	直接融资	3	1	1	5
2	短期银行融资	3	4	1	12
3	长期银行融资	3	8	2	2

规则解释：

①贷款额度是根据上年权益的倍数来确定的。计算公式为：上年权益 × 额度计算倍数，其中上年权益额从上一年度的“资产负债表”中提取。

②贷款类型可以自由组合，但总贷款额度不得超过所有者权益的 3 倍。贷款类型包括直接融资、短期银行融资和长期银行融资三种。

③贷款申请时间可以是每年正常经营周期的任何日期，但需注意避开“年初”和“年末”这两个特定时段。

④贷款期限自贷款发放季度起计算，经过规定的贷款时间后，必须归还本金。例如，如果在第一季度申请 10 000 元的短期融资，贷款时间为 4 个季度，则需在次年第一季度内归还 10 000 元本金和相应的利息。

⑤还款方式分为两种：一是到期一次性还本付息，即贷款到期后支付本金和利息；二是按季度支付利息，到期时还本金并支付当季度的利息，即每季度需先支付相应的利息，到期时一并归还本金和最后一季度的利息。

⑥贷款是以套餐方式提供的，每类贷款都有具体的规定参数，例如：短期银行融资套餐额度为 10 000 元企业只需点击确认即可完成贷款。贷款完成后，相关信息会在“融资现状”中显示，具体内容如表 7-28 所示。

表 7-28　融资现状

套餐名称	起贷时间	还款时间	额度/元	利息/元
短期银行融资	第一年第三季度	第二年第三季度	10 000	1 000

⑦贷款与利息的还款规则。系统每季度会提供本季度到期的贷款和利息账单，用户可以查询还款金额并归还贷款及利息；产生的费用应当及时归还，否则系统将自动扣除该费用，并同时扣除商誉值。

7.5.3　应收款类型和收款贴现

贴现规则说明如表 7-29 所示。

表 7-29　贴现规则说明

收款期	贴息/%
4 个季度	9
3 个季度	7
2 个季度	5
1 个季度	3

规则解释：

①应收账款是指企业应收但尚未收到的款项，一旦收到，将增加企业的现金流；

②收款期是指从确认应收款之日起到约定收款日之间的时间段；

③贴现是指债权人在应收账期内，通过支付一定利息提前获得资金的行为，不同应收账期的贴现利息会有所不同；

④贴现后，现金会增加，但需扣除贴现利息，贴现利息将计入财务费用，并由系统自动扣除。

7.5.4　应付账款相关规则

应付账款规则如表 7-30 所示。

表 7-30　应付账款规则

款项	贷方	金额/元	备注	付款日期	操作
订购原材料	供应商	5 000	交易订单	第一年第三季度	付款

规则解释：

①应付账款是指企业应当支付但尚未支付的账款，被计为短期负债。这通常发生在原材料收货后，企业不会立刻付款，从而产生一个季度的应付账款（具体季度数以规则为准）。

②应付账款可以选择提前支付，但需注意，提前支付会占用企业的现金流。

③如果应付账款逾期未付，系统会自动进行扣除，并同时扣减企业的商誉值。

7.5.5　费用缴纳相关规则

费用缴纳规则如表 7-31 所示。

表 7-31 费用缴纳规则

类型	金额及税率
管理费	500 元
维修费	500 元、1 500 元、5 000 元
折旧	11 250 元 、21 250 元、42 500 元
所得税	20%
违约金	20%
情报费	2 000 元
碳中和费用	5 元

费用包含管理费、维修费、折旧、所得税、违约金、情报费、碳中和费用等。

①管理费为固定费用,规则中列示的为月度管理费,实际支付时,应当×3,需手动支付。

②维修费由系统自动扣除,扣减现金流。

③折旧由系统自动扣除,不影响企业现金流。

④所得税为企业盈利后,所需要支付的费用,由系统自动扣除,无需手动支付;所得税税率为 20% ;当企业所有者权益超出初始权益时,按照 20% 支付所得税。

⑤若前期企业亏损至初始权益以下,需弥补以前亏损后再计算所得税。

⑥若未按时交付订单,则视为违约,并需额外计算违约金。违约金计算方式为:该订单收入总额×违约比例,违约比例为 20%。

⑦情报费是指购买其他企业信息时所花费的费用。具体费用会根据不同规则和情况有所不同。

⑧碳中和费用是指为中和 1 吨碳排放所需支付的费用。

7.5.6 预算控制相关规则

预算控制基本情况见表 7-32。

表 7-32　预算控制规则基本情况

部门	上季度预算/元	上季度使用/元	上季度使用率/%	本季度预算/元
市场营销部	1 000	500	50	3 000
生产设计部	1 000	500	50	3 000
人力资源部	1 000	500	50	3 000

规则解释：

①在预算控制的框架下，设有三个部门，分别是市场营销部、生产设计部和人力资源部。

②应在各自部门的本季度预算栏中填写预先计划好的金额。三个部门的预算需同时完成填写，并点击确定按钮，以完成预算的划拨流程。一旦确认，将无法进行更改。

③每季度的预算金额将在下季度页面中的“上季度预算”栏中显示。“上季度使用”栏将显示上季度本岗位的具体使用金额，而“上季度使用率”栏则显示上季度资金使用金额占已调拨金额的比例。当这个比例小于 80%或大于 120%时，将影响企业的得分。

④当预算额度用尽时，可以根据使用情况多次向财务总监申请追加预算（在申请预算页面进行，无需各总监填写具体金额，系统会自动计算）。财务总监会根据实际情况来决定是否批准这些追加预算的申请。

7.5.7　财务报表相关规则

（1）财务报表主要包括资产负债表、利润表和现金流量表。

（2）资产负债表和利润表遵循经营报表的规则。

（3）现金流量表详细记录了该企业所有的经济活动流向。

7.6 数字化开发规则

7.6.1 岗位数字化开发通用规则

数字化开发规则见表 7-33。

表 7-33 数字化开发规则

岗位编码	消耗金钱/元	消耗时间
1	100 000	4 个季度
2	100 000	4 个季度
3	100 000	4 个季度
4	100 000	4 个季度

规则解释：

①各岗位均可开启数字化管理，通过点击开启按钮启动开发过程，但此过程需支付相应的资金。开发时间也被称为开发周期，在此周期内该功能无法使用。例如，如果在某年一季度点击开发，那么将在次年一季度完成开发并正式投入使用。

②各岗位的数字化开发过程是独立的，互不影响。

③数字化开发需要消耗时间和资金。

④营销数字化。一旦营销数字化被开启，企业可以开发网络营销渠道，通过网络销售产品，这一模式省去了经销商环节，使得售价更具竞争力且无账期压力；同时，可以构建营销大数据，系统经过数据挖掘和处理后，将呈现多样化的数据看板，供学生根据需要自行选择查看。

⑤生产数字化。开启智能化系统后，系统会根据企业的生产计划自动进行生产，包括材料的购买、转产、更新图纸、配置工人等；同时，可以构建生产大数据，学生可根据需要自由浏览各类数据看板。

⑥人力资源数字化。开启 AI 辅助系统后，可以智能筛选和过滤人才，节省

大量时间,更精准地进行人才选择和定薪;同时,可以构建人力资源大数据,学生可根据需要自由浏览各类数据查看。

⑦财务数字化。开启实时数据监控后,系统会根据各项财务指标对企业风险进行提示,学生可以随时查看企业的风险等级;同时,可以构建财务大数据,学生可根据需要自由查询企业的各项财务指标数据。

7.6.2　销售总监数字化管理

7.6.2.1　网络营销

网络营销分为两个部分:网络投放和新媒体广告。

网络投放可以针对四类产品进行投放。对于每类产品,需要输入两个值:定价和投放数量(必须输入正整数)。定价不得高于该产品成本的三倍,也不得低于该产品成本;投放数量不得超过现有库存量。

投放新媒体广告时,需要输入投放金额(必须是正整数)。该金额随后会被转化为等量的热度值,热度值是衡量广告曝光和影响力的基础单位。会员指数代表会员数量,其计算公式为:会员指数 = 热度值 × 商誉值 × 引流参数 × 0.0001,结果向下取整。引流参数的规则参见表 7-34。

表 7-34　引流参数规则

引流参数	引流名称
0.5	吸引会员

规则解释:

①企业根据上架的产品种类来决定满足哪些特定的市场需求。

②单价承受能力是指用户在零售市场购买产品时可承受的最高价格。

③企业在申请订单时,所填写的价格需满足以下两个条件:

首先,价格不应高于单价承受能力中明确规定的最高限价;

其次,定价应处于合理范围,设 M=该产品图纸的原料价值之和(从规则表里读取),输入范围应在 $M \sim 5M$ 之间。

④根据会员指数得出零售指数,零售指数 Y=会员数×(单价承受能力-定价)×0.01。

⑤根据各队伍的上架量,得出竞争指数。具体规则为:如果零售指数小于等于上架量,则竞争指数=零售指数;如果零售指数大于上架量,则竞争指数=上架量。

⑥根据入围队伍的竞争指数,计算出销量。具体规则为:若各队伍的竞争指数之和小于等于市场需求数量,则销量=竞争指数;若各队伍的竞争指数之和大于市场需求数量,则按照比例进行分配(向下取整),得出销量。

⑦在季度跳转时,系统将自动扣除等同于实际销量的相应产品,入库日期早的优先。

7.6.2.2 营销大数据

(1)营销大数据提供了多个板块,包括本季度总销售额、上季度销售额、零售销售额、上季度零售销售额、销售结构、各企业销售额对比、资金来源统计、各季度销售额、各季度销售额和成本、市场占有率等,以便用户查看和分析。

(2)通过这些板块,用户可以查看其他企业的经营情况,从而更有效地利用资源,制定企业经营战略。

7.6.3 生产总监数字化管理

7.6.3.1 智能生产

智能生产如同一个自动化脚本,会自动帮助用户进行生产。

(1)工厂一旦进入数智化时代,所有材料的送货周期将变为 0,所有产线的转产周期也将变为 0,并且转产时不需要支付任何转产费用。

(2)在每条生产线上选择一种产品,点击开启智能生产,产线将自动更新最新的 BOM 表,配置效率最高的工人,并自动购买原材料。需要注意的是,智能生产并非持续功能,每季度都需要重新操作一次。

(3)当出现以下情况时,将无法开启自动生产:

① 企业现金或预算不足；

② 工人不足；

③ 市场无法购买到足够的材料；

④ 无图纸；

⑤ 无产品资质。

7.6.3.2 生产大数据

在生产大数据看板中，用户可以查看上季度的多次生产指标，包括产能概况、产线数量、工人数量、原料库存、产品生产结构、各企业产线数量的对比、各特性的特性值对比、各季度的总产能、各季度出库和入库的产品数量以及资产构成等。根据这些大数据，用户可以调整订单价格，并合理安排产能。

7.6.4 人力总监数字化管理

7.6.4.1 智能招聘

在智能招聘系统中，上半部分会显示当前的人力资源需求。点击“智能筛选”按钮后，系统将按照以下原则进行筛选：

(1) 效率优先原则。筛选出的结果，其效率必须大于或等于需求值。

(2) 数量限制。最多展示 8 名候选人，点击“更多”按钮可以查看所有候选人。所有展示的候选人将按照性价比进行降序排列。

(3) 智能招聘的优势。极大节省了人力资源总监用于招聘工人的时间，简化了其工作流程。

7.6.4.2 人力大数据

在人力大数据系统中，可以查看多项关键指标，包括总人数、本年度工资支出累计、平均工龄、人均工资、岗位类别结构、各企业平均工资、人力资源现状、各季度人员增长情况、每季度的计件工资和固定工资，以及人力资源费用结构。根据当前人才市场的实际情况，灵活调整员工结构并进行聘用，从而有效降低人工成本。

7.6.4.3 人力资源 RPA

页面新增了“一键激励”按钮，该功能允许用户便捷地选择希望激励的工人种类及期望达到的效率水平。点击“确定”后，RPA 机器人将自动计算相关费用，并执行自动涨薪或激励措施。

7.6.5 财务总监数字化管理

7.6.5.1 风险监控

风险监控模块包含 9 个关键财务指标：资产负债率、速动比率、已获利息倍数、现金总资产比、存货周转率、应收账款周转率、净资产收益率、营业利润比重以及主营业务利润率。这些指标分别反映了企业不同的财务状况。当某个指标的外框变为红色时，意味着该企业在此项指标上的风险水平过高，需要立即采取措施降低风险。若指标外框变为黄色，则表明该指标存在轻微风险，需要引起注意。而当指标外框显示为绿色时，则表示该指标的状况良好，无需特别关注。

7.6.5.2 财务大数据

在财务大数据平台上，用户可以查看多个维度的企业财务信息，包括总收入、总成本、总利润、权益、费用结构、不同企业的净利润对比、资金来源统计、各季度总预算使用情况、收入和资金需求以及资产构成。这些详细的数据有助于深入分析本企业与其他企业之间的财务状况，从而为制定企业战略提供便利。

7.6.5.3 财务 RPA

在财务总监的应付账款页面新增加一个“一键付款”按钮。通过这个功能，可以使用 RPA 机器人来选择并批量支付本季度的所有应付账款。

思考题：

1. 数智企业沙盘经营的规则。
2. 制造企业的完整运营规则。

第8章　数智企业经营管理沙盘模拟流程

学习目标：

(1)认识企业初始状态,明确模拟经营环境与真实企业运营之间的关系,熟练掌握制造业企业的基本经营流程。

(2)掌握战略管理、市场营销、财务管理、人力资源管理、生产管理等管理技能,能够完成沙盘中各岗位任务。

(3)体验制造业企业的完整运营流程,理解物流、资金流、信息流三者之间的协调与配合机制,体会现金流的重要性。

(4)培养学生的集体观念和协作意识以及责任感与使命感。

8.1　模拟企业基本情况

8.1.1　企业背景与愿景

这是一家专注制造的企业,拥有数字化厂区,配备了完善的生产设备和生产线。企业一直专注于P系列产品的生产与经营(P为英文单词“product”的首字母),这些产品在当地享有良好的知名度和较高的客户满意度。目前,企业处于稳定的运营状态。此外,为了满足市场需求,企业针对不同技术特性设计了T系列的图样(T为英文单词“technology”的首字母)。在数智企业经营管理沙盘系统中,根据市场调研和预测结果,可以自由进行产品的研发和设计。将这些融合了技术企业的产品简称为 P+T(例如 P1+T1 产品),这些产品共同构成了企业的产品系列。

最近,一家权威机构对该行业的发展前景进行了预测,认为 P 系列产品将会从目前相对低水平的产品发展为高技术产品。随着数字营销时代的到来,公司董事会认为企业迫切需要启用一批新人,开启数字化工厂建设,并使用数字营销手段。除了传统市场外,公司还计划建立新零售体系,用数据驱动营销,助力企业快速发展。为此,公司董事会及全体股东决定将企业交给一批优秀的新人来经营和管理。新的管理层由参加课程培训的学生组成,他们立志在多个领域进行变革和创新,具体内容如下:

(1)加强科技研发投入,专注于 P 系列产品的优化与升级,进一步提升企业市场竞争力;

(2)积极开拓国内市场,利用网络营销手段开拓新市场,进一步拓展企业市场规模;

(3)制订科学的生产计划,采用现代化的生产手段,进一步提高企业的生产效率;

(4)对工人实施激励管理,进一步提高工作效率;

(5)提升财务预算控制能力,进一步提高资金利用效率;

(6)投资新技术,推动企业经营进入数字化时代。

8.1.2 组建新的管理团队

在数智企业经营管理沙盘实践开始时,需要对参加课程的学生进行分组,组建新的管理团队。分组依据教学班人数而定,各小组人员一般配置 4~5 人。根据学生总人数,可分成 10~20 个小组。如果情况特殊,可考虑适当减少分组情况,但是根据数智企业经营管理沙盘系统中的规定,最少需要分成 6 个小组以确保活动的顺利进行。

新的管理团队组建完成后,各小组需要公选组长,进行角色分工和岗位分配。通常采取的方式是由各小组内部自行协商完成。在数智企业经营管理沙盘系统中,预设的关键岗位包括总裁(CEO)、市场营销总监(CSO)、生产总监

(COO)、人力资源总监(HRD)、财务总监(CFO)。

各个角色的岗位职责和分工见表 8-1(注:职责由数智企业经营管理沙盘系统规定)。

表 8-1　沙盘经营各岗位职责

岗位	主要职责	操作职责
总裁(CEO)	组织季度会议,分配季度工作任务;接受经营反馈,制定经营决策,对企业整体的经营结果负责	组织每年的计划和预算工作;购买其他企业数据信息;决策企业是否捐款及捐款额度、碳中和操作
市场营销总监(CSO)	进行市场分析;了解竞争对手情况,研究市场进入策略,研究产品研发策略,研究广告投入策略,了解产能和产品资源,为 CEO 决策提供必要的市场信息	协助 COO 按照订单组织生产分析市场,进行市场预测,开拓经销商渠道,开发产品资质,开发质量认证,投放促销广告,参与经销商订单竞标;订单交付,销售管理,网络营销投放,新媒体广告投放
生产总监(COO)	预测研发产品的盈亏平衡点;计算生产产能;预测采购策略;制订设备投资计划;控制库存,降低资金占用风险,为 CEO 决策提供必要的生产信息	根据销售计划制订全面生产计划;管理生产设备,包括安装、拆除、转产等,管理生产工人,合理安排工人;订购原材料,出入库管理,产成品管理;管理产品设计图样,更新设计;管理企业技术研发,升级技术
人力资源总监(HRD)	制订工人招聘、培训计划;制订员工激励计划;制订员工薪资计划	开展人员招聘;计算并发放员工薪资;开展培训,强化人员技能;对人员进行激励,提升人员的工作效率
财务总监(CFO)	制定财务预算;控制现金流;制定融资决策,进行财务分析,为 CEO 决策提供必要的财务信息	管理企业现金流,为业务部门发放预算管理融资决策;管理日常费用缴纳;管理贷款的借贷与偿还,实时监控应收账款和应付账款,利用企业各项指标、大数据分析企业现状

在数智企业经营管理沙盘系统中,各个角色应各司其职,同时保持密切配

合。以下是这些角色的职责和协作要点:

①销售总监。在每年度经营中,销售总监需要与财务总监协商各部门的财务预算。在参加销售大会的竞单环节时,销售总监应与生产总监协商,确保所选订单的产品图纸类型和数量与生产能力相匹配。

②生产总监。生产总监在计算产能时,需要与人力总监协商,确定生产线所需的工人类型和数量。生产总监应将详细需求传达给人力总监,并根据工人的效率计算实际产能。

③人力总监。人力总监根据生产总监的需求招聘符合条件的员工。

④财务总监。财务总监需要协调各部门的财务支出,确保财务资源分配合理。

8.1.3 企业面临的市场

在数智企业经营管理沙盘系统中,市场分为三个主要区域:国内市场、亚洲市场和国际市场。每个市场的开拓周期和所需资金如下:

①国内市场的开拓周期为 1 个季度,需要资金 1 万元。

②亚洲市场的开拓周期为 3 个季度,需要资金 1 万元。

③国际市场的开拓周期为 4 个季度,需要资金 3 万元。

需要注意的是,这些市场是相互独立的,每个市场都有其特定的销售需求。各市场的销售需求占比情况如图 8-1 所示。

此外,除了上述传统市场,学生还可以选择解锁数字化营销页面,以开拓网络市场。网络市场的开拓周期为 4 个季度,所需资金为 10 万元。

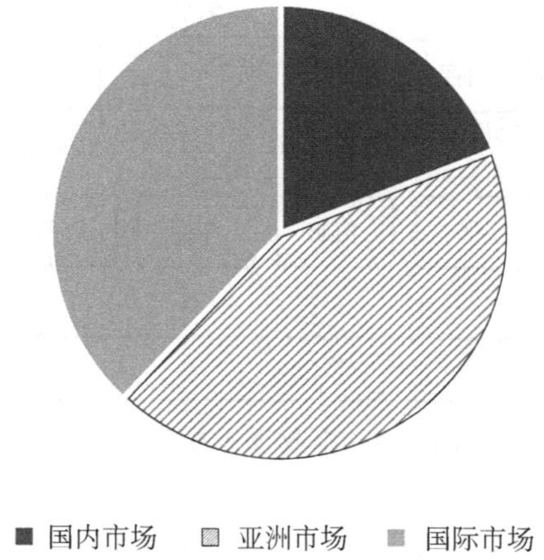

图 8-1　各市场的销售需求占比

8.1.4　企业目前的经营状况

在数智企业经营管理沙盘实践中，企业初期的经营状况具有一定的基础和挑战。企业启动时持有 30 万元现金作为初始资金（即股东资本）。企业在沙盘经营启动阶段有权申请贷款，其额度高达所有者权益的 3 倍。鉴于当前所有者权益等同于初始资金，这意味着企业理论上可以从银行获取高达 90 万元的贷款额度。然而，尽管企业拥有一座现代化厂房，却面临生产线缺失和无产品可生产的局面，这无疑需要新任管理层制定全新的发展策略。值得关注的是，企业在首个经营年度内，生产活动将局限于 P1 产品的制造，并且也仅限于在本地市场进行销售活动。这一系列的经营条件和限制，为企业的起步阶段增添了策略规划和市场适应的双重考验。

8.2　企业经营管理流程

在数智企业经营管理沙盘系统中，企业管理流程如图 8-2 所示。该流程图具体展示了三大核心主流程。

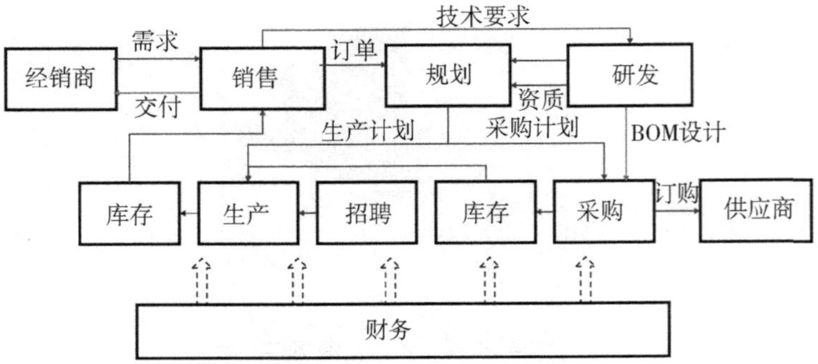

图 8-2　企业管理流程图

首先是信息流。营销总监从经销商处获取销售订单后,制定相应的规划,并将规划细分为生产计划和采购计划。随后,这些信息被传达给生产总监、人力总监和财务总监。信息流的传递顺序为:营销总监→生产总监→人力总监→财务总监。

其次是物流,涉及物品的流动。生产总监从供应商处订购原材料,原材料到达后存入原料库,生产时再从原料库中将原料运送到生产线上。人力总监要确保生产时有足够的工人到位,因此要提前进行招聘,并根据订单中的技术要求完成产品研发,设计符合订单要求的图样后即可开始生产。工人将完工的产品传送至产品库,由营销总监交付给经销商,形成一个闭环。产品的流动路径为:供应商(原材料)→在途(原材料)→原材料库→生产线(原材料→产品)→产品库存→经销商(产成品)。

最后是资金流,企业的各项任务由财务总监给予现金支持。

8.3　“引导年”操作流程

在开始实践操作时,学生可能无法完全掌握前面介绍的“规则”,尤其是对企业实际运营流程缺乏直观认识。为了帮助学生顺利、有序地完成各种实践任务,以下以“引导年”为例,采用任务清单方式进行梳理,助力学生顺利且有条不紊地完成一个年度的模拟经营。

此任务清单将在实践之前发放或投屏在幕布上,各“总监”跟随教师按任务清单进行各项操作。在操作时,依次在各任务清单中根据自身完成情况标记

"T"或"X"。标记"T"表示这项工作已执行完成,标记"X"表示这项工作未执行。一年包含四个季度,任务清单中的项目将遵循由上至下的顺序进行。

8.3.1　第一季度任务清单

第一季度任务清单如图 8-3 所示。

岗位	任务	数据	备注
财务	预算控制	营销：50 000，生产设计：304 700，人力资源:0	
财务	融资	短贷	
财务	管理费	1 500 元	
营销	渠道开拓	本地市场	
营销	产品资质申请	P1	
营销	ISO资质申请	ISO 9000	
营销	促销广告	本地市场20 000	
人力资源	招聘	2个普通工人、4个高级工人	给期望工资
生产	建线	3条自动线，P1	
生产	订购原料	R1:200，R2:200	
生产	产品设计	P1：1→10 T3	
生产	研发管理	T3	

图 8-3　第一季度任务清单

对于任务清单上所列各项任务,除预算控制外,可以随意更换先后顺序。例如,在发放完预算后,可以由人力总监先进行员工招聘,生产总监先订购原材料,再由财务总监申请贷款和支付管理费用。只要每季度开始后先由财务总监发放本季度预算即可。

依据清单内容,操作流程为以下步骤:

(1)点击"财"按钮进入"财务总监"页面,点击"控"按钮进行预算控制,在对应部门后面的对话框中输入对应的预算值。

(2)点击"财"页面中"融"图标,在"选择套餐"中选择"短期银行融资",在"额度"对话框中输入"200 000"。

(3)点击"财"页面中"费"图标,点击"缴纳"按钮,支付本季度的管理费用。

(4)点击"销"按钮进入营销总监页面,点击"渠"按钮在"本地市场"右侧点击"申请"按钮。

(5)点击"销"页面中"产"图标,在"小羊单车"页面点击"申请"按钮,在ISO 9000 页面点击"认证"按钮。

(6)点击“销”页面中“促”按钮,在“本地市场”右侧点击“投放”按钮,在弹出的对话框中输入 200 000。

(7)点击“人”按钮进入人力总监页面,点击“选”按钮。在“人力资源市场”中选择 2 个普通工人和 4 个高级技工,在右侧点击“发薪水”按钮,在弹出的对话框中输入该工人的期望工资。

(8)点击“生”按钮进入生产总监页面,点击“机”按钮。在“选择线型”下拉框中选择“自动线”,在“选择产品”下拉框中选择“P1 小羊单车产品”,点击“确定”按钮。完成建设,共操作三次。

(9)点击“生”页面中“料”图标,在 R1、R2 右侧点击“下单”按钮,填入“200”,点击“确定”按钮即可。

(10)点击“生”页面中“法”图标,点击页面中 P1 产品选择“T3 特性”。

(11)点击“生”页面中“研”图标,选择“T3 特性”,在右侧“研发计划”中输入“10”,点击“研发”按钮即可。

8.3.2 第二季度任务清单

第二季度任务清单如图 8-4 所示。

岗位	任务	数据	备注
财务	预算控制	营销：40 000，生产设计: 275 300，人力资源:0	
财务	融资	短期贷款	
财务	管理费	1 500元	
营销	渠道开拓	区域市场	
营销	产品资质申请	P2	
营销	ISO资质申请	ISO 21000	
营销	选单	250个	
生产	建线	传统线，P1	
生产	原料收货	R1:200，R2:200	
生产	工人管理	派工，保存产能	
生产	开产	更新BOM，开产	
生产	原料订货	R1:150，R2:150	
财务	付款	200 000元	

图 8-4　第二季度任务清单

依据清单内容,执行如下操作:

(1)点击“财”按钮进入财务总监页面,点击“控”按钮进行预算控制,在“对应部门”后面的对话框中输入对应的预算值。

（2）点击“财”页面中“融”图标，在“选择套餐”中选择“短期银行融资”，在“额度”对话框中输入“200 000”。

（3）点击“财”页面中“费”图标，点击“缴纳”按钮，支付本季度的管理费用。

（4）点击“销”按钮进入营销总监页面，点击“渠”按钮在“区域市场”右侧点击“申请”按钮。

（5）点击“销”页面中“产”图标，在“小羊摩托”页面点击“申请”按钮，在 ISO 21000 页面点击“认证”按钮。

（6）在“销”页面中点击“竞”图标，选择第一张订单，在“报价”栏输入参考价，在“申报数量”栏输入“250”。

（7）点击“生”按钮进入生产总监页面，点击“机”按钮在“选择线型”下拉框中选择“传统线”，在“选择产品”下拉框中选择“P1 小羊单车产品”，点击“确定”按钮。

（8）在“生”页面中点击“料”按钮，在原料订单中点击“收货”，将上季度订购的原材料收入库中。

（9）在“生”页面中点击“人”按钮，在“每条生产线班次列”选择“8 时制”，按照生产规则自动线配置 1 个高级技工，传统线配置 2 个手工工人和 1 个高级技工，点击“保存”按钮。

（10）在“生”页面中点击“机”图标，在设备管理中对应每条生产线点击“更新 BOM”后再点击“开产”按钮。

（11）点击“生”页面中“料”图标，在 R1、R2 右侧点击“下单”按钮，填入“150”，点击“确定”按钮。

（12）点击“财”按钮进入财务总监页面，点击“付”按钮，把页面中需要本季度支付的所有款项付款。

8.3.3　第三季度任务清单

第三季度任务清单如图 8-5 所示。

岗位	任务	数据	备注
财务	预算控制	营销：0，生产设计：359 600，人力资源：30 000	
财务	融资	长期贷款	
财务	管理费	1 500元	
人力资源	发薪	计算得出	
人力资源	激励	不足60的激励到60	
生产	原料收货	R1:150，R2:150	
生产	工人管理	派工，保存产能	
生产	开产	更新BOM，开产	
生产	原料订货	R1：150，R2:150	
生产	建线	全智能线，P1	
财务	付款	150 000 元	

图 8-5　第三季度任务清单

依据清单内容，执行如下操作：

（1）点击“财”按钮进入财务总监页面，然后点击“控”按钮进行预算控制。在“对应部门”后面的对话框中输入对应的预算值。

（2）在“财”页面中点击“融”图标，在“选择套餐”中选择“短期银行融资”，并在“额度”对话框中输入“500 000”。

（3）在“财”页面中点击“费”图标，然后点击“缴纳”按钮，支付本季度的管理费用。

（4）点击“人”按钮进入人力资源管理页面，点击“用”图标，然后点击“统一发放”即可。

（5）在“人”页面中点击“留”图标，对所有效率不足 60 的工人进行激励，使其效率达到 60。计算所需费用后，点击“激励”按钮，输入计算的值并点击“确定”按钮。

（6）点击“生”按钮进入生产总监页面，点击“机”按钮，在“选择线型”下拉框中选择“全智能线”，在“选择产品”下拉框中选择“P1 小羊单车产品”，然后点击“确定”按钮。

（7）在“生”页面中点击“料”按钮，在“原料订单”中点击“收货”按钮，将上季度订购的原材料收入库中。

（8）在“生”页面中点击“人”按钮，在“每条生产线班次列”选择“8 小时制”。按照生产规则，自动线配置 1 个高级技工，传统线配置 2 个手工工人和 1 个高级技工，然后点击“保存”按钮。

（9）在“生”页面中点击“机”图标，在“设备管理”中对应每条生产线点击

“更新 BOM”按钮后再点击“开产”按钮。

(10)在“生”页面中点击“料”图标，在 R1、R2 右侧点击“下单”按钮，填入“150”，然后点击“确定”按钮。

(11)点击“财”按钮进入财务总监页面，点击“付”按钮，将页面中需要本季度支付的所有款项付款。

8.3.4　第四季度任务清单

第四季度任务清单如图 8-6 所示。

岗位	任务	数据	备注
财务	预算控制	营销：120 000，生产设计：174 900，人力资源：25 000	
财务	管理费	管理费：1500，贷款利息：10 000	
营销	交货	交订单	
营销	数字化	研发部署数字化营销：100 000元	
财务	收款-贴现	200 000元	
营销	广告投放	自行斟酌，建议小于100 000元	
人力资源	发薪	计算得出	
生产	原料收货	R1:150，R2:150	
生产	工人管理	派工，保存产能	
生产	开产	更新BOM，开产	
生产	原料订货	R1-R2-R3-R4:150个	
财务	付款	付款150 000元	

图 8-6　第四季度任务清单

依据清单内容，执行如下操作：

(1)点击“财”按钮进入财务总监页面，然后点击“控”按钮进行预算控制。在“对应部门”后面的对话框中输入对应的预算值。

(2)在“财”页面中点击“费”图标，然后点击“缴纳”按钮，支付本季度的管理费用。

(3)点击“销”按钮进入营销总监页面，在页面中点击“售”按钮完成所有订单的交货。

(4)点击“销”按钮，然后点击页面中的大屏幕，点击“开启”按钮即可。

点击“销”页面中的“促”图标，在“本地市场”右侧点击“投放”按钮，在弹出的对话框中输入小于 100 000 元的金额。

(5)点击“人”按钮进入人力资源管理页面,点击“用”图标,然后点击“统一发放”即可。

(6)在“生”页面中点击“料”按钮,在“原料订单”中点击“收货”,将上季度订购的原材料收入库中。

(7)在“生”页面中点击“人”按钮,在“每条生产线班次列”选择“8 小时制”。按照生产规则,自动线配置 1 个高级技工,传统线配置 2 个手工工人和 1 个高级技工,点击“保存”。

(8)在“生”页面中点击“机”图标,在设备管理中对应每条生产线点击“更新 BOM”按钮后再点击“开产”按钮。

(9)在“生”页面中点击“料”图标,在 R1、R2 右侧点击“下单”按钮,填入“150”,然后点击“确定”按钮。

(10)点击“财”按钮进入财务总监页面,点击“付”按钮,将页面中需要本季度支付的所有款项付款。

8.4 初始年模拟经营

8.4.1 登录系统

以学生用户登录系统的详细步骤作说明:首先,确保用户名为该学生的手机号 12211111114,密码为 123456。接着,学生输入用户名和密码信息后点击图标①“登录”按钮,即可成功进入数智企业经营管理沙盘系统(如图 8-7)。登录系统后,在界面左侧选择图标①“沙盘教学班”,然后选择相应的班级,并点击图标②“进入班级”按钮(如图 8-8)。

图 8-7　沙盘系统登录

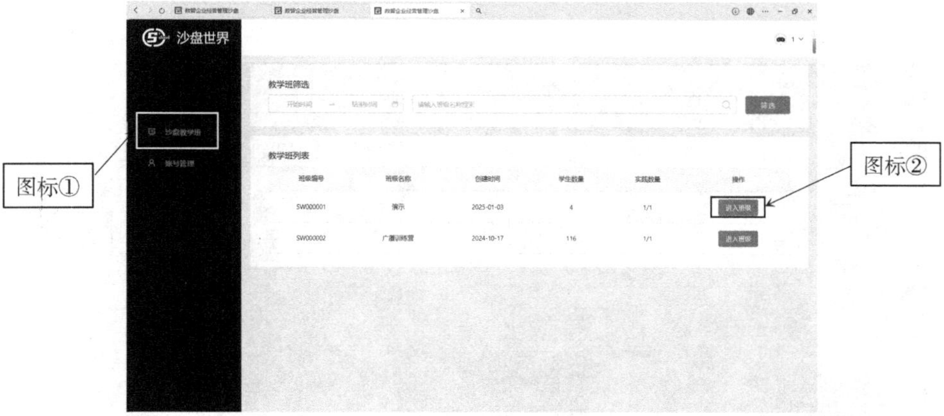

图 8-8　进入教学班级

进入实践页面后，点击图标①绿色字体区域可以查看本场比赛的规则。在核对完规则之后，点击右侧的图标②“进入实践”按钮（如图 8-9）。

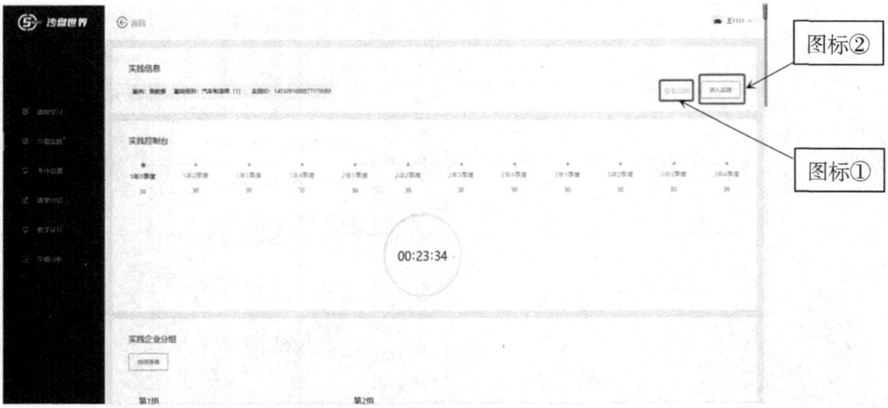

图 8-9　进入沙盘实践

页面弹出对话框时,请点击图标①“开始经营”的按钮(如图 8-10)。

图 8-10　开始经营界面

如果登录的是财务总监账号,除了填写企业名称(图标②)、企业愿景(图标③)和企业宣言(图标④)外,还可以将之前构建好的企业详情填入,然后点击图标①“确定”按钮即可(如图 8-11 所示)。

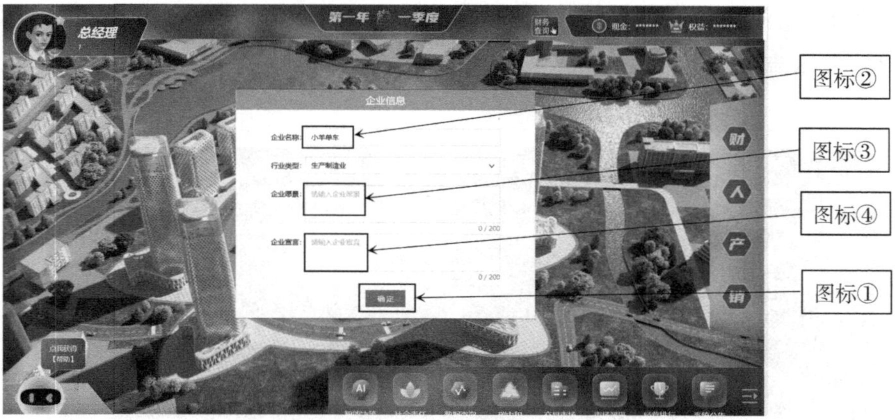

图 8-11　**填写企业信息**

图 8-12 中的图标①显示学生姓名；图标②展示企业目前已经经营到第几年第几季度；点击图标③可以查看企业目前剩余的现金，点击现金金额会显示具体数额，10 秒后金额自动隐藏，如需再次查看，应重新点击；图标④是 AI 机器人，可用于查询不懂的名词，点击后可查看输入名词的解释；图标⑤为各岗位总监的入口；图标⑥用于查看企业详情，关于企业的详细信息均可从此处获取。进入各岗位后，各页面依然可以查看本任务栏。

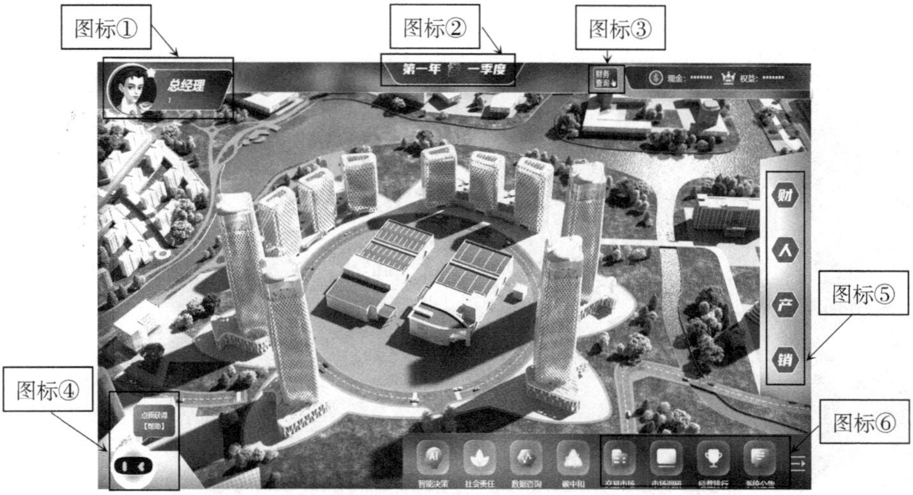

图 8-12　**登录成功界面**

点击“企业全景”按钮后，将出现“生产中心”页面，用户可以在此页面查看企业的整体流程（如图 8-13）。

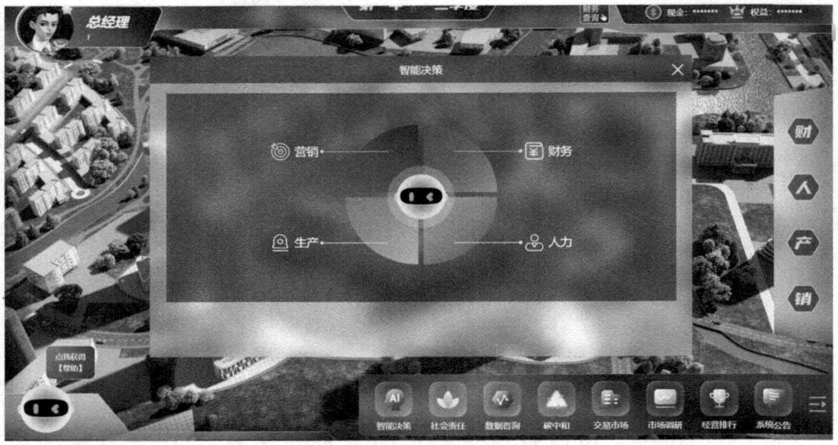

图 8-13　沙盘企业全景

8.4.2　财务总监

经营开始时，财务总监应进入对应管理页面，并点击图标①“财”进入系统。如图 8-14 所示。

图 8-14　财务总监界面

财务总监应按照岗位任务清单，分别完成融资管理、应收账款管理、应付账款管理、日常费用管理、预算控制管理以及报表管理。

8.4.2.1　融资管理

在数智企业经营管理沙盘实践中，融资管理主要涉及贷款和贴现等方式。在初始年（即第一年第一季度），企业尚未开始生产和销售，因此没有应收账款，也无需进行贴现操作。此时，财务总监的主要任务是完成贷款流程。

贷款的形式包括长期贷款和短期贷款。教师可以根据课程设计自行规定贷款期限和利率。一般而言，长期贷款的期限为2~4年，利率为20%。例如，如果规定最长贷款期限为4年，那么在第四年经营结束之前，企业无需考虑还款问题。在每季度执行“费用管理”步骤时，企业需支付相应的利息。短期贷款的期限为1年（即4个季度），利率为10%；在贷款年限到期，并且在季度执行“费用管理”步骤时，学生需支付利息和本金。

在初始年（即第一年第一季度），企业可以选择长期贷款和短期贷款的任意组合形式。在贷款过程中，一个关键因素是“贷款额度”，即银行允许的最大贷款金额。数智企业经营管理沙盘系统采用的规则是采用“上年资产负债表所有者权益的3倍”来限制贷款额度（所有者权益=股东资本+利润留存+年度净利）。这里的额度指的是最大贷款数量，应包括小组前期已有的贷款。例如，如果一个小组的贷款额度是90万元，而前期已经贷款70万元，那么该小组若再申请贷款，最多只能贷20万元。这个额度是对所有贷款的总体限制。再举例来说，如果某小组的所有者权益是30万元，那么该小组组合贷款的总额度将为60万元。

在数智企业经营管理沙盘系统中，还款方式有两种：第一种是到期还本付息，期间无须支付利息；第二种是每季还息到期还本。其中，短期贷款采用的是第一种方式，而长期贷款则采用第二种方式。

在数智企业经营管理沙盘系统中，初始年经营融资管理的操作如下（如图8-15）：

（1）点击图标①“融”进入融资管理页面，在这里可以进行贷款操作。

（2）查看图标②以了解贷款规则，包括贷款时间、还款方式和利息。

（3）在图标③“融资决策”处进行贷款随后依次填写图标④⑤⑥区域信息。

(4)已贷的款项可以在图标⑦处查看,这里会显示贷款时间、还款时间、额度和利息。

(5)每年贷款的总金额等于上年度所有者权益的三倍(短期贷款还清后再贷,长期贷款则需查看贷款年限)。

(6)图标⑧显示已贷额度与额度上限。

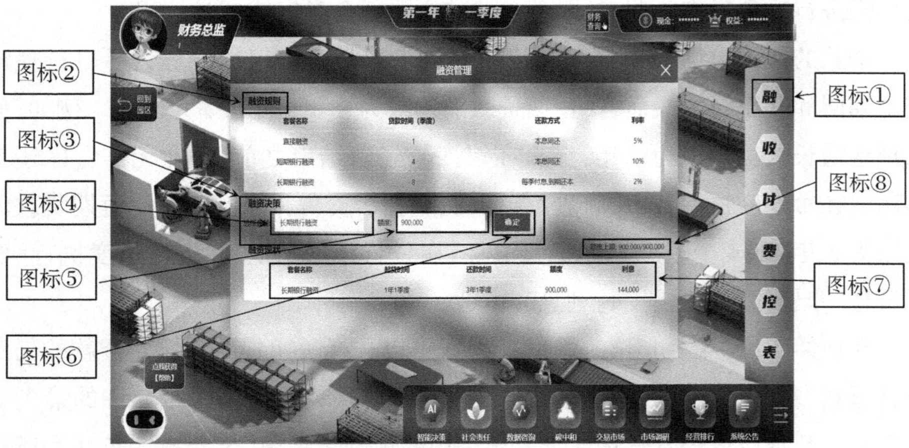

图 8-15　融资管理

在数智企业经营管理沙盘实践中,如果所有者权益或现金出现负数,企业将面临破产,无法继续经营。为了应对这种情况,实践训练中可以采用“增加股东投资”的方式,即向企业注入股东投资。资本追加的方式主要有以下两种:

一是实践数据调整。通过实践数据调整,可以追加企业的现金、所有者权益、产品及原材料。对于直接调整的现金,其结果是企业现金和所有者权益同时增加。而对于直接调整的产品和原材料追加,则仅增加企业的所有者权益,将产品或原材料的成本折算成现金,并增加至企业所有者权益中。

二是企业注资。企业注资后,同样会增加企业的所有者权益和企业资金,但注资的资本需要企业支付 4 个季度的利息。

8.4.2.2　应收账款管理

在数智企业经营管理沙盘系统中,应收账款相当于一种预付款项。在产品交货后，通常不能立即获得货款，此时的货款被视为应收账款。

以下是初始年经营中应收账款管理的操作步骤（如图 8-16）：

（1）点击图标①“收”按钮后，可以进入企业的应收账款管理页面。

（2）应收账款是从经销商的订单交付中获得的，页面会显示其应收金额和应收日期。

（3）应收账款在可以收款的季度进行操作，将应收账款转化为现金。

（4）如果未到应收期季度，可以选择贴现操作（如图标③所示），提前收款，但需要支付贴息。贴现的季度距离收款期越长，贴息越高。

（5）图标②区域可进行展示款项的借方、贷方、金额、备注、收款日期等操作。

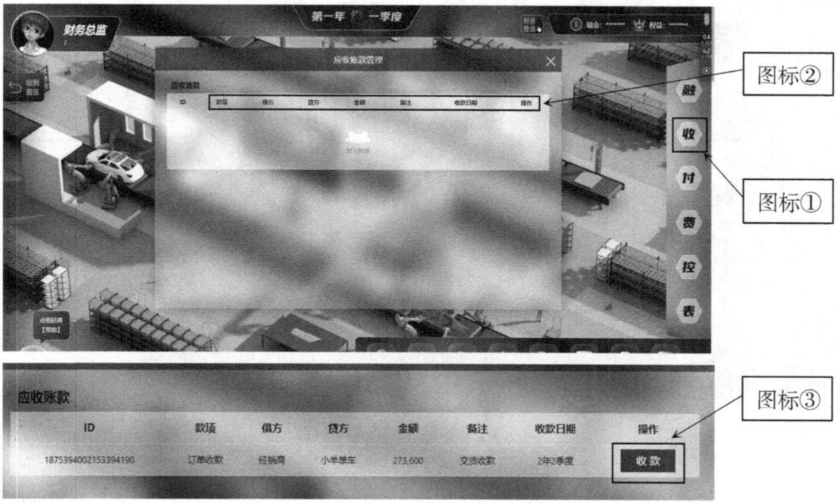

图 8-16　应收账款管理

8.4.2.3　应付账款管理

与应收款相同，在购买材料时，生产总监不会直接与供应商有钱款交易，而是通过走财务账目的形式支付货款。财务总监需在应付期过去前支付货款。如未按时支付，季度结束后将由系统自动扣除。

在数智企业经营管理沙盘系统中，初始年经营应付账款管理操作如下（如

图 8-17)：

(1)点击图标①“付”按钮后,可打开企业的应付账款管理页面。

(2)应付账款从供应商提供的订单中获取,展示其应付金额、应付日期。

(3)关于应付账款的支付,需注意可以付款的季度。在该季度内,可以进行付款操作,将现金转化为已支付的应付账款。

(4)如果当前季度未到应付期,但用户选择提前付款,那么这笔款项将提前从企业中扣除,对企业现金流产生一定影响。

(5)图标②区域详细展示款项、借方、贷方、金额、备注、收款日期及可进行的操作等。

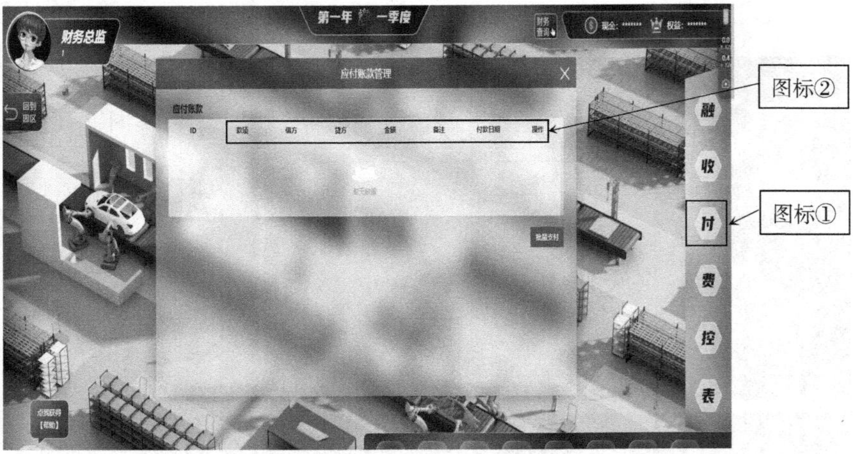

图 8-17　应付账款管理

8.4.2.4　日常费用管理

(1)日常费用管理的详细说明

在企业生产经营过程中,会收到各种类型的账单,这些账单需要财务总监及时支付。以下是详细的费用说明:

①管理费用

可以理解为支付给管理人员的工资或企业的水电费、物业费等,通常包括物业、水电、保洁等综合费用。财务总监需要按季度支付,每季度缴纳 4 500 元。

如果未按时支付管理费用，年度结束时系统会自动扣除相关费用，并扣减 1 分商誉值。

②维修费用

系统规定了每条生产线固定的维修费用，不需要财务总监支付，在切换季度时系统会自动扣除。

③转产费用

每季度生产线调整时如果进行转产，需要支付转产费用。转产费用是固定的，不需要财务总监支付，在切换季度时系统会自动扣除。

④折旧费

在建生产线满一年时，每年需要扣除折旧费用（折旧＝生产线净值－残值）。企业设备的折旧采用平均年限法计提。

⑤利息费用

企业任何形式的贷款均需按照规则要求支付利息。到还息期，企业会收到账单，需财务总监立即支付利息。如果未按时支付贷款利息和本金，年度结束后系统会自动扣除相关费用，并扣减 1 分商誉值。

⑥贷款本金

贷款到期后，会收到账单，需财务总监立即支付利息。

⑦贴现费用

在执行贴现操作时扣除。

⑧违约金

当营销总监获取的订单无法按时交货时，会产生违约金，违约金为订单总额的 20%，在违约时系统会自动扣除。

⑨所得税费用

当企业盈利时，在切换下一年年初季度时的第一个任务就是扣除所得税。纳税按照上年盈利的 20%进行计算。按现行税法的规定，纳税的前提条件是“首先弥补前期的亏损”。如果本年的盈利没有将前期的亏损弥补，本年即使已经盈利，也不必纳税。例如，初始操作时的企业权益是 30 万元，而后企业开始亏损，权益降低至 14 万元。当年企业盈利 10 万元，但权益总额只有 24 万元，这时企业就不必纳税。如果盈利 18 万元，权益达到 32 万元，此时多出 2 万元，这 2 万元就必须纳税。

⑩情报费用

情报费用为企业购买其他企业相关信息的费用，产生情报费用时，需财务总监立即支付。

(2) 日常费用管理具体操作

在数智企业经营管理沙盘系统中，初始年经营日常费用管理操作如下(如图 8-18)：

①点击图标①“费”按钮，打开企业的费用页面。

②费用即为每季度必须支付的款项，延期会扣减企业商誉值。费用管理界面包含款项、金额、标准说明、操作等。

③款项内容包含管理费用、维修费用、利息、本金，不同的季度所支付的费用也不同。

④点击图标③“缴纳”即可完成操作。

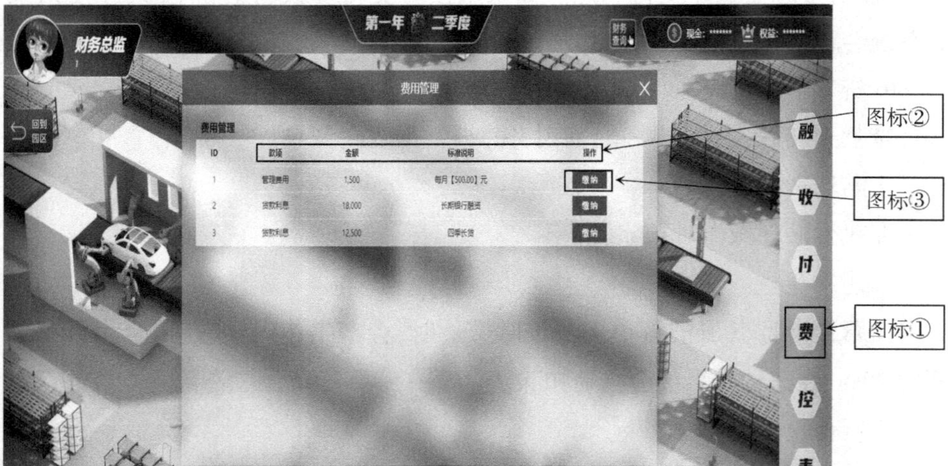

图 8-18　费用管理

8.4.2.5　预算控制管理

在数智企业经营管理沙盘系统中，初始年经营预算控制管理操作如下(如

图 8-19)：

(1)点击图标①“控”按钮,进入预算控制页面。该页面包含部门、上季度预算、上季度使用情况及使用率等信息。

(2)图标②区域列出了各部门,包括市场营销部、生产设计部、人力资源部等。各部门的预算费用各不相同,需要经过详细预算后,在图标③处填写相应的预算数据。

(3)填写完毕后,点击图标④“确定”按钮以提交预算。请注意,每季度都需要进行一次填写,一旦确定后,预算数据将不可更改。

(4)在填写“本季度预算”时,应根据实际情况如实填写。如果使用率低于 80%或高于 120%,均会导致企业商誉值的扣减。

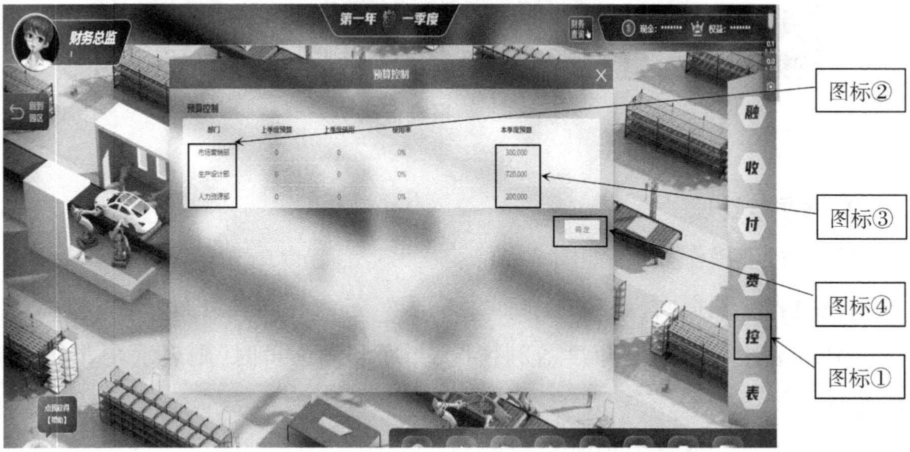

图 8-19　预算控制管理

8.4.2.6　报表管理

(1)经营报表管理

在数智企业经营管理沙盘系统中,初始年经营报表管理操作步骤如下(如图 8-20)：

①点击图标①处的“表”按钮,进入报表管理页面。

②报表分为三部分,分别是资产负债表、利润表和现金流量表。

③在图标②的“资产负债表”中，各项数据会自动生成，并详细列出企业的各项资产和负债状况。

④图标③区域的数据左右两边应始终保持平衡。

图 8-20　报表管理

(2)利润表管理

利润表管理操作如下(如图 8-21)：

①在报表管理页面，点击图标①“利润表”，进入利润表页面。

②利润表主要反映本年度盈利情况，当净利润为负时，则表示企业处于亏损状态。

③利润表中的计算关系如下：

销售收入-销售成本=毛利

毛利-综合费用=折旧前利润

折旧前利润-折旧=支付利息前利润

支付利息前利润+营业外收支=税前利润

税前利润-所得税=净利润

图 8-21　利润表管理

(3) 现金流量表管理

现金流量表管理操作如下：

①现金流量表记录本年操作的具体步骤，包含动作、资金、剩余金额、执行时间、岗位及必要的备注信息。

②当财务总监完成岗位任务并切换至其他岗位时，只需点击图 8-22 中岗位切换界面左上角的图标①“回到园区”，即可完成切换。请注意，本教程中后续关于切换至总监页面的操作，均通过点击此按钮实现，此步骤在后续环节中将不再重复说明。

图 8-22　岗位切换界面

8.4.3　营销总监

在数智企业经营管理沙盘系统中，点击“销”按钮进入营销总监页面（如图 8-23）。进入界面后，销售总监需完成包括销售渠道管理、广告投放管理、竞单操作管理以及销售情况管理等岗位任务。

图 8-23　成功进入营销总监界面

8.4.3.1 销售渠道管理

在实际业务中，开拓一个新市场涉及诸多复杂环节，包括前期市场调研、工商税务登记、租办公室、购买办公用品、招募人员等。然而，在数智企业经营管理沙盘实践中，这些复杂的工作被简化为两个核心要素：花钱和花时间。每个市场和产品资质所需的资金和时间各不相同，销售总监可以随时决定是否进行投资。值得注意的是，投资后并不会立即获得市场或产品资质，而是需要经过一定的时间才能生效，每个市场的所需时间和资金也各有差异。

在数智企业经营管理沙盘系统中，销售总监通过销售渠道应用操作来完成市场开拓。以下是初始年经营销售渠道管理应用的操作步骤(如图 8-24)：

(1)在营销总监页面点击图标①"渠"按钮，进入销售渠道管理，其中包括渠道规则和渠道管理功能。

(2)图标②为"销售规则"，显示企业渠道的名称、开发周期和所需金额。特别要注意的是，不同的开发周期会直接影响渠道的使用时间。

(3)图标③"渠道管理"涵盖开拓费、完成期和操作选项，完成期即指市场可使用的时间，销售总监可根据需求选择开拓市场。

(4)点击图标④区域以完成操作。需要注意的是，开拓市场这一行为将直接影响企业的现金状况和所有者权益。

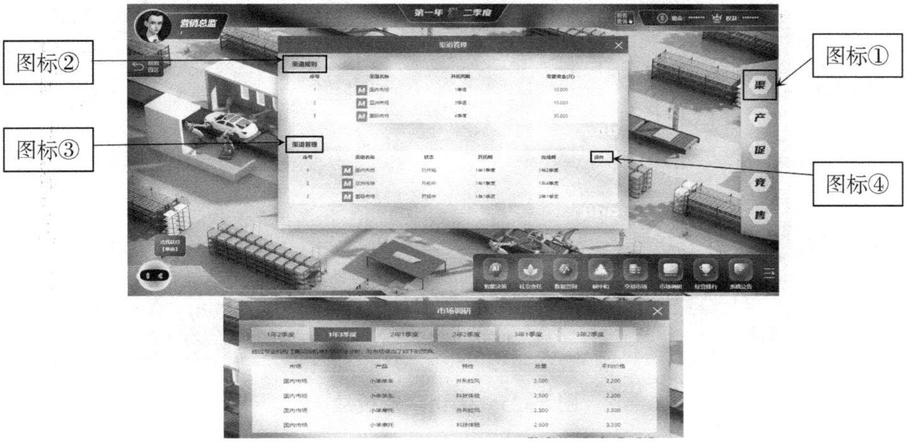

图 8-24 销售渠道应用

8.4.3.2　广告投放管理

根据市场预测和企业生产能力，销售总监需制订并执行广告计划，以确保广告投放的精准与高效。每个市场需分别进行广告投放，且这些投放活动互不影响。所选择的广告形式为促销广告，其特点是持续时间有限，即在每次参与销售大会竞单后，广告即失效。

在数智企业经营管理沙盘系统中，销售总监通过促销广告投放操作来完成广告投放。以下是初始年广告投放管理的操作步骤（如图 8-25）：

（1）点击图标①“促”进入广告投放界面。该界面将展示市场名称、当前知名度、当前排名和操作选项。

（2）通过图标②来区分不同的市场，点击图标③区域后，销售总监需填写具体投放金额，完成广告投放。

（3）投放完成后，图标④区域会显示当前广告额度在总市场中的排名，促销广告的高低将影响选单顺序，广告额度高者将优先获得选单机会。

（4）在广告投放时间结束前，只能增加广告额度而不能进行其他操作。

（5）广告费用的支出将直接对企业的现金和所有者权益产生影响。

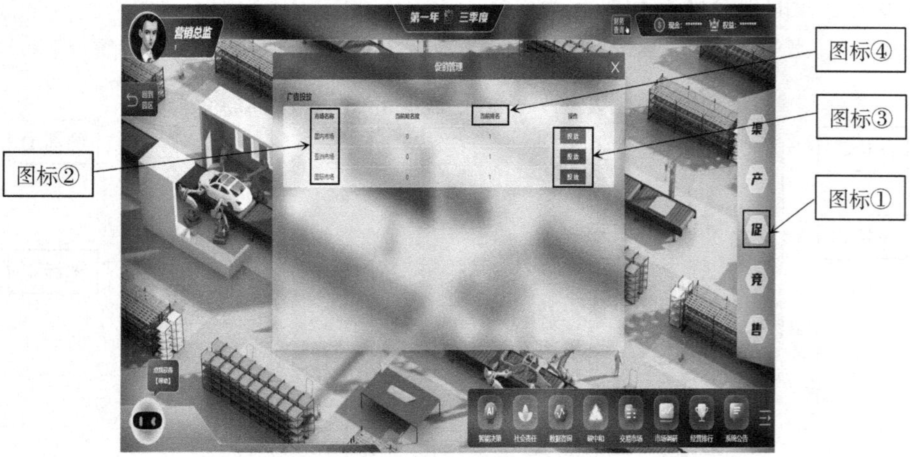

图 8-25　促销广告投放

8.4.3.3　竞单操作管理

提交广告投放后，可以参加销售大会。销售大会采用竞单形式进行，目的是为学生提供竞争每一张销售订单的平台。在竞单过程中，学生需填写“申请报价”和“申请数量”。其中，“申请报价”表示企业愿意以何种价格将产品销售给经销商；“申请数量”表示企业能够生产并提供用于销售的产品数量。各组营销总监填写完毕后，需等待一段时间，直至竞单分配结果公布。竞单规则的核心是企业营销力综合评分。该分值的高低将直接影响选单优先级。评分越高，优先选单权越大，按照排名依次选单，直至所有经销商的需求得到满足。

在数智企业经营管理沙盘系统中，选单的次序排定涉及四种具体的方式：

首先，系统会根据各企业的综合评分进行降序排列。选单的顺序将严格按照综合评分的降序进行，直至所有经销商的需求被完全满足。

其次，如果出现两组企业的综合评分相同，并且这两组企业申报的总数量少于经销商的需求数量，那么这两组企业将各自获得其申请的数量。

第三，当两组企业的综合评分相同，且这两组企业申报的数量也相同，但总数量超过经销商的需求数量时，这两组企业将平均分配经销商的需求量。

最后，如果两组企业的综合评分相同，但申报的数量不同，且总数量超过经销商的需求数量，那么这两组企业将按照最低的申报量进行分单，剩余的数量将按照排名依次顺延。

在数智企业经营管理沙盘系统中，初始年的竞单操作管理如下（如图 8-26）：

（1）点击图标①的“竞”按钮，进入竞单页面。

（2）在竞单页图标②区域，依次查看市场、产品、特性需求、参考价格、数量、交货期、账期、ISO 要求、申报数量以及操作选项。

（3）在竞单开放期间，点击图标③以申请所需产品的数量，申报数量在开放时间内可以随时调整（注意申报价格不得高于市场价）。

（4）在图标④区域查看已成功获取的订单（并非所有申请的订单都能成功获取）。

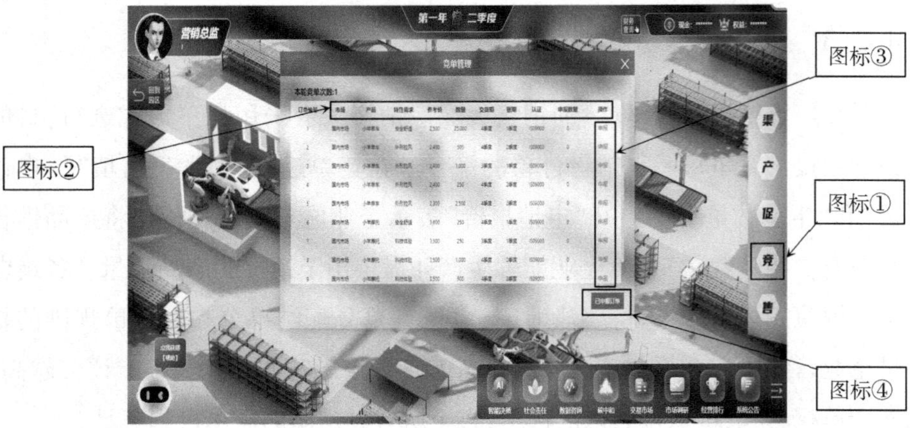

图 8-26　竞单

8.4.3.4　销售情况管理

参加销售大会后,各组可以通过销售订单和销售交货两个方面来查看销售情况。销售订单代表了客户与生产厂商之间签订的协议,在系统中主要通过竞单的形式体现。

各组在竞单中获得的每张销售订单,必须在当年规定的季度或之前任意一个季度完成交货,只有完成此操作才会产生应收账款,并在财务总监页面的"应收账款"栏目中显示。如果未能如期交货,则视为违约,系统将会扣除该张订单货款的 20%。一旦销售订单违约,就无法继续进行交货。

在数智企业经营管理沙盘系统中,初始年销售情况管理的操作如下(如图 8-27):

(1)点击图标①中的"售"按钮,查看销售订单的详情页面。

(2)图标②区域可查看经销商订单信息,包含 ID、订单编号、市场、产品、特性需求、数量、交货期、账期、金额等。

(3)需要在对应的季度内按时完成交货,点击图标③中的"交货"按钮,完成本季度的交货操作。注意延迟交货会产生违约金。

(4)"交货"完成后,库存会减少,"账期"指的是多久时间后可以收货,这部分统称为应收账款。

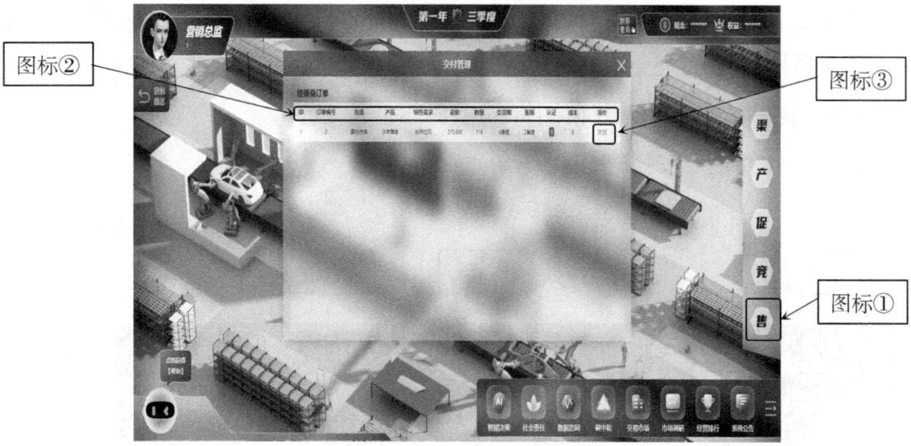

图 8-27　销售情况

8.4.4　生产总监

在数智企业经营管理沙盘系统中,点击“产”按钮进入营销总监页面,完成人力总监的人工管理、机器设备管理、原材料管理、产品图纸设计(BOM)管理、费用管理及生产线生产管理等岗位任务。

8.4.4.1　人工管理

生产线运作时,需要配置一定数量的工人。工人的等级(包括初级工人和高级工人)及他们的工作时长构成了班次安排,激励和涨薪直接影响工人的效率。班次和工人效率最终决定生产线的实际产能。在系统中,不同的生产线需要匹配相应等级的工人。

在数智企业经营管理沙盘系统中,初始年人工管理的操作如下(如图 8-28):

(1)点击图标①“生产总监”按钮进入生产总监界面,点击页面中的图标②“人”按钮,可进行人工管理操作。

(2)工人招聘需求在图标③区域中进行填写,应当根据实际情况填写“招聘需求”,例如,初级工、高级工各几个。

(3)生产线开产前,应当配置工人,通过点击图标④区域进行配置(具体配置情况应当依照详细规则)。

(4)配置完成的产线,会在图标⑤中显示实际产量。

(5)点击“保存”按钮完成操作。

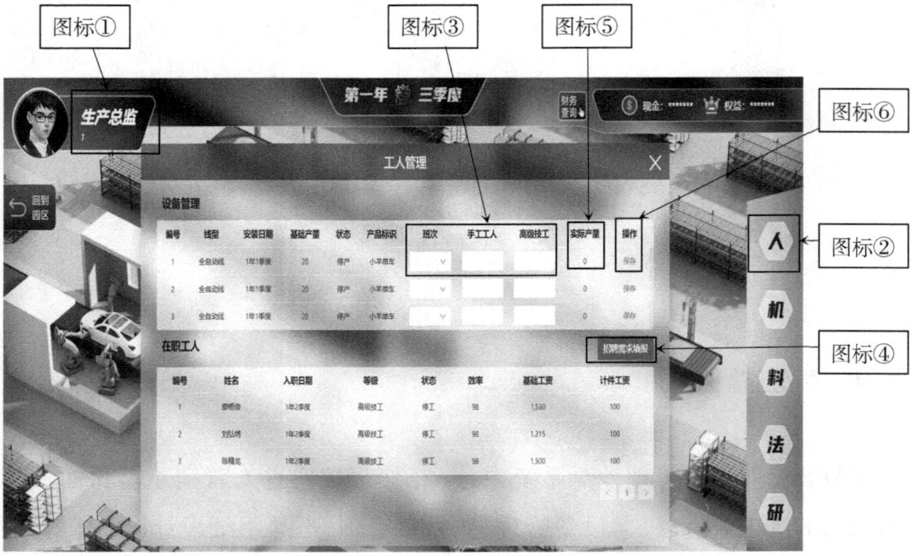

图 8-28　人工管理

8.4.4.2　机器设备管理

在数智企业经营管理沙盘实践环节,采用厂区的概念进行模拟。厂区内含有厂房,包括主要车间、辅助用房及附属设施用房等,无需企业自行购买或租赁厂房。企业可直接在厂区进行设备管理。现实中各类制造企业的生产设备是多种多样的,包括基本生产车间和辅助生产车间。车间中除了生产线等机器设备外,还需要供电系统等,而在沙盘经营中将企业所有的生产设备简化为只有生产线。

系统中,生产线有三种,分别是传统线、全自动线、全智能线。不同的生产线在购买价格、安装周期、生产周期、转产周期、转产价格、残值、维修费用等方面有所不同。例如,全智能线的购买价格为 20 万元,安装周期为两季,生产周期为 1 季,转产周期为 0 季,转产价格为 0 元,残值为 3 万元,维修费用为 5 000 元,需要 1 个普通工人和 1 个高级工人。

各组生产总监可以根据需求灵活选择传统线、全自动线、全智能线中的任意一种或进行组合,并决定每条生产线每次生产所能产出的产品数量。但此数量仅为基础数量,并非最终数量。生产时还需要为生产线配置工人和工时,配置成功后的实际产量要比基础数量多。不同的生产线生产一次的碳排放量也不同。

在数智企业经营管理沙盘系统中,初始年经营机器设备管理操作如下(如图 8-29):

(1)点击图标①“机”按钮查看企业生产线详情。图标②区域为生产线概况,可查看线型、安装时间、基础产品、状态、产品标识、净值。

(2)在图标③处选择新增生产线,按需选择线型和产品名称。

(3)图标④为操作区,开产之前需进行“更新 BOM”操作,设置完成后点击“开产”。

(4)如需进行“拆除”或“转产”操作,应在“开产”之前完成。

(5)企业最多能容纳 16 条生产线。

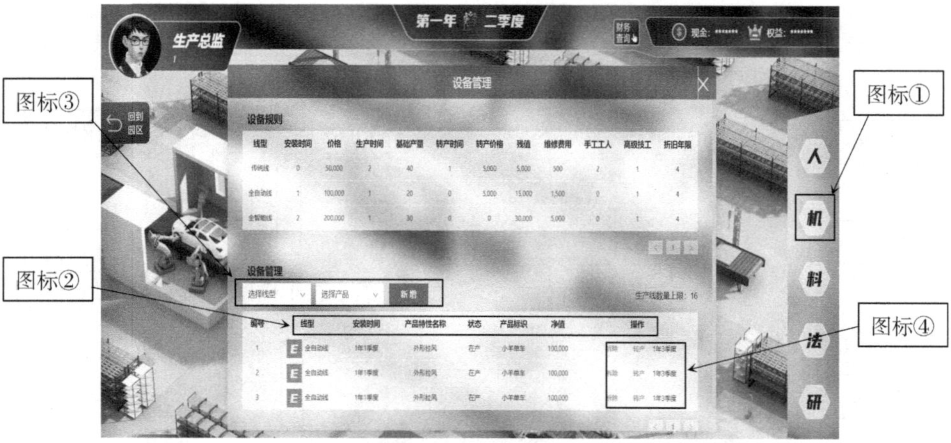

图 8-29　机器设备管理

8.4.4.3 原材料管理

原材料的采购流程分为订货与到货(企业收货)两个步骤。生产总监根据设计和研发的系列产品情况,选择需要订购的原材料。不同系列产品所需原材料不同。原材料选购需要进行下单操作。下单时不需要支付费用,下单经过一段时间后(送货期),原材料到货,生产总监需进行收货操作,将材料收取到库房中。收货时也不需要立刻支付现金,而是产生应付账款发送给财务总监。

对于已经到货的原材料,必须主动及时在规定时间内收货,否则将被系统强行收货,并视企业违约,扣除企业相应的现金和商誉值。对于未到货的原材料,待收货期到达之时再执行收货。

在数智企业经营管理沙盘系统中,初始年经营原材料管理操作如下(如图8-30):

(1)点击图标①进入原料商店页面,在此页面可以对原材料进行编辑。

(2)图标②为材料订购区域,点击“下单”并填入具体数量即可。

(3)图标③区域可查看已订购的原料,当“收货账期”对应本季度时,可点击图标④进行“收货”操作(收货不影响现金,收货后货款生成应付账款)。

(4)图标⑤和图标⑥为查看原材料和产品库存的区域,点击切换即可查看。

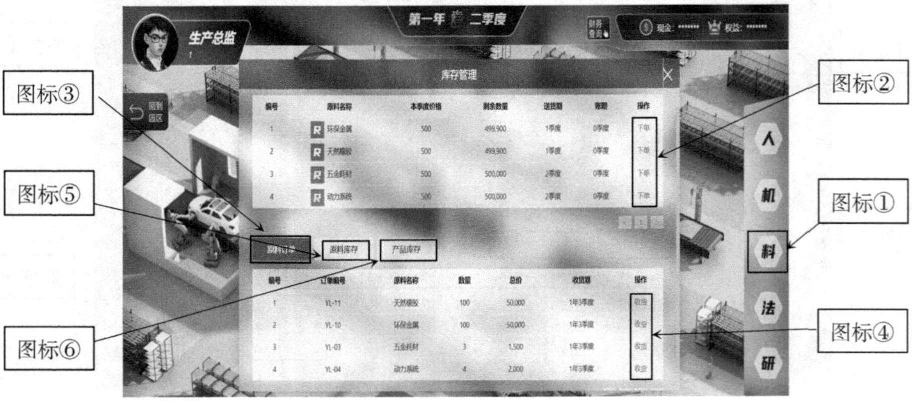

图 8-30 原料商店

8.4.4.4　产品图纸设计(BOM)管理

在数智企业经营管理沙盘系统中 P 系列产品被细分为三种,分别命名为 P1、P2 和 P3,其原料结构详情如表 8-2 所示。

表 8-2　产品结构详情

产品名	产品编号	碳排放量	环保金属	天然橡胶	五金耗材	动力系统
小羊单车	P1	5	1	1	0	0
小羊摩托	P2	4	1	0	1	1
小羊 pro	P3	2	2	1	1	2

P1 作为市场上的主导产品,具有高需求量和稳定的价格;P2 是在 P1 基础上创新发展的新产品,技术上有所改进;P3 则是 P 系列中的高端产品,集成了尖端科技。在激烈的市场竞争中,P 系列产品凭借三种特性(T1、T2 和 T3)被广大消费者所接受。其中,T1 特性深受大众喜爱,T2 特性备受爱好者青睐,而 T3 特性则是发烧友最为看重的。由于产品和特性可以自由组合,因此形成了 9 种产品图纸供企业选择生产。

在生产 P 系列产品时,会产生碳排放。由于实际计算碳排放量较为复杂,系统中将这一系列复杂计算简化为每种产品产生一定的碳排放量。值得注意的是,随着产品等级的提升,碳排放量会相应减少。企业应积极响应时代号召,致力于实现低碳环保的生产方式。

在数智企业经营管理沙盘系统中,进行初始年产品图纸设计(BOM)的操作如下(如图 8-31):

(1)点击图标①“法”按钮,进入产品设计页面。该页面主要用于为基础产品增加特性,以突出产品特点。

(2)根据图例指示,点击图标②,在“产品原型”中选择所需的产品类型(具体需求可通过市场调研获得详细信息)。

(3)在图标③处,选择并增加相应的“特性”,并输入对应的特性名称。

(4)配置完成后,请及时点击图标④“确定”按钮,以确保所有配置信息被正确记录,避免遗漏。

(5)如需查看以往的配置详情,可通过点击图标⑤"历史版本查询"功能来实现。

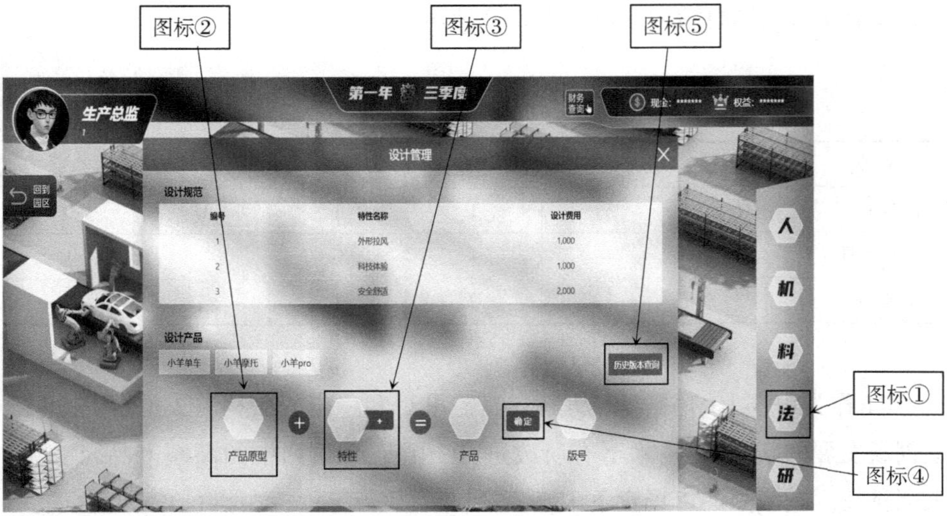

图 8-31　产品设计

8.4.4.5　费用管理

在数智企业经营管理沙盘模拟中,费用管理主要包括生产费用和研发费用。

(1)生产费用

在数智企业经营管理沙盘实践中,工人的工资不仅包括日常工资,还根据产出产品的数量实行计件工资制度。这部分费用被记为生产费用,并在生产产品时支付。在计算工人的计件工资时,应严格按照生产线的要求进行。

(2)研发费用

在数智企业经营管理沙盘系统中,初始年的研发费用的操作如下(参见图8-32):

①通过点击图标①"研"按钮来提升产品特性。提升产品特性将有助于提高企业的知名度,并获得优先选单的机会。

②在图标②中选择需要提升特性的产品(具体信息可通过市场调研获取)。

③在图标③中输入研发计划值,该值不可低于当前的研发值。输入后,右下角会明确标出具体的金额。

④确定研发计划后,点击图标④“研发”按钮以执行研发操作。

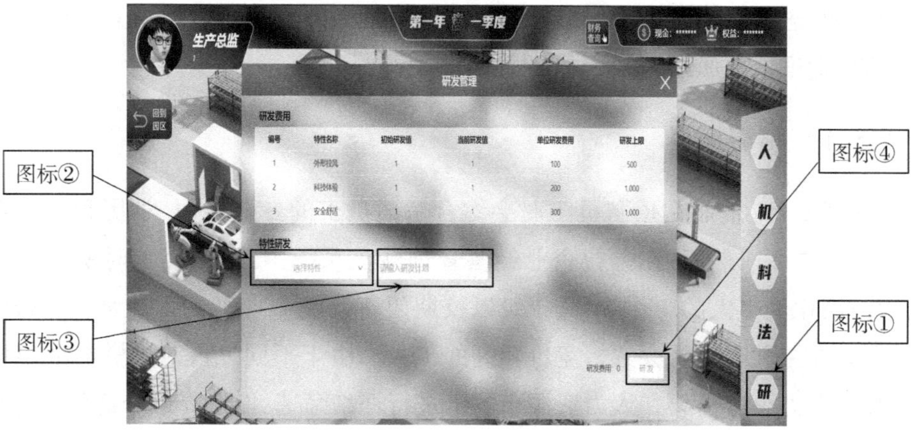

图 8-32　研发费用

8.4.4.6　生产线生产管理

在沙盘经营中,生产流程大致分为四个主要步骤:工人配置、原料收货、更新 BOM(物料清单)以及开产。在进行生产线生产时,需要满足以下条件:

(1)工人到位。必须按照生产线的要求配置适当数量和种类的工人,并确定工人的工作时长。

(2)足够的原材料。原材料库存中的数量必须不少于实际生产所需的数量。

(3)更新 BOM。在生产线首次进行产品生产时,应先更新 BOM 表,将产品图样传送至生产线。如果设计了新产品图纸,也应及时更新到生产线上,以确保生产线按照最新图纸进行生产。

(4)企业拥有开产的产品资质和足够的现金流。在满足上述条件后,点击“开产”按钮,即可开始生产。

8.4.5 人力总监

在数智企业经营管理沙盘系统中,用户可以通过点击“人”选项进入营销总监的页面,进而完成人力资源总监的相关管理任务,包括招聘管理、人才留用管理、培训管理以及激励(涨薪)管理等岗位职责。

8.4.5.1 招聘管理

在现实中,企业在招聘员工时会综合考虑员工的专业能力、学历和道德水平等多个方面。然而,在数智企业经营管理沙盘系统中,招聘员工时所考虑的因素被简化为工人的工作效率、等级以及期望薪资三个主要方面。为了节约成本,企业在招聘时通常会选择竞价较高的工人。由于不同工人对工资的期望各不相同,人力总监需要在人力资源市场上进行仔细筛选,以选择最合适的人才。

关于工人是否能够成功入职,存在三种可能的情况。第一种情况,是当企业提供的薪酬大于或等于员工的期望工资时,该员工将确定入职。第二种情况,是当企业提供的薪酬介于期望工资的 70%与期望工资之间时,员工入职的概率将是随机的。第三种情况,当企业提供的薪酬低于期望工资的 70%时,该员工将确定不会入职。一旦工人成功入职,企业将按照约定发放薪水。

考虑到工人可能存在的入职不确定性,人力总监在招聘工人时,必须制定科学且合理的薪资规划。例如,如果企业在下一季度急需增加生产产量,那么在当前季度招聘工人时,应当直接为该员工提供其期望的工资,以确保下一季度能够顺利进行生产。此外,也可以提供最低随机入职工资,并招聘多名工人,以此来弥补可能出现的入职不确定性。

在数智企业经营管理沙盘系统中,初始年经营招聘管理的操作如下(如图 8-33 所示):

(1)点击“人”图标进入“人力总监”页面(如图标①)。

(2)点击图标②中的“选”按钮进入招聘管理页面,在此可以查看人力市场状况。

(3)在图标③中,通过比较工人的等级、基础效率和期望薪资,选择性价比较高的工人后,可点击图标⑤发放薪水(期望薪资即月薪)。

(4)图标④是切换按钮,点击后可以查看更多人员。

(5)已发放的薪水信息会显示在第一页,通过刷新页面可以查看薪水情况,并进行薪资的编辑等操作。

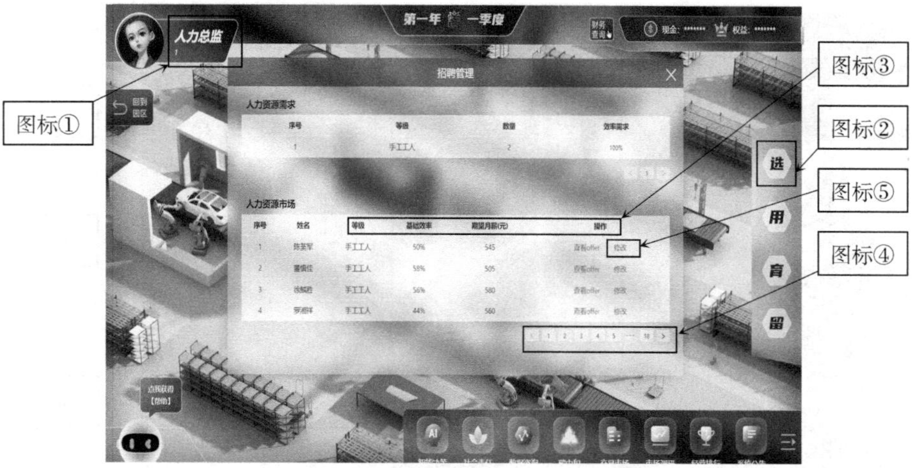

图 8-33　招聘管理

8.4.5.2　人才留用管理

在工人入职后的第二个季度,企业需要为其结算上一季度的工资。在系统中,虽然薪水显示为月薪,但实际上是按季度一次性发放的。无论何种原因导致工人未参与本季度的生产,企业仍需为其结算薪水。企业每季度必须主动进行薪水发放,未主动发放的企业在季度结束时,会被系统自动扣除并发放给工人。系统自动扣除会导致工人的工作效率降低一半,并扣减企业的商誉值。如果连续两季度未发放薪水,工人将自动离职。离职员工的薪水将由系统强行扣除,并需支付辞退福利(辞退福利等于 N+1 倍月薪,N 为工作年限)。

在数智企业经营管理沙盘系统中,初始年经营人才留用管理的操作如下(如图 8-34 所示):

(1)点击图标①"用"按钮来查看已雇佣的人员。

(2)通过图标②来决定是否继续雇佣或解雇人员(解雇人员需支付 N+1 倍工资,支付完成后即可解雇人员)。

(3)通过图标③“统一发薪”来发放本季度的薪资(首次遗漏发薪将扣减50%的工作效率,如两次均未主动发薪,则工人将自动离职,并按解雇规则发放工人工资)。

图 8-34　人才留用

工人入职后,工作时间的长短将直接影响其工作效率:工作时间越长,工作效率下降的速度越快。根据表 8-3 的数据显示,工人工作时间越长,产出的产品数量虽然会增加,但其损失的效率也会随之增加。

国家规定劳动者每日工作时间不得超过 8 小时,平均每周工作时间不得超过 44 小时。因此,在安排工人生产时,应当优先考虑 8 小时工作制。然而,在遇到紧急情况,如需要处理大量订单时,可以考虑暂时采用 12 小时工作制。

表 8-3　班次规则

班次名称	产品加成/倍	效率损失/%
8 小时制	1	2
12 小时制	1.2	50

8.4.5.3　培训管理

企业根据生产需求招聘所需工人,这些工人分为普通工人和高级工人两个等级。通过内部培训,普通工人的技能和等级可以得到提升。与直接从外部招聘高级工人相比,通过内部培训的方式成本通常更低。这是因为内部培训通常只需要在原有普通工人工资的基础上进行翻倍,而在人才市场上,高级工人的工资往往是普通工人的三倍,如表 8-4 所示。

表 8-4　工人培训规则

培训名称	消耗现金/元	消耗时间/季	原岗位	培训后岗位	工资涨幅/%
升级培训	5 000	1	普通工人	高级工人	100

在数智企业经营管理沙盘系统中,初始年经营培训管理操作如下(如图 8-35 所示):

(1)点击图标①“育”以查看员工等级,并决定是否需要提升员工等级。

(2)可通过操作图标②区域来增加或减少培训人员数量。每次培训最多可提升 4 位员工的等级,且总费用固定为 5 000 元(员工人数的改变不会影响总费用)。

(3)配置完成后,点击图标③“开始培训”按钮。培训后,员工的等级将得到提升,工资翻倍但工作效率保持不变。

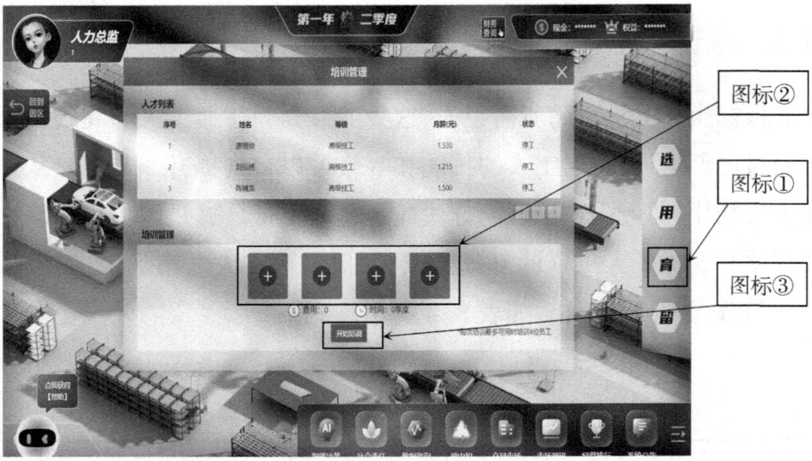

图 8-35　培训管理

8.4.5.4　激励(涨薪)管理

在系统中,工人的效率会因生产活动而发生变化。每进行一次生产,工人的工作效率会逐渐降低,导致实际产能也随之下降。在这种情况下,企业可以通过激励措施或提高薪资的方式来促使工人提升效率,从而扩大产能。具体数据和效果如表 8-5 所示。

表 8-5　提高员工效率的方式

激励名称	提升效率比例/%
激励	25
涨薪	50

激励和涨薪是两种不同的激励方式。激励属于一次性交易,即支付工人一定金额后,工人的效率会立即提升少许,之后无需继续支付。而涨薪则是提高员工的工资水平,工人的效率会立即提升较多,且不需要立即支付现金,但在后期每季度支付工资时,应将涨薪的部分计算在内。不同激励方式提升的效率比例也不同。例如,花费 10 000 元为某工人涨薪,其效率将在原有基础上提升 50%。

在数智企业经营管理沙盘系统中，激励(涨薪)管理操作如下(如图8-36所示)：

(1) 通过点击图标①"留"查看员工等级及当前工作效率。

(2)通过点击图标②和③，即"涨薪"和"激励"两个渠道，可以提升员工效率(涨薪10 000元可提升36%效率，激励10 000元可提升6%效率)。

(3)"激励"操作不会改变工人的工资水平。

图8-36 激励(涨薪)管理

8.5 第二年模拟经营

8.5.1 财务总监

第二年经营开始时，财务总监点击"财"按钮以进入系统，按照岗位任务清单，分别完成以下任务：融资管理、应收账款管理、应付账款管理、费用管理、预算控制管理以及报表管理。

在财务总监的任务栏中，点击"控"以进行预算控制。请注意，在第二年每季度经营开始时，财务总监都应首先进行预算划拨(具体操作如图8-37所示)。

在图标①处,填写本年度的预算。填写完毕后,点击图标②“确定”按钮进行保存。图标③处显示的是上年度预算的使用率,如果使用率均在 80%以下,会导致企业商誉值的扣减。

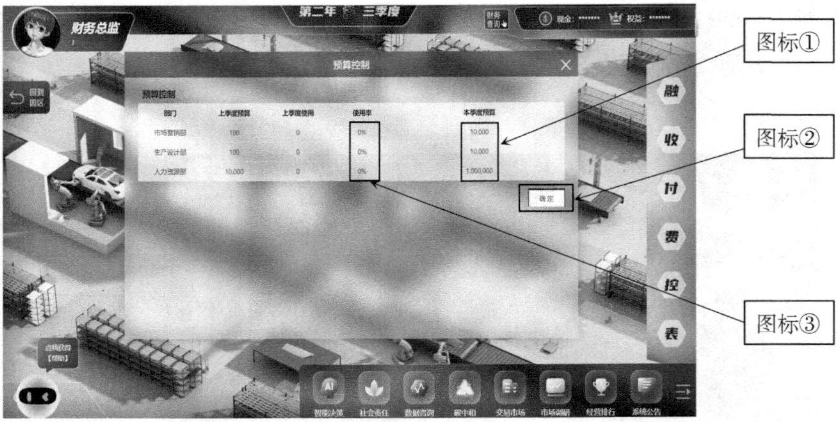

图 8-37　第二年度预算

8.5.1.1　融资管理

在数智企业经营管理沙盘系统中,第二年的经营融资管理操作如下(如图 8-38 所示):

(1)点击图标①进入融资管理页面,在此页面可以进行贷款操作。

(2)查看图标②区域以了解贷款规则,包括贷款时间、还款方式和利息。

(3)在图标③的融资决策处进行贷款操作,并按照图标④⑤⑥的步骤依次进行。

(4)已贷的款项信息,可以在图标⑦处查看,显示包括贷款时间、还款时间、额度及利息。

(5)每年贷款的总金额等于上年度所有者权益的三倍(短期贷款还清后可再贷,长期贷款需查看贷款年限)。

(6)图标⑧显示已贷额度与额度上限的比值。

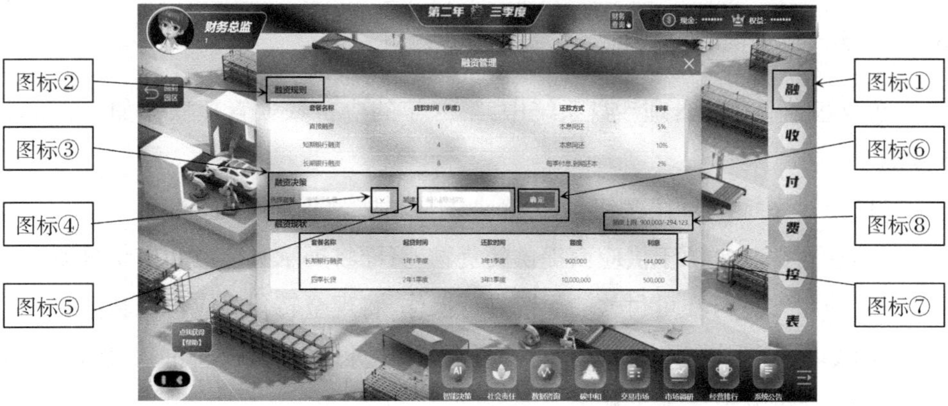

图 8-38　融资管理

8.5.1.2　应收账款管理

在数智企业经营管理沙盘系统中，第二年的应收账款管理操作如下(如图 8-39)：

(1)点击图标①“收”按钮，打开企业的应收账款管理页面。

(2)应收账款来源于经销商的订单交付，页面将展示其金额和应收日期。

(3)应收账款可在可收款的季度进行操作，以将应收账款转化为现金。

(4)如果未到应收期展示的季度，可在图标②区域选择操作贴现，提前收款，但需支付贴息。贴现的季度距离收款期越长，所需支付的贴息越高。

图 8-39　应收账款管理

8.5.1.3 应付账款管理

在数智企业经营管理沙盘系统中，第二年的应付账款管理操作如下（如图8-40）：

（1）点击图标①“付”按钮，打开企业的应付账款管理页面。

（2）应付账款来源于供应商提供的货物，页面将展示其金额和应付日期。

（3）应付账款可在可付款的季度进行操作，将现金转化为应付账款。

（4）如果未到应付期展示的季度，可在图标②区域选择提前付款，但这会占用现金，可能影响现金流状况。

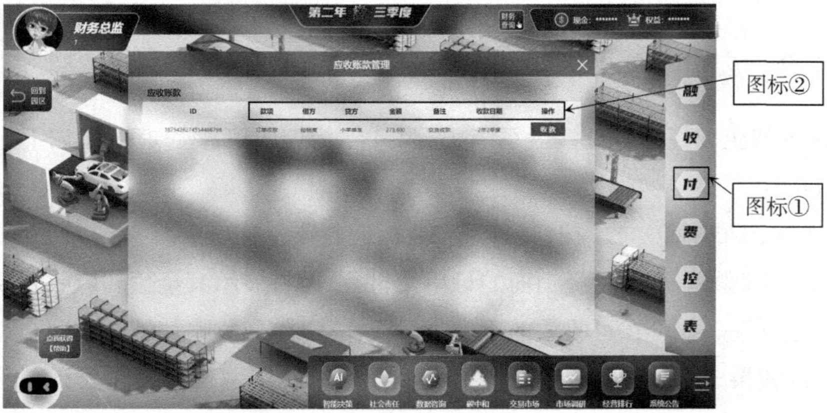

图 8-40 应付账款管理

8.5.1.4 费用管理

在数智企业经营管理沙盘系统中，第二年的费用管理操作如下（如图 8-41）：

（1）点击图标①“费”按钮，打开企业的费用管理页面。

（2）费用即为每季度必须支付的款项，延期支付将扣减企业商誉值。图标②区域包含款项名称、金额、标准说明及操作选项。

（3）款项内容包括管理费用、维修费用、利息和本金，不同的季度支付的费用可能不同。

(4)点击图标③“缴纳”按钮即可完成操作。

图 8-41　费用管理

8.5.1.5　预算控制管理

在数智企业经营管理沙盘系统中,第二年的预算控制管理操作如下(如图 8-42):

(1)通过点击图标①“控”按钮,进入预算控制页面。该页面包含部门、上季度预算、上季度使用情况及使用率。

(2)图标②区域列出了各部门,包括市场营销部、生产设计部和人力资源部。各部门的预算费用不同,需要经过详细预算后在图标③处填写相关内容。

(3)填写完成后,点击图标④“确定”按钮。注意每季度都需要填写一次,确定内容后不可更改。

(4)“本季度预算”应根据实际情况如实填写。如果使用率低于 80%或高于 120%,均会导致企业商誉值的扣减。

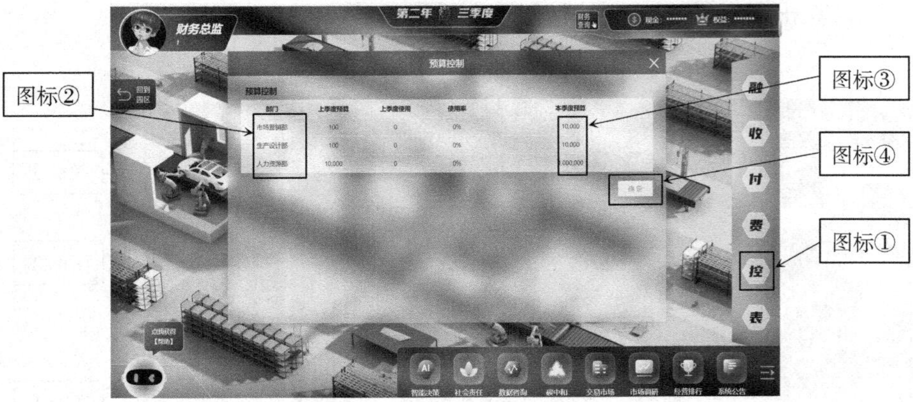

图 8-42　预算控制管理

8.5.1.6　报表管理

在数智企业经营管理沙盘系统中，第二年的报表管理操作如下（如图 8-43）：

（1）点击图标①“表”按钮，进入报表管理页面。

（2）该报表包含三部分：资产负债表、利润表和现金流量表。

（3）在图标②“资产负债表”中，各项数据会自动生成，详细列出企业的资产和负债状况。

（4）图标③处的左右两边数值始终保持平衡。

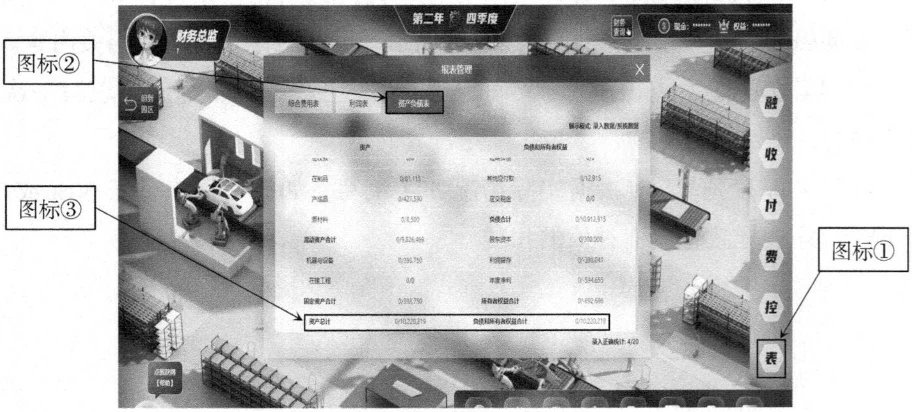

图 8-43　报表管理

8.5.2　营销总监

在模拟经营的第二年，销售总监点击“销”按钮进入营销总监页面，完成销售总监市场开拓管理、广告投放管理、产品资质管理、竞单管理、促销管理及交付管理等岗位任务。

8.5.2.1　市场开拓管理

在数智企业经营管理沙盘系统中，第一年的模拟经营已经进行了市场开拓。如果市场开拓已经完成，那么在第二年就不需要再次进行市场开拓；如果未完成，则第二年需要继续进行市场开拓。

在数智企业经营管理沙盘系统中，学生通过销售渠道应用操作来完成市场开拓。第二年的经营销售渠道应用操作如下（如图 8-44 所示）：

（1）在营销总监页面点击图标①“渠”，其中包括渠道规则和渠道管理。

（2）图标②代表销售规则，展示了企业渠道的名称、开发周期以及所需金额。需要特别注意的是，不同的开发周期会影响使用时间。

（3）图标③代表渠道管理，包括开拓费、完成期和操作。完成期指可以使用该市场的时间，可以根据需求来开拓市场。

（4）点击图标④即可完成操作，开拓市场会影响现金和所有者权益。

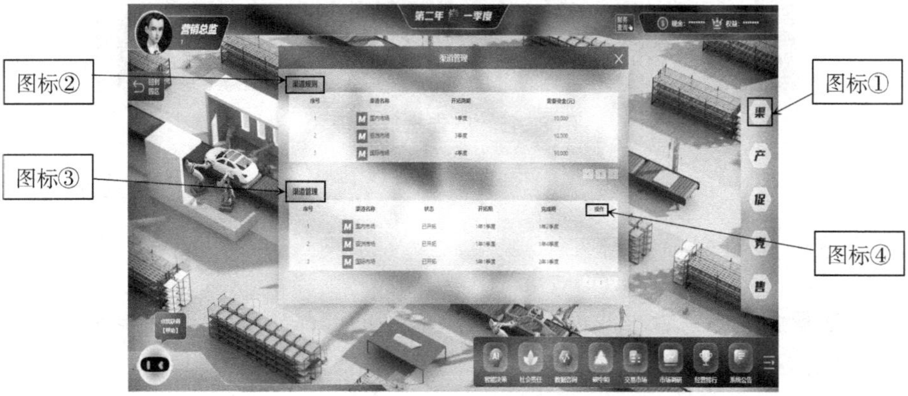

图 8-44　市场开拓管理

8.5.2.2 广告投放管理

在数智企业经营管理沙盘系统中，第二年的广告投放管理操作如下（如图8-45所示）：

（1）点击图标①“促”按钮进行促销广告投放，其中包括市场名称、当前知名度、当前排名和操作。

（2）通过图标②区域区分不同市场，点击图标③填写投放金额，即可完成广告投放。

（3）完成投放后，图标④会显示当前广告额度在总市场中的排名。促销广告的排名高低将影响选单顺序，促销广告额度高者将优先选单。

（4）在广告投放时间结束前，不可撤销广告投放，只可增加广告额度。

（5）广告费用会影响现金和所有者权益。

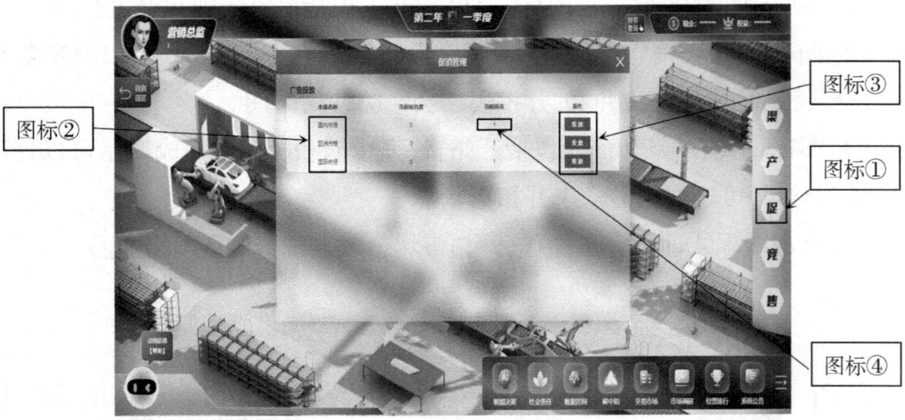

图 8-45 广告投放管理

8.5.2.3 产品资质管理

在数智企业经营管理沙盘系统中，第二年的产品资质管理操作如下（如图8-46、图8-47所示）：

（1）点击图标①“产”按钮，即可进入产品管理页面。

（2）点击图标②和图标③区域，可在产品资质页面依次查看产品资质规则、产品资质状态和 ISO 认证规则、ISO 认证状态。

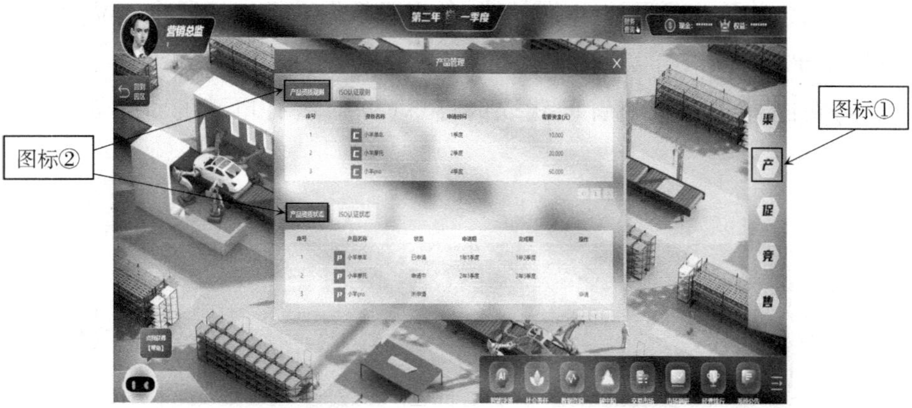

图 8-46　产品资质

图 8-47　ISO 认证资质

8.5.2.4　竞单管理

在数智企业经营管理沙盘系统中,第二年的竞单管理操作如下(如图 8-48 所示):

(1)点击图标①“竞”按钮,即可进入竞单页面。

（2）在竞单页面中，依次查看市场、产品、特性需求、参考价格、数量、交货期、账期、ISO 要求、申报数量以及操作选项。图标②区域显示本轮竞单次数。

（3）在竞单开放期间，点击图标③，各组可根据需求申请所需产品数量，申报数量在开放时间内可以随时调整（但申报价格不得高于市场价）。

（4）在图标④位置查看已获取的订单（并非所有申请的订单都能成功获取）。

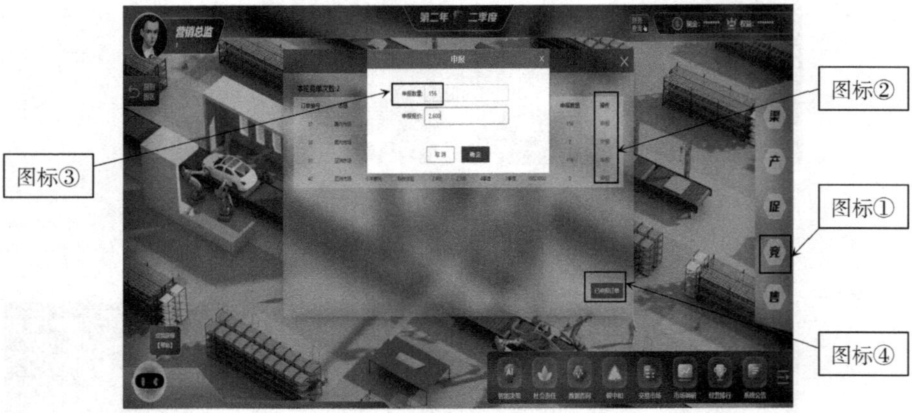

图 8-48　竞单管理

8.5.2.5　促销管理

在数智企业经营管理沙盘系统中，第二年的促销管理操作如下（如图 8-49 所示）：

（1）点击图标①“促”按钮，进入促销管理页面。

（2）在产品资质页面，点击图标②，依次查看广告投放的相关信息。

图 8-49　促销管理

8.5.2.6　交付管理

在数智企业经营管理沙盘系统中，第二年的交付管理操作如下（如图 8-50 所示）：

（1）点击图标①“售”按钮，查看销售订单详情页面。

（2）在图标②区域查看经销商订单信息，包含 ID、订单编号、市场、产品、特性需求、数量、交货期、账期、金额等详细信息。

（3）需要在对应的季度内按时完成交货，延迟交货会产生违约金。

（4）在图标③区域完成“交货”后，库存减少。“账期”指的是从交货完成到可以收货的时间，这段时间内的应收款项统称为应收账款。

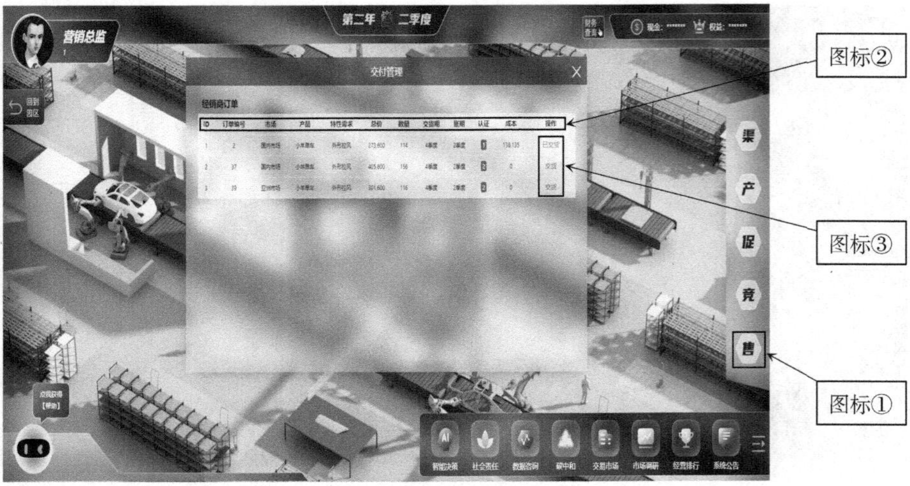

图 8-50　支付管理

8.5.3　生产总监

在第二年的经营中,生产总监通过点击“产”按钮进入营销总监页面,完成人工管理、设备管理、库存管理、研发管理以及产品图纸设计(BOM)管理等一系列岗位任务。

8.5.3.1　人工管理

在数智企业经营管理沙盘系统中,第二年的人工管理操作如下,具体如图 8-51 所示。

(1)点击图标①“生产总监”进入生产总监界面,通过图标②“人”进行人工管理操作。

(2)工人招聘需求应在图标③中填写,需根据实际情况详细填写招聘需求(例如:初级工和高级工的数量)。

(3)在生产线开始生产前,需要配置工人,通过图标④进行配置。对于自动线(如图 8-52),设置班次为 8 小时制,并配置初级工 2 个和高级工 1 个;对于柔性线(如图 8-53),设置班次为 8 小时制,配置高级工 1 个。

(4)配置完成的产线,会在图标⑤中显示实际产量。

(5)点击图标⑥“保存”即可。

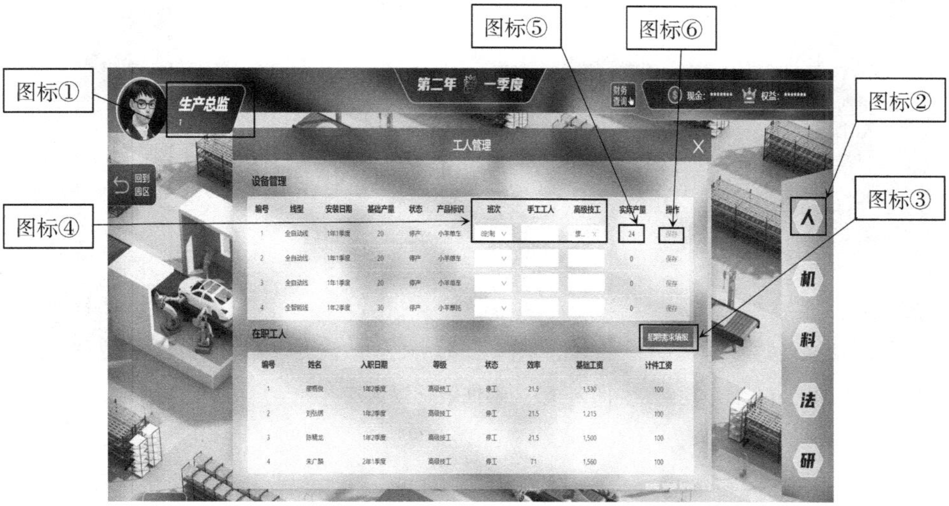

图 8-51　人工管理

图 8-52　自动线配置班次

图 8-53　柔性线配置班次

8.5.3.2　设备管理

在数智企业经营管理沙盘系统中,第二年的设备管理操作如下(如图 8-54 所示):

(1)点击图标①“机”按钮查看企业生产线详情,在图标②区域中可查看生产线的概况,包括线型、安装时间、基础产品、状态、产品标识以及净值等信息。

(2)在图标③处选择新增生产线,应根据需求填写线型和产品名称。

(3)图标④为操作区,在开始生产前需要进行“更新 BOM”操作,提示“更新成功”后,可以点击“开产”(如图 8-55)。

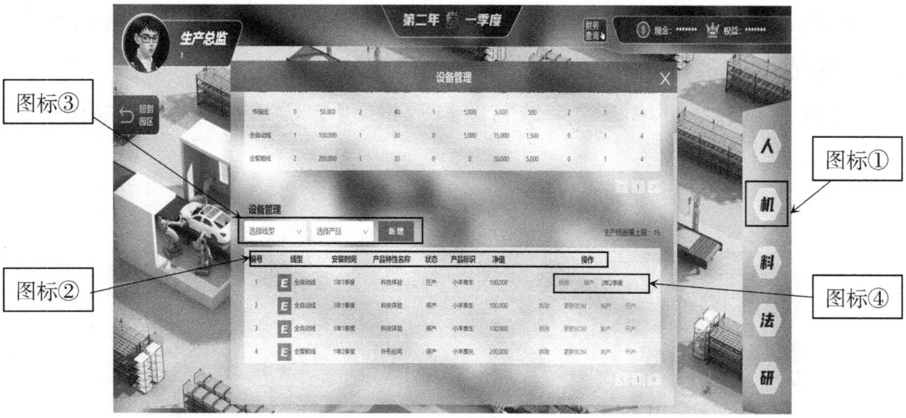

图 8-54　设备管理

(4)如需“拆除”“转产”,应在“开产”之前进行。

(5)企业最多能容纳 16 条生产线。

图 8-55　更新 BOM

8.5.3.3　库存管理

在数智企业经营管理沙盘系统中,第二年的库存管理操作如下(如图 8-56 所示):

(1)点击图标①"料"按钮查看企业的原材料库存详情。图标②区域显示生产线概况,可以查看原料订单、原料库存和产品库存。

(2)在原料商店处根据需求填写原料数量,设置完成后点击图标③"下单"按钮。

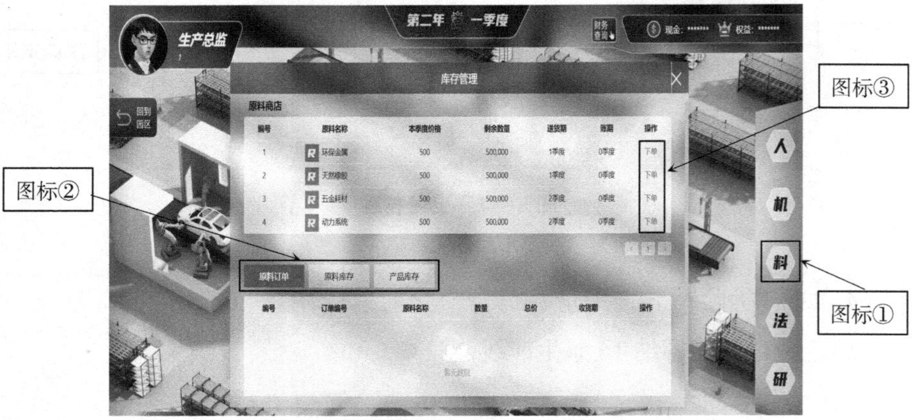

图 8-56　库存管理

8.5.3.4　研发管理

在数智企业经营管理沙盘系统中,第二年的研发管理操作如下(如图 8-57 所示):

(1)通过图标①"研"提升产品特性,这将有助于提高企业知名度,并获得优先选单的机会。

(2)在图标②中选择待提升特性的产品(详细信息可查看市场调研)。

(3)图标③处的研发计划值不可低于当前研发值,输入具体数值后,右下角会明确标出所需的具体费用。

(4)确认研发计划后,点击图标④"研发"按钮。

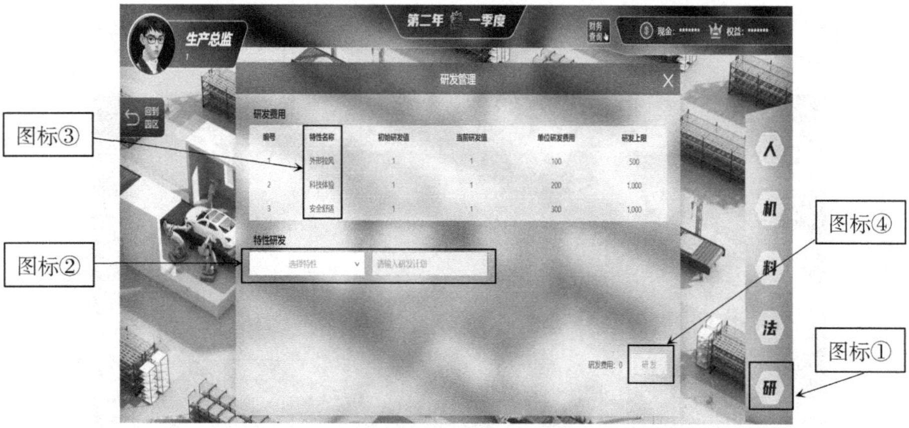

图 8-57　研发管理

8.5.3.5　产品图纸设计(BOM)管理

在数智企业经营管理沙盘系统中，第二年的产品图纸设计(BOM)管理操作如下(如图 8-58 所示)：

(1)点击图标①“法”按钮，进入产品设计页面。此页面主要用于为基础产品增加特性，以突出产品特点。

(2)根据图例，点击图标②，在“产品原型”中选择产品类型(具体需求请参考市场调研详情)。

(3)在图标③处增加“特性”，选择相应的特性名称。

(4)配置完成后，及时点击图标④“确定”，以避免遗漏。

(5)可通过图标⑤“历史版本查询”查看以往的配置详情。

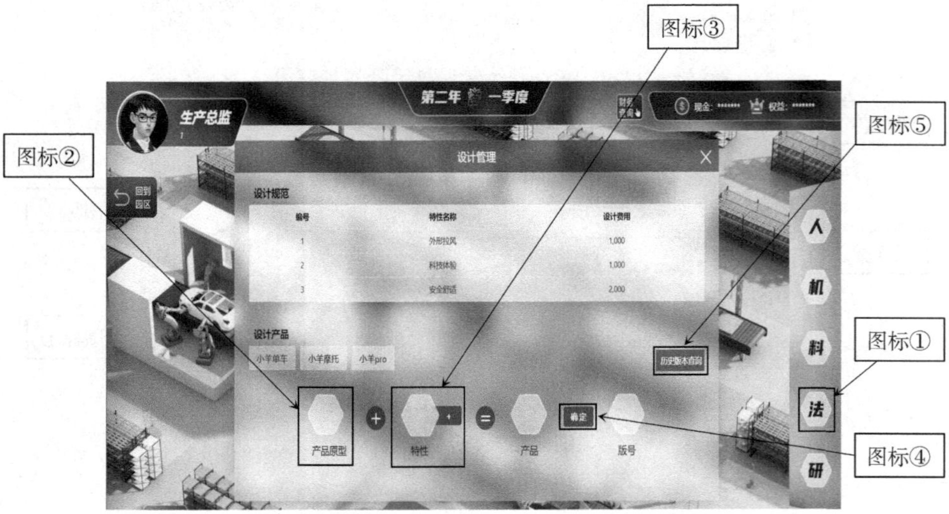

图 8-58　产品图纸设计(BOM)管理

8.5.4　人力总监

第二年经营,人力总监点击“人”进入营销总监页面,完成人力总监招聘管理、人才留用管理、岗位管理、培训管理及激励(涨薪)管理等岗位任务。

8.5.4.1　招聘管理

在数智企业经营管理沙盘系统中,第二年的招聘管理操作如下(如图 8-59、图 8-60 所示):

(1)点击图标①“人”按钮,进入“人力总监”页面。

(2)点击图标②“选”按钮,进入招聘管理页面,在此页面可以查看市场的人力状况。

(3)在图标③处,对比等级、基础效率和渴望薪资,选择性价比高的工人。之后,可以点击图标⑤发放薪水(渴望薪资即月薪)。

(4)图标④是一个切换按钮,点击后可以查看更多人员信息。

(5)已发放的薪水信息会显示在首页,刷新页面后可以查看薪水详情并进行编辑。

图 8-59　招聘管理(1)

图 8-60　招聘管理(2)

8.5.4.2　人才留用管理

在数智企业经营管理沙盘系统中,第二年的人才留用管理操作如下(如图 8-61 所示):

(1)点击图标①“用”按钮,查看已雇佣的人员列表。

(2)通过图标②区域来操作决定人员是否继续雇佣或解雇。需要注意的是,解雇人员时需支付 $N+1$ 倍的工资,支付完成后方可解雇。

(3)点击图标③"统一发薪"按钮来发放本季度的薪资。薪资按季度发放。如果首次遗漏发薪,将扣减50%的工作效率;若连续两次未主动发薪,工人将自动离职,并按解雇规则发放工资。

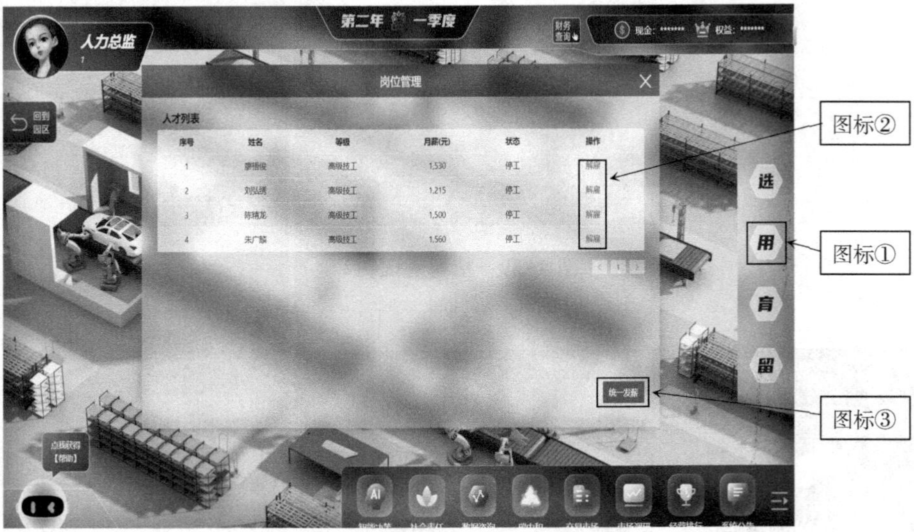

图 8-61 人才留用

8.5.4.3 岗位管理

在数智企业经营管理沙盘系统中,第二年的岗位管理操作如下(如图 8-62):

(1)点击图标①"用"按钮来查看岗位管理。

(2)通过图标②来调整人员是否继续雇佣或解雇(解雇人员需支付 N+1 倍工资,工资支付完成后即可解雇人员)。

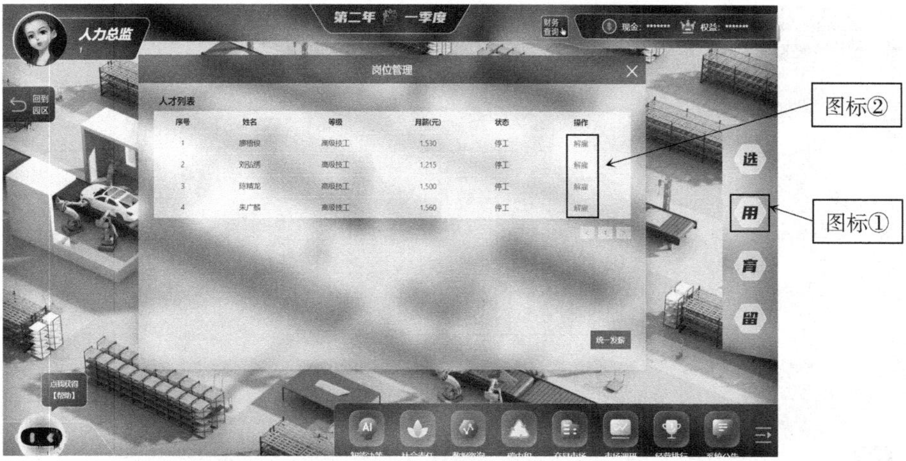

图 8-62　岗位管理

8.5.4.4　培训管理

在数智企业经营管理沙盘系统中,第二年的培训管理操作如下(如图 8-63):

(1)点击图标①"育"按钮,以查看当前员工的等级。根据查看结果,决定是否需要提升员工的等级。

(2)通过操作图标②所指示的区域,可以增加或减少参与培训的员工人数。需要注意的是,每次培训最多可以提升 4 位员工的等级,而总费用固定为 5 000 元,即使员工人数发生变化,费用也不会改变。

(3)配置完成后,点击图标③,即"开始培训"按钮。完成培训后,员工的等级将得到提升,相应的工资也会翻倍,但工作效率保持不变。

图 8-63　培训管理

8.5.4.5　激励(涨薪)管理

在数智企业经营管理沙盘系统中,第二年的激励(涨薪)管理操作如下(如图 8-64):

(1)点击图标①“留”按钮,查看员工的等级及当前的工作效率。

(2)通过点击图标②“涨薪”和图标③“激励”的选项,可以提升员工的工作效率。具体来说,通过“涨薪”可以提升 36%的工作效率,而通过“激励”可以提升 6%的工作效率。

(3)值得注意的是,“激励”这一操作不会改变员工的工资水平,它仅用于提升工作效率。

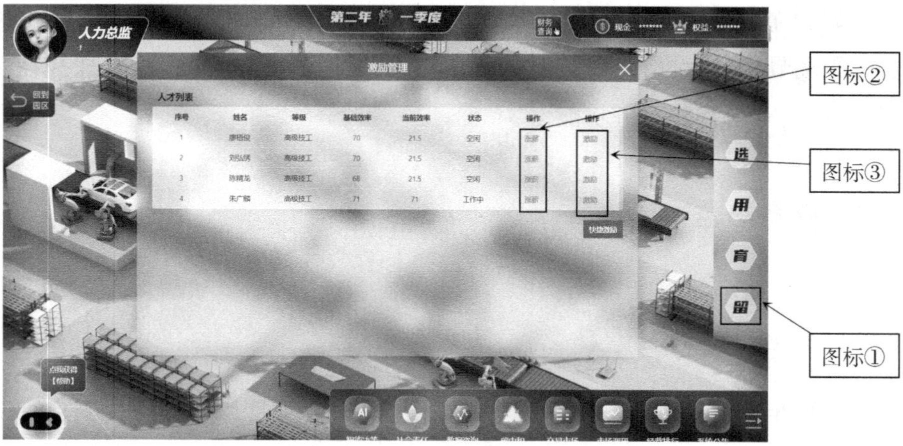

图 8-64 激励(涨薪)管理

8.6 第三年模拟经营

在第三年经营开始时,财务总监应当进入财务总监页面,根据岗位任务清单,分别完成融资管理、应收账款管理、应付账款管理、费用管理、预算控制管理以及报表管理。

在财务总监的任务栏中,通过点击图标①“控”按钮进入第三年度预算控制划拨页面。在图标②“本季度预算”下方填写 100 000 元,并点击图标③“确定”按钮,完成操作(如图 8-65 所示)。

图 8-65 第三年度预算

在数智企业经营管理沙盘系统中,学生在模拟经营的任何时间段,都可以点击应用场景中的大屏幕,以打开数字化转型解锁页面。本教程特别选择在第三年经营时,开启智能财务功能。

8.6.1　财务总监

8.6.1.1　融资管理

在数智企业经营管理沙盘系统中,第三年的融资管理操作如下(如图 8-66 所示):

(1)点击图标①进入融资管理页面,在该页面可以进行贷款操作。

(2)查看图标②区域以了解贷款规则,包括贷款时间、还款方式和利息。

(3)在图标③处的“融资决策”处进行贷款,并按照④⑤⑥的步骤依次进行。

(4)已贷款的款项信息,可以在图标⑦处查看,显示内容包括贷款时间、还款时间、额度以及利息。

(5)每年贷款的总金额等于上年度所有者权益的三倍(短期贷款还清后再贷,长期贷款则需查看贷款年限)。

(6)图标⑧显示已贷额度与额度上限的比例。

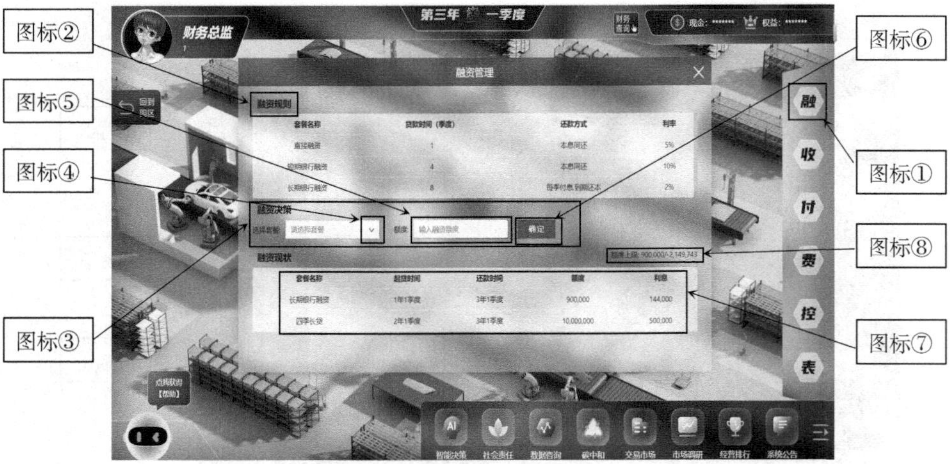

图 8-66　融资管理

8.6.1.2　应收账款管理

在数智企业经营管理沙盘系统中，第三年的应收账款管理操作如下（如图 8-67 所示）：

（1）点击图标①“收”按钮，即可进入企业的应收账款管理页面。

（2）应收账款来源于经销商的订单交付，页面会显示其金额和应收日期。

（3）在应收账款可以收款的季度，图标②区域会展示应收账款的具体情况。在这一季度，可以操作收款，将应收账款转化为现金。

（4）如果当前季度未到应收账款的收款期，可以选择操作贴现，即提前收款，但需要支付贴息。贴现的季度与收款期之间的距离越长，所需支付的贴息就越高。

图 8-67　应收账款管理

8.6.1.3　应付账款管理

在数智企业经营管理沙盘系统中，第三年的应付款管理操作如下（如图 8-68 所示）：

（1）点击图标①“付”按钮，即可进入企业的应付账款管理页面。

（2）应付账款来源于供应商提供的货物，图标②区域会展示其金额、应付日期等相关信息。

（3）在应付账款可以付款的季度，可以操作付款，将现金转化为应付账款。

（4）如果当前季度未到应付账款的付款期，可以选择提前付款，但这会占用现金，可能影响现金流状况。

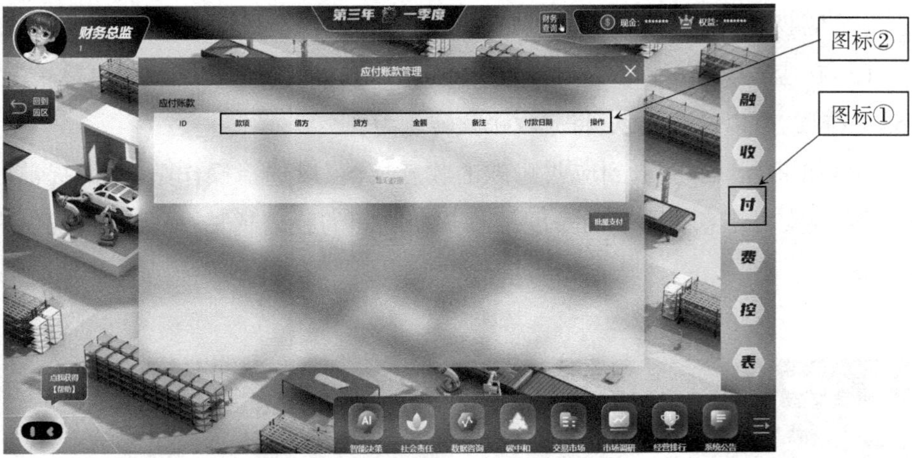

图 8-68 应付账款管理

8.6.1.4 费用管理

在数智企业经营管理沙盘系统中，第三年的费用管理操作如下（如图 8-69 所示）：

（1）点击图标①“费”按钮，即可进入企业的费用管理页面。

（2）费用是指每季度必须支付的款项，如果延期支付，将会扣减企业的商誉值。图标②区域显示款项名称、金额、标准说明以及操作选项。

（3）款项内容包括管理费用、维修费用、利息和本金等，不同季度需要支付的费用项目可能会有所不同。

（4）点击图标③“缴纳”按钮，即可完成费用的支付操作。

图 8-69　费用管理

8.6.1.5　预算控制管理

在数智企业经营管理沙盘系统中,第三年的预算控制管理操作如下(如图 8-70 所示):

(1)通过点击图标①“控”按钮,进入预算控制页面。该页面显示了部门名称、上季度的预算金额、上季度的实际使用金额以及使用率。

(2)图标②区域列出了不同的部门,包括市场营销部、生产设计部和人力资源部。每个部门的预算费用各不相同,需要经过详细预算后在图标③的位置填写相应的预算信息。

(3)填写完毕后,点击图标④“确定”按钮提交预算(每季度都需要填写,一旦确定后不可更改)。

(4)在“本季度预算”栏目中,应根据实际情况如实填写预算金额。如果使用率低于 80%或高于 120%,都会导致企业商誉值的扣减。

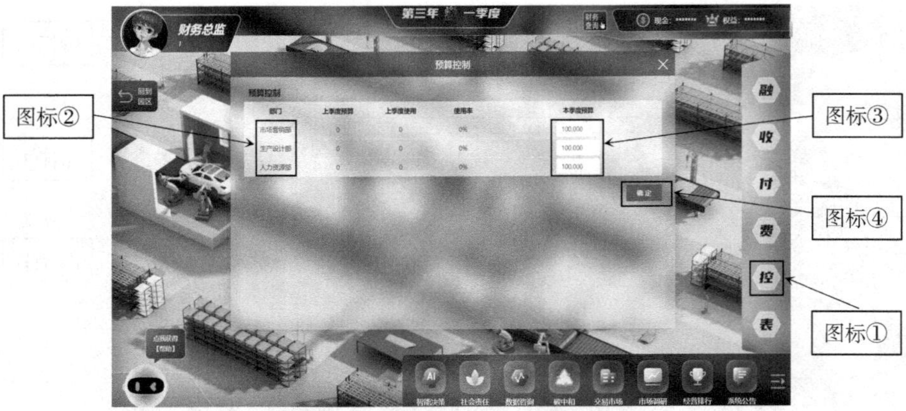

图 8-70　预算控制管理

8.6.1.6　报表管理

在数智企业经营管理沙盘系统中,第三年的报表管理操作如下(如图 8-71 所示):

(1)点击图标①“表”按钮,进入报表管理页面。

(2)报表分为三部分,分别是资产负债表、利润表和现金流量表。

(3)在图标②的“资产负债表”中,各项数据会自动生成,详细展示企业的资产和负债状况。

(4)图标③处显示的数据左右两边始终保持平衡。

图 8-71　报表管理

8.6.2　营销总监

在第三年经营中，点击“销”按钮进入营销总监页面，完成营销总监的市场开拓管理、广告投放管理、产品资质管理、竞单管理、促销管理及支付管理等岗位任务。

在第三年经营时选择开启数字化营销。简单来说，数字化营销的解锁需要投入时间和金钱资源。点击“数字化营销”按钮，经过一定的时间，经营即可进入数字化营销时代。

8.6.2.1　市场开拓管理

在数智企业经营管理沙盘系统中，第三年的市场开拓管理应用操作如下（如图 8-72）：

（1）在营销总监页面点击图标①“渠”按钮，进入销售渠道管理页面，该部分包含渠道规则和渠道管理功能。

（2）图标②区域显示企业渠道的名称、开发周期以及所需金额。特别需要注意的是，不同的开发周期会影响渠道的使用时间。

（3）图标③是渠道管理功能，其中包括开拓费用、完成期和操作选项。完成期指的是该市场可使用的时间点，根据需求可以选择开拓不同的市场。

（4）点击图标④即可完成市场开拓管理操作，此举会影响企业的现金和所有者权益。

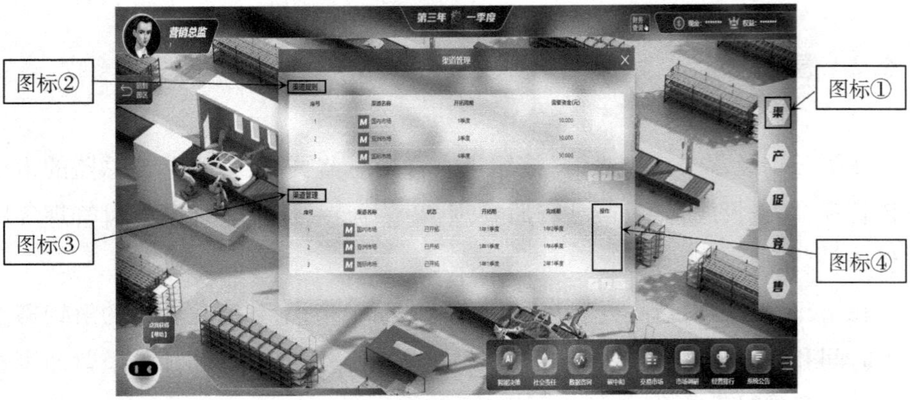

图 8-72　市场开拓管理

8.6.2.2　广告投放管理

在数智企业经营管理沙盘系统中，第三年的广告投放管理操作如下（如图 8-73 所示）：

（1）点击图标①“促”按钮进行促销广告投放，该图标包含市场名称、当前知名度、当前排名以及操作选项。

（2）使用图标②来区分不同的市场，然后点击图标③填写投放金额，即可完成广告投放。

（3）完成投放后，图标④会显示当前广告额在总市场中的排名。促销广告的投放额度高低将影响选单的顺序，投放额度高的广告将享有优先选单的权利。

（4）在广告投放时间结束之前，只能增加广告额度，不能减少。

（5）广告费用的支出将影响企业的现金和所有者权益。

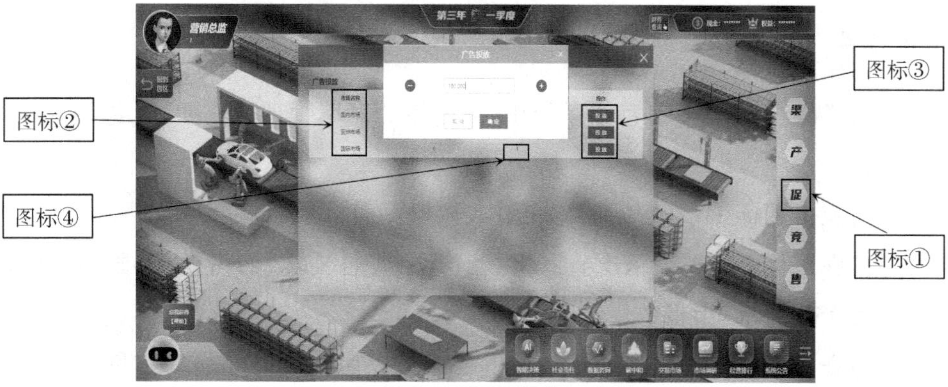

图 8-73　促销广告投放

8.6.2.3　产品资质管理

在数智企业经营管理沙盘系统中，第三年的产品资质管理操作如下（如图 8-74）：

（1）点击图标①“产”按钮，即可进入产品管理页面。

（2）通过点击图标②和图标③，可以在产品资质页面依次查看产品资质规则、ISO 认证规则、产品资质状态以及 ISO 认证状态。

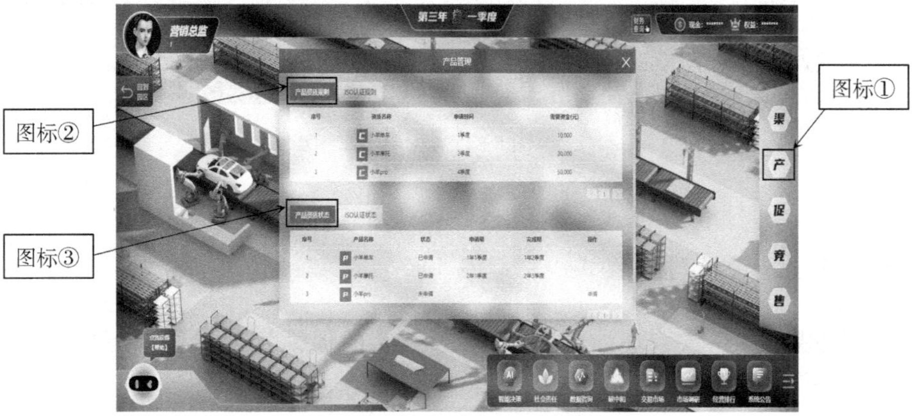

图 8-74　产品管理

8.6.2.4　竞单管理

在数智企业经营管理沙盘系统中，第三年的竞单管理操作如下（如图 8-75 所示）：

（1）点击图标①“竞”按钮，即可进入竞单页面。

（2）在图标②区域中依次查看市场、产品、特性需求、参考价格、数量、交货期、账期、ISO 要求、申报数量和操作。

（3）在竞单开放期间，点击图标③，各组可以申请所需产品的数量，申报数量在开放时间内可随时调整（申报价格不可高于市场价）。

（4）在图标④区域，可以查看已获取的订单（并非所有申请的订单都能成功获取）。

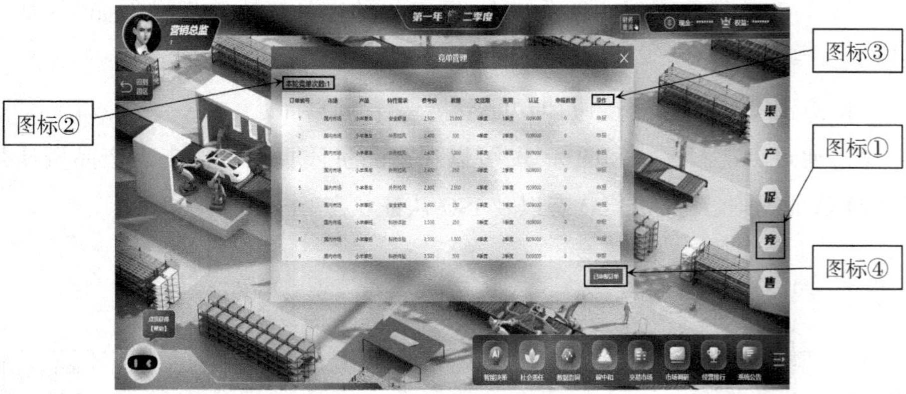

图 8-75　竞单

8.6.2.5　促销管理

在数智企业经营管理沙盘系统中，第三年的促销管理操作如下（如图 8-76）：

（1）点击图标①“促”按钮，即可进入促销管理页面。

（2）在产品资质页面，点击图标②，依次查看广告投放。

图 8-76　促销管理

8.6.2.6　支付管理

在数智企业经营管理沙盘系统中,第三年的支付管理操作如下(如图 8-77 所示):

(1)点击图标①"售"按钮,可以查看销售订单详情页面。

(2)图标②区域显示经销商订单信息,包含了 ID、订单编号、市场、产品、特性需求、数量、交货期、账期、金额等。

(3)必须在对应的季度内按时完成交货,延迟交货将会产生违约金。

(4)当"交货"完成后,库存会相应减少,而"账期"指的是在多长时间后可以收货,这部分款项统称为应收账款。

图 8-77　支付管理

8.6.3　生产总监

在第三年的经营中，生产总监点击“产”按钮进入系统，以完成以下岗位任务：人工管理、设备管理、库存管理、产品研发管理、产品图纸设计（BOM）管理、开启智能生产、碳排放管理以及社会责任管理。

8.6.3.1　人工管理

在数智企业经营管理沙盘系统中，第三年的人工管理操作如下（如图 8-78 所示）：

（1）点击图标①“生产总监”按钮，进入生产总监界面。图标②“人”用于进行人工管理操作。

（2）在图标③中填写工人招聘需求，应根据实际情况填写“招聘需求”（例如，初级工、高级工各需几个）。

（3）生产线开产前，需配置工人，通过图标④进行配置（具体配置情况应依照详细规则）。

（4）配置完成的产线，会在图标⑤中显示实际产量。

（5）点击图标⑥“保存”按钮，即可保存操作。

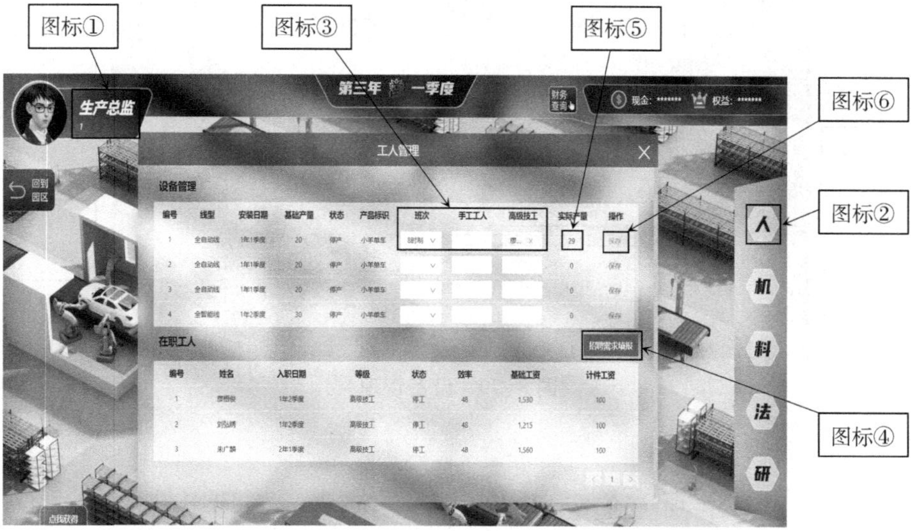

图 8-78　人工管理

8.6.3.2　设备管理

在数智企业经营管理沙盘系统中，第三年的设备管理操作如下（如图 8-79 所示）：

（1）通过图标①“机”查看企业生产线详情。图标②位置中显示生产线概况，可查看线型、安装时间、基础产品、状态、产品标识、净值等信息。

（2）在图标③处选择新增生产线，应按需填写线型和产品名称。

（3）图标④为操作区，开产之前需进行“更新 BOM”操作，设置完成后点击“开产”。

（4）如需进行“拆除”或“转产”操作，应在“开产”之前完成。

（5）企业最多能容纳 16 条生产线。

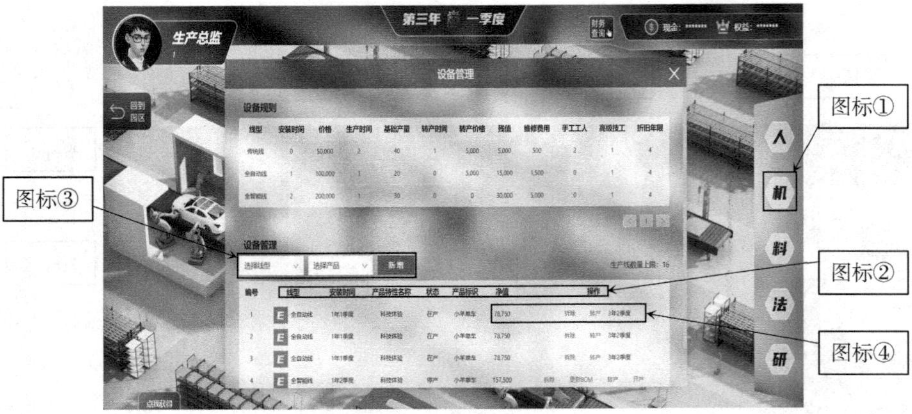

图 8-79　设备管理

8.6.3.3　库存管理

在数智企业经营管理沙盘系统中，第三年的库存管理操作如下（如图 8-80 所示）：

（1）通过图标①“料”查看企业原材料库存详情。图标②位置中显示生产线概况，可查看原料订单、原料库存、产品库存等信息。

（2）在图标③处选择原料商店，应按需填写原料数量，设置完成后点击“下单”。

图 8-80　库存管理

8.6.3.4　产品研发管理

在数智企业经营管理沙盘系统中，第三年的产品研发管理操作如下(如图 8-78 所示)：

(1)点击图标①“研”按钮进入页面。

(2)在图标②中选择待提升特性的产品(详情请查看市场调研)。产品特性的提升将增加企业的知名度，并提供优先选单的机会。

(3)图标③中的研发计划值不可低于当前的研发值。输入具体数值后，右下角会明确标示出所需的具体费用。

(4)确定研发后，点击图标④的“研发”按钮完成操作。

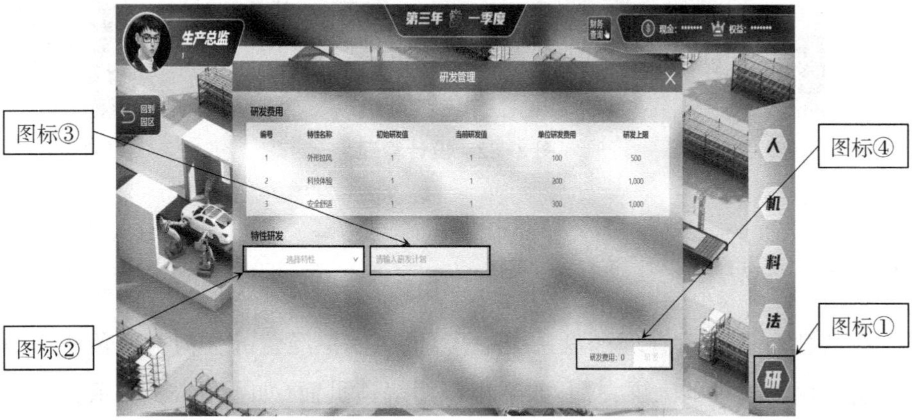

图 8-81　研发管理

8.6.3.5　产品图纸设计(BOM)管理

在数智企业经营管理沙盘系统中，第三年的产品图纸设计(BOM)管理操作如下(如图 8-82 所示)：

(1)点击图标①“法”按钮，进入产品设计页面。该页面主要用于为基础产品增加特性，以突出产品的特点。

(2)点击图标②，在“产品原型”中选择产品类型(具体需求请参考市场调研的详细信息)。

(3)在图标③处增加“特性”,并选择相应的特性名称。

(4)配置完成后,及时点击图标④“确定”按钮,以避免遗漏。

(5)可通过“历史版本查询”功能查看以往的配置详情。

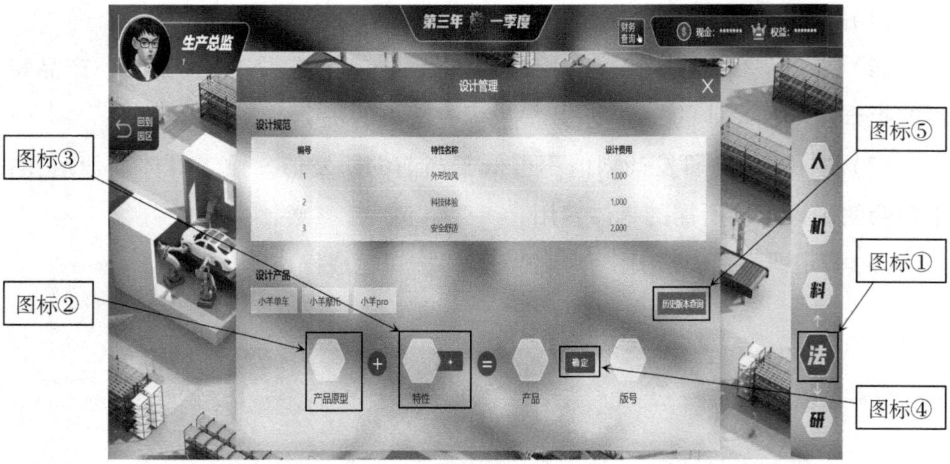

图 8-82　设计管理

8.6.3.6　开启智能生产

在数智企业经营管理沙盘系统中,学生在模拟经营的任何时间段内,都可以点击应用场景中的大屏,打开数字化转型解锁页面(如图 8-83 所示)。本教程选择在第三年经营时,开启智能生产。

图 8-83　开启智能生产

8.6.3.7　碳排放管理

在数智企业经营管理沙盘系统中，无论是生产线的运营还是产品的制造，均会产生碳排放。不同的生产线和产品种类会产生不同量的碳排放。将第二年设定为达峰年份，即以前两年的总碳排放量为峰值，从第三年开始，系统将根据这一峰值来分配碳排放额度。具体分配规则如下：

(1)设定上一次(第三年按前两年数据计算，第四年及以后，基于前一年数据计算)的总碳排放量为 A，N 支队伍分别为 $A_1, A_2, A_3, \cdots\cdots, A_N$。

(2) A_x 是每支队伍上年度实际碳排放量。

(3)每支队伍的碳排放量为：$A\times(1 - A_x/A)/(N - 1)$。

(4)需注意的是，当系统开放“双碳”时，一定要保证多组经营。仅单组经营时，无法被分配排放量。

8.6.3.8　社会责任管理

企业在为股东负责的同时，应当承担社会责任。在数智企业经营管理沙盘系统中，社会责任管理可通过捐款来体现。当教师开启“精准扶贫”功能时，在“社会责任”页面中的“捐款”按钮会被点亮，各企业便可以进行捐款。捐款的额度可按照比例进行税前扣除，捐款可以减免纳税。假设捐款金额 X 达到或超过其税前利润的 12%，则允许企业按税前利润的 12% 进行扣除。即：应交税费 = 税前利润 × (1 - 12%) × 20%。若 X 小于税前利润的 12%，则按实际的 X 值扣除。即：应交税费 = (税前利润 - X) × 20%。

8.6.4 人力总监

在第三年经营期间，人力总监点击“人”按钮进入营销总监页面，完成开启智能人力功能、招聘管理、人才留用管理、岗位管理、培训管理及激励管理等岗位任务。

8.6.4.1 开启智能人力功能

在数智企业经营管理沙盘系统中，学生可以在模拟经营的任何时间段点击应用场景中的大屏，打开数字化转型解锁页面。本教程选择在第三年经营时开启智能人力功能(如图 8-84 所示)。

(a)

(b)

图 8-84　开启智能人力功能

8.6.4.2　招聘管理

在数智企业经营管理沙盘系统中，第三年的招聘管理操作如下（如图 8-85 所示）：

（1）点击图标①“人”按钮进入“人力总监”页面。

（2）点击图标②“选”按钮进入招聘管理页面，可查看市场人力状况。

（3）在图标③处对比等级、基础效率、渴望薪资，选择性价比较高的工人后，点击图标④发放薪水（渴望薪资为月薪）。

（4）已发放的薪水会显示在第一页，刷新页面可查看薪水并进行编辑。

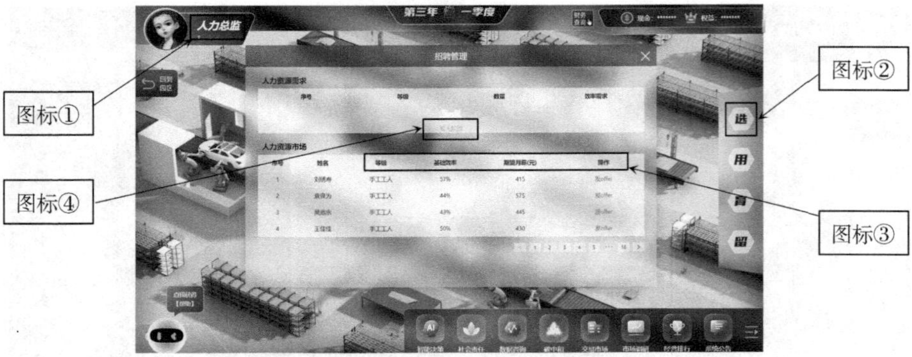

图 8-85　招聘管理

8.6.4.3　人才留用管理

在数智企业经营管理沙盘系统中,第三年的人才留用管理操作如下(如图 8-86 所示):

(1)点击图标①"用"来查看已雇佣的人员。

(2)通过图标②来决定是否继续雇佣或解雇人员(解雇人员需支付 N+1 倍的工资,支付工资完成后即可解雇人员)。

(3)通过图标③"统一发薪"发放本季度的薪资(按季度发放,首次遗漏发薪,将扣减 50%的工作效率;如连续两次未主动发薪,则工人将自动离职,并按解雇规则发放工人工资)。

图 8-86　人才留用

8.6.4.4　岗位管理

在数智企业经营管理沙盘系统中，第三年的岗位管理操作如下（如图8-87）：

（1）点击图标①"用"来查看岗位管理。

（2）通过图标②来决定是否继续雇佣或解雇人员（解雇人员时需支付 $N+1$ 倍的工资，完成工资支付后即可解雇人员）。

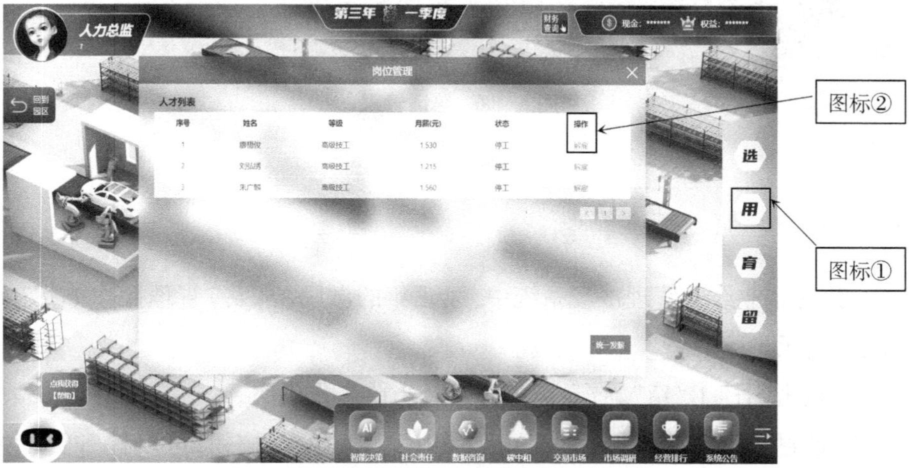

图8-87　岗位管理

8.6.4.5　培训管理

在数智企业经营管理沙盘系统中，第三年的培训管理操作如下（如图8-88所示）：

（1）点击图标①"育"按钮，查看员工等级，并决定是否提升员工等级。

（2）可通过操作图标②的区域来增加或减少培训人员。每次培训最多可提升4位员工的等级，总费用固定为5 000元（员工人数的改变不会影响总费用）。

（3）配置完成后，点击图标③"开始培训"按钮。培训完成后，员工的等级将增加，工资翻倍，但效率保持不变。

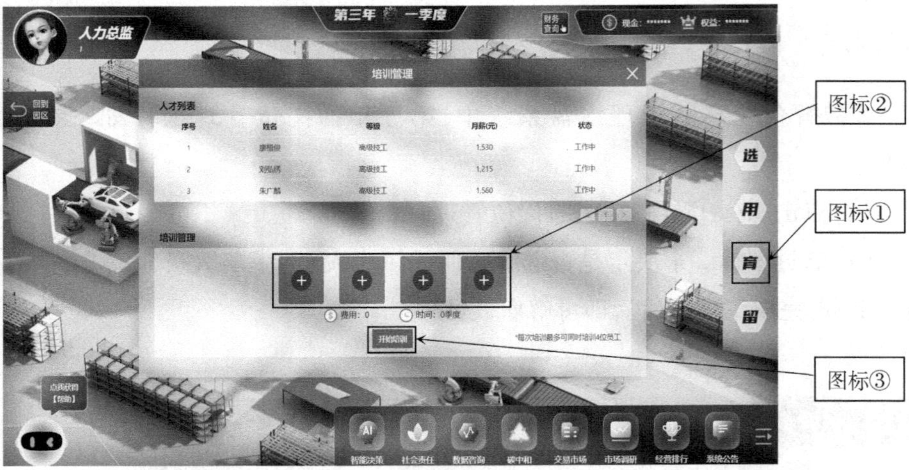

图 8-88　培训管理

8.6.4.6　激励(涨薪)管理

在数智企业经营管理沙盘系统中,第三年的激励(涨薪)管理操作如下(如图 8-89 所示):

(1)点击图标①“留”,查看员工等级及当前工作效率。

(2)通过点击图标②“涨薪”和图标③“激励”两个按钮,可以提升员工效率。涨薪可提升 36%的效率,而激励可提升 6%的效率。

(3)“激励”操作不会改变员工的工资。

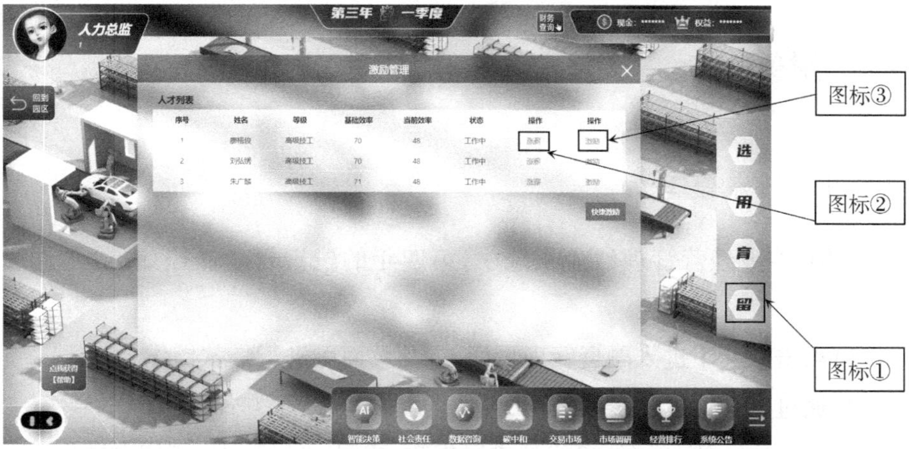

图 8-89　激励(涨薪)管理

8.7　第四年模拟经营

第四年经营开始时,财务总监应进入财务总监页面,完成融资管理、应收账款管理、应付账款管理、费用管理、预算控制管理和报表管理等任务。

在财务总监的任务栏中,通过点击“控”进行预算控制划拨。在图标①“本季度预算”下方填写 100 000,然后点击图标②“确定”,如图 8-90 所示。

图 8-90　第四年度预算

8.7.1 财务总监

8.7.1.1 融资管理

在数智企业经营管理沙盘系统中，第四年的融资管理操作如下（如图 8-91）：

（1）点击图标①进入融资管理页面，在此页面可进行贷款操作。

（2）通过查看②了解贷款规则，包括贷款时间、还款方式及利息。

（3）在图标③的“融资决策”处进行贷款，按照④⑤⑥的步骤依次操作。

（4）已贷款的款项，可在图标⑦处查看，将显示贷款时间、还款时间、额度及利息。

（5）每年贷款总金额等于上年度所有者权益的三倍（短期贷款还款后再贷款，长期贷款需查看贷款年限）。

（6）图标⑧显示已贷额度与额度上限之比。

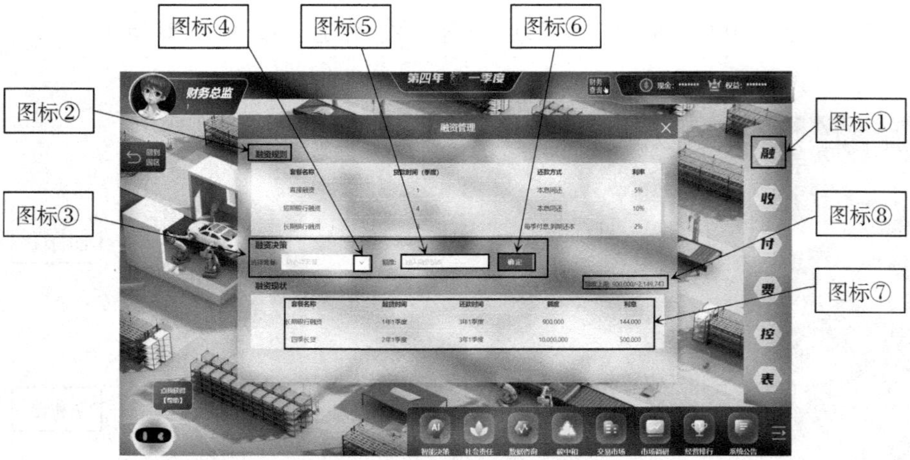

图 8-91　融资管理

8.7.1.2　应收账款管理

在数智企业经营管理沙盘系统中，第四年的应收账款管理的操作如下（如图 8-92）：

（1）点击图标①“收”按钮，即可打开企业的应收账款管理页面。

（2）应收账款来源于经销商的订单交付，页面将展示其金额和应收日期。

（3）应收账款可以在收款季度通过图标②展示的具体情况进行操作，将应收账款转化为现金。

（4）如果当前季度未到应收期，可以操作贴现提前收款，但需要支付贴息。贴现的季度距离收款期越长，所需支付的贴息越高。

图 8-92　应收账款管理

8.7.1.3　应付账款管理

在数智企业经营管理沙盘系统中，第四年的应付账款管理操作如下（如图 8-93）：

（1）点击图标①“付”按钮，即可打开企业的应付账款管理页面。

（2）应付账款来源于供应商提供的货物，图标②区域将展示其金额、应付日期等详细信息。

(3)应付账款的操作通常在付款季度进行,此时可以将现金转化为应付账款。

(4)如果当前季度未到应付期,可以选择提前付款,但这会占用现金,影响企业的现金流状况。

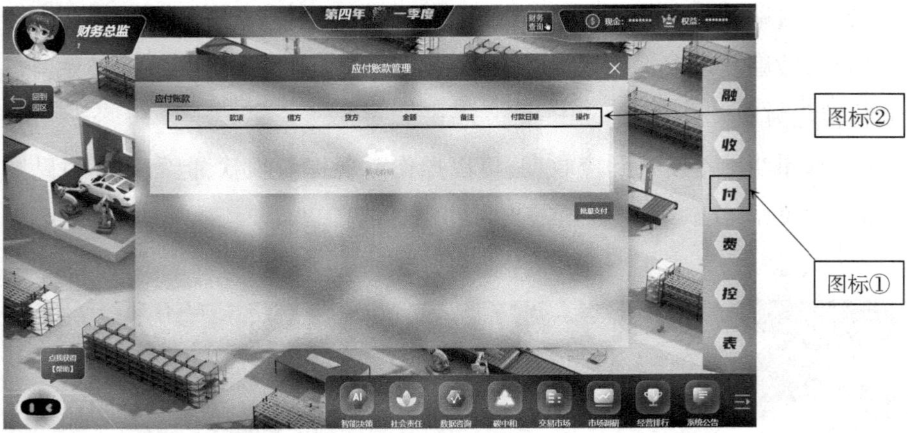

图 8-93　应付账款管理

8.7.1.4　费用管理

在数智企业经营管理沙盘系统中,第四年的费用管理操作如下(如图 8-94):

(1)点击图标①"费"按钮,即可打开企业的费用页面。

(2)费用指的是每季度必须支付的款项,延期支付将扣减企业商誉值。页面包含款项名称、金额、标准说明以及操作选项。

(3)图标②区域包括管理费用、维修费用、利息和本金,不同的季度需要支付的费用可能会有所不同。

(4)点击图标③"缴纳"按钮,即可完成费用的缴纳操作。

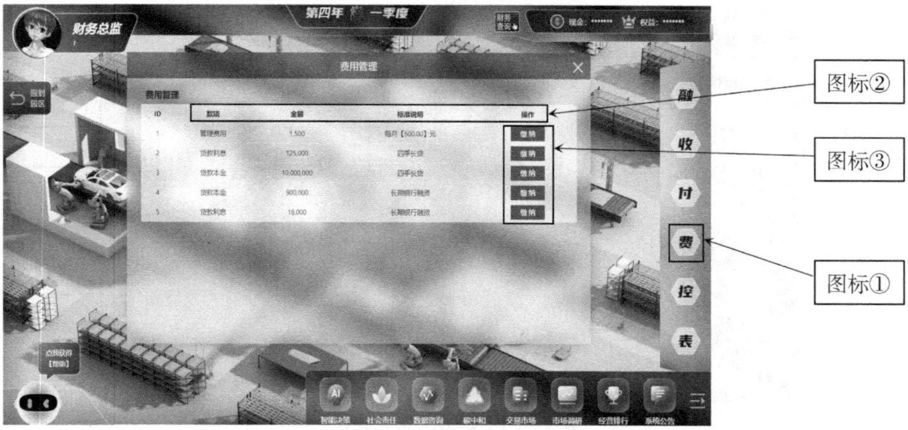

图 8-94　费用管理

8.7.1.5　预算控制管理

在数智企业经营管理沙盘系统中,第四年的预算控制管理操作如下(如图 8-95):

(1)点击图标①"控"按钮,进入预算控制页面,该页面包含部门名称、上季度预算、上季度使用情况及使用率。

(2)图标②区域显示的部门包括市场营销部、生产设计部和人力资源部,各部门的预算费用不同,需要经过详细预算后在图标③处填写相关内容。

(3)填写完毕后,点击图标④"确定"按钮。每季度都需要填写一次,一旦确定后不可更改。

(4)"本季度预算"应根据实际情况如实填写。如果使用率低于 80%或高于 120%,均会导致企业商誉值扣减。

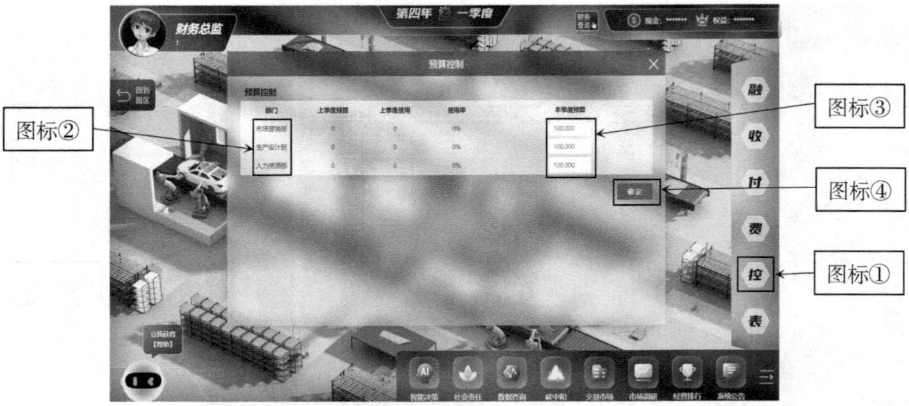

图 8-95　预算控制管理

8.7.1.6　报表管理

在数智企业经营管理沙盘系统中,第四年的报表管理操作如下(如图 8-96):

(1)点击图标①处的“表”按钮,进入报表管理页面。

(2)报表包含三大部分,分别是资产负债表、利润表和现金流量表。

(3)在图标②的“资产负债表”中,各项数据会自动生成,详细列出企业的资产和负债状况。

(4)图标③处的数值左右两边始终保持平衡。

图 8-96　报表管理

8.7.2　营销总监

在经营的第四年,点击“销”按钮进入营销总监页面,完成销售渠道应用管理、广告投放管理、产品管理、竞单管理、促销管理及交付管理等岗位任务。

8.7.2.1　销售渠道应用管理

在数智企业经营管理沙盘系统中,第四年的销售渠道应用管理操作如下(如图 8-97):

(1)在营销总监页面,点击图标①处“渠”按钮,进入销售渠道管理页面,该页面包含渠道规则和渠道管理。

(2)图标②“销售规则”,展示了企业渠道的名称、开发周期以及所需金额。特别需要注意的是,不同的开发周期会影响渠道的使用时间。

(3)图标③是渠道管理部分,包括开拓费、完成期和操作。完成期指的是该市场可以使用的具体时间,企业可以根据自身需求来开拓市场。

(4)点击图标④即可完成市场开拓操作。这一操作会影响企业的现金和所有者权益。

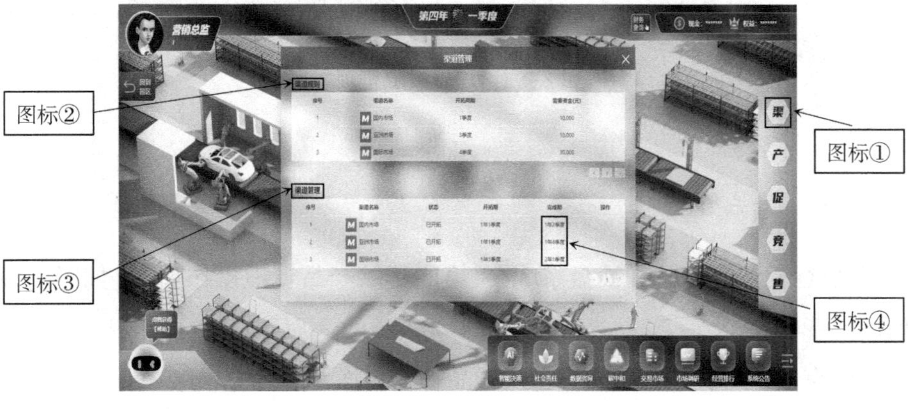

图 8-97　销售渠道应用

8.7.2.2 广告投放管理

在数智企业经营管理沙盘系统中，第四年的广告投放管理操作如下（如图8-98所示）：

（1）点击图标①“促”按钮，进行促销广告的投放。此步骤包括选择市场名称、查看当前知名度、当前排名以及进行相关操作。

（2）使用图标②来区分不同的市场，然后点击图标③填写投放的金额，这样就完成了广告的投放。

（3）投放完成后，图标④将显示当前广告额在所有市场中的排名。促销广告的效果将影响选单的顺序，广告效果越好，优先选单的机会越大。

（4）在广告投放时间结束之前，只能增加投放的额度。

（5）广告费用将直接影响企业的现金流和所有者权益。

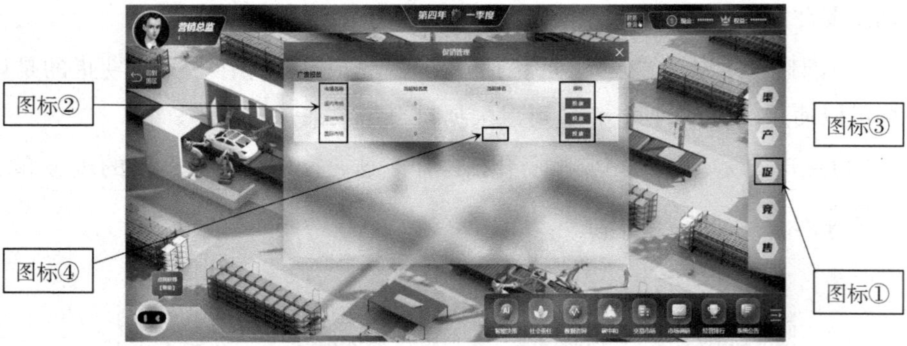

图8-98 广告投放管理

8.7.2.3 产品管理

在数智企业经营管理沙盘系统中，第四年的产品管理操作如下（如图8-99所示）：

（1）点击图标①“产”按钮，进入产品管理页面。

（2）在产品管理页面中，点击图标②和图标③，可以依次查看产品资质规则、ISO认证规则、产品资质状态以及ISO认证状态。

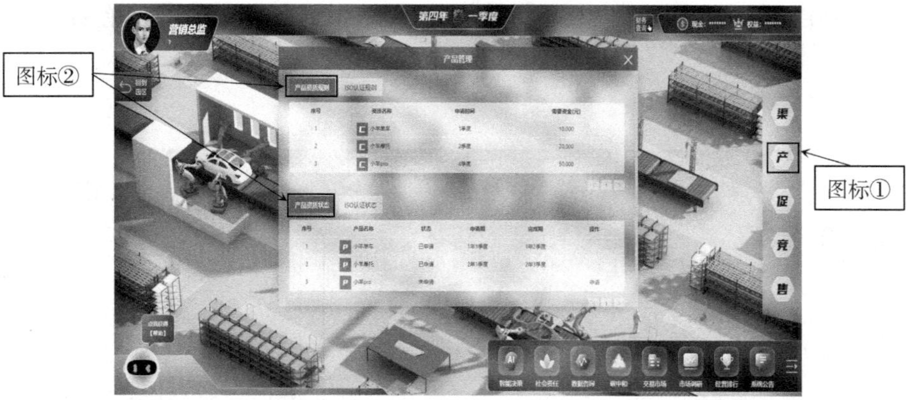

(a)

(b)

图 8-99　产品管理

8.7.2.4　竞单管理

在数智企业经营管理沙盘系统中，第四年的竞单管理操作如下（如图 8-100 所示）：

（1）点击图标①“竞”按钮，进入竞单页面。

（2）在竞单页面中，可以依次查看市场、产品、特性需求、参考价格、数量、交货期、账期、ISO 要求、申报数量以及操作选项。

（3）在竞单开放期间，点击图标③，各组可以申请所需产品的数量，申报数量在开放时间内可以随时调整（申报价格不能高于市场价）。

(4)在图标④位置,可以查看已获取的订单(并非所有申请的订单都能成功获取)。

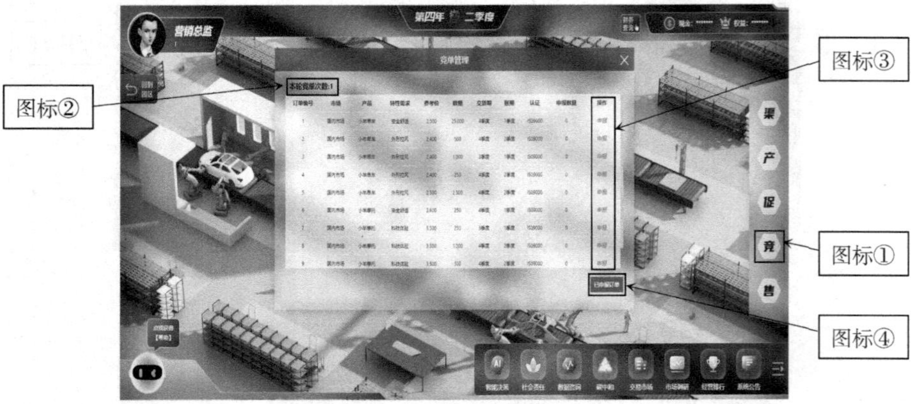

图 8-100　竞单管理

8.7.2.5　促销管理

在数智企业经营管理沙盘系统中,第四年的促销管理操作如下(如图 8-101 所示):

(1)点击图标①“促”按钮,进入促销管理页面。

(2)在促销管理页面,点击“投放”,可以依次查看广告投放的相关信息。

(3)点击“网络投放”按钮,即可完成网络广告的投放。

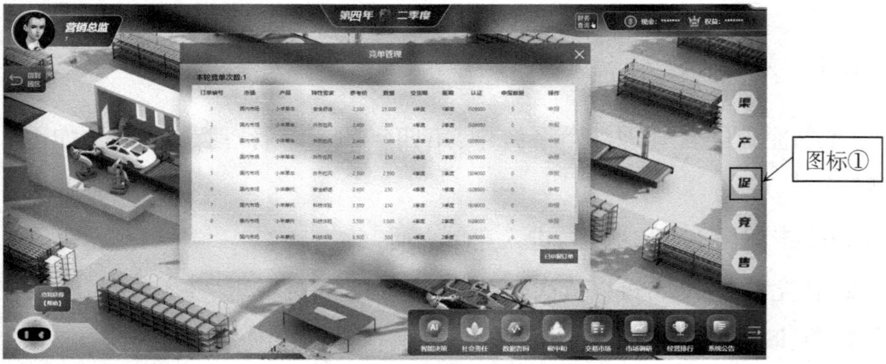

图 8-101　促销管理

8.7.2.6　交付管理

在数智企业经营管理沙盘系统中，第四年的交付管理操作如下（如图 8-102 所示）：

（1）点击图标①“售”按钮，以查看销售订单的详细页面。

（2）图标②区域展示经销商订单信息，包括 ID、订单编号、市场、产品、特性需求、数量、交货期、账期、金额等。

（3）需要在相应的季度内按时完成交货（如图标③）；延迟交货将会产生违约金。

（4）完成“交货”后，库存会减少，“账期”指的是可以收取货款的时间，统称为应收账款。

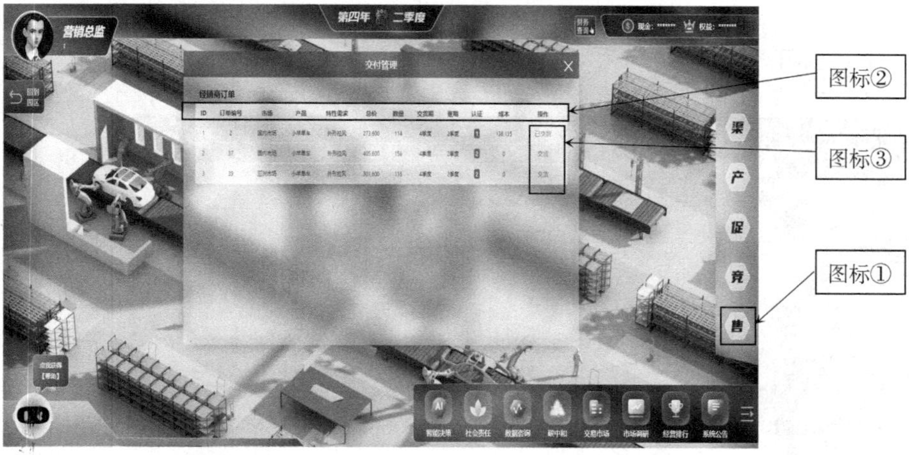

图 8-102　交付管理

8.7.3　生产总监

第四年的经营中，生产总监点击“产”按钮进入生产总监页面，完成人工管理、设备管理、库存管理、研发管理、产品图纸设计（BOM）管理及碳排放管理等岗位任务。

8.7.3.1 人工管理

在数智企业经营管理沙盘系统中，第四年的人工管理操作如下（如图 8-103）：

（1）点击图标①“生产总监”按钮以进入生产总监界面，然后点击图标②“人”按钮进行人工管理操作。

（2）在图标③区域填写工人招聘需求，应根据实际情况详细填写所需招聘的工人类型和数量（例如：初级工、高级工各需招聘几名）。

（3）在生产线开始生产前，需要配置工人，通过图标④进行配置操作。具体的配置情况应遵循系统提供的详细规则。

（4）配置完成后，产线的实际产量将在图标⑤中显示。

（5）最后，点击图标⑥“保存”按钮以保存所有操作。

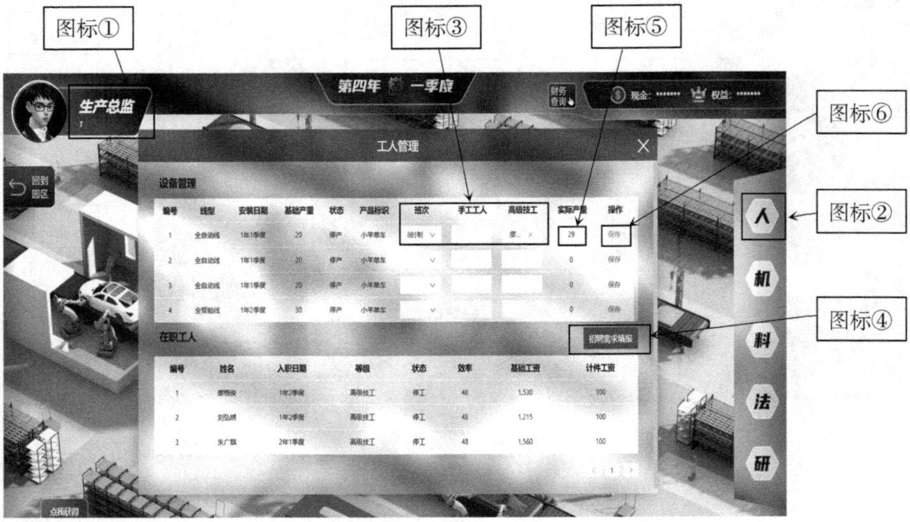

图 8-103　人工管理

8.7.3.2 设备管理

在数智企业经营管理沙盘系统中，第四年的设备管理操作如下（如图 8-104）：

(1)通过点击图标①“机”按钮查看企业的生产线详情。在图标②区域,可以查看生产线的概况,包括线型、安装时间、基础产品、状态、产品标识以及净值等信息。

(2)在图标③处选择新增生产线,并根据需要填写线型和产品名称。

(3)图标④为操作区,在开产之前需要进行“更新 BOM”操作,设置完成后点击“开产”。

(4)如果需要进行“拆除”或“转产”操作,也应在“开产”之前完成。

(5)企业最多能容纳 16 条生产线。

图 8-104　机器设备管理

8.7.3.3　库存管理

在数智企业经营管理沙盘系统中,第四年的库存管理操作如下(如图 8-105):

(1)通过点击图标①“料”按钮查看企业的原材料库存详情。在图标②区域,可以查看原料订单、原料库存以及产品库存等信息。

(2)在图标③处选择原料商店,并根据需要填写原料数量,设置完成后点击“下单”按钮。

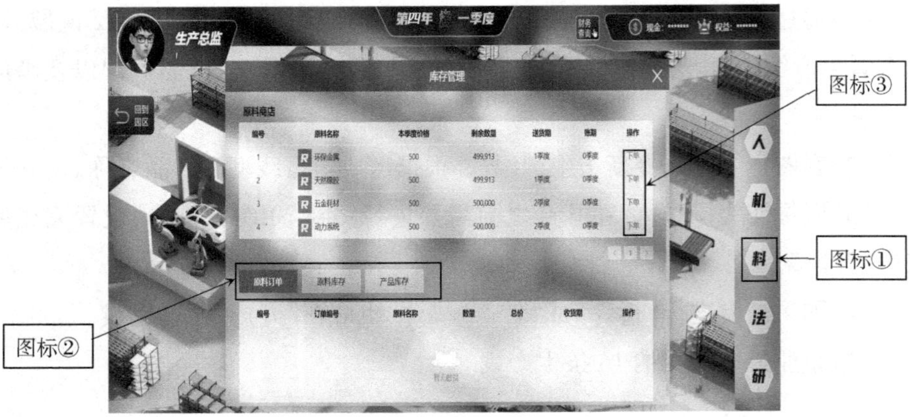

图 8-105　库存管理

8.7.3.4　研发管理

在数智企业经营管理沙盘系统中，第四年的研发管理操作如下（如图 8-106）：

（1）点击图标①“研”按钮来提升产品特性。产品特性的提升将增加企业的知名度，并提供优先选单的机会。

（2）在图标②中选择需要提升特性的产品（详细信息可查看市场调研）。

（3）在图标③中设置研发计划，研发值不能低于当前水平。输入值后，右下角会明确标出所需的具体费用。

（4）确定研发计划后，点击图标④“研发”按钮以执行研发操作。

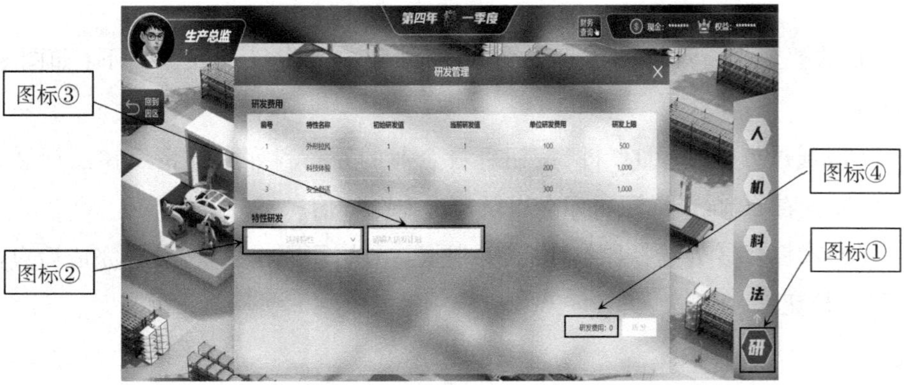

图 8-106　研发管理

8.7.3.5　产品图纸设计(BOM)管理

在数智企业经营管理沙盘系统中，第四年的产品设计管理操作如下（如图 8-107）：

（1）点击图标①“法”按钮，进入产品设计页面。此页面主要用于为基础产品增加特性，以突出产品特点。

（2）点击图标②，在“产品原型”中选择产品类型（详细需求可参考市场调研）。

（3）在图标③处增加“特性”，选择相应的特性名称。

（4）配置完成后，及时点击图标④“确定”按钮，以避免遗漏任何设置。

（5）还可以通过“历史版本查询”功能查看以往的配置详情。

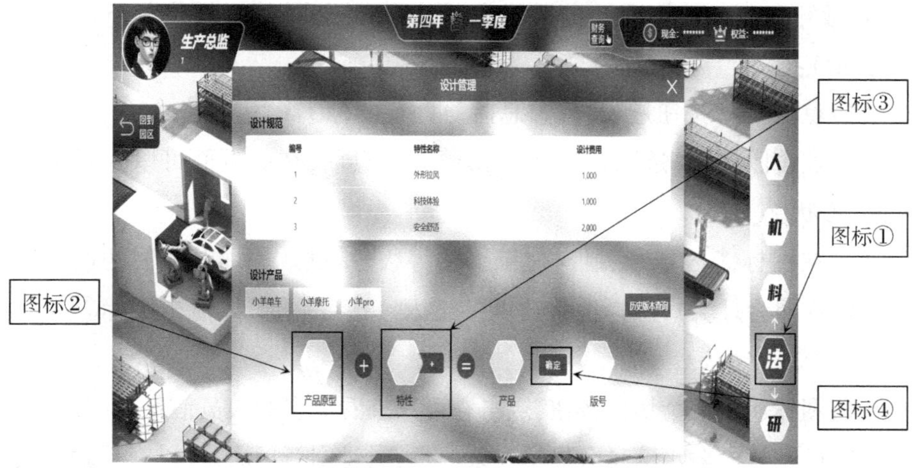

图 8-107　设计管理

8.7.3.6　碳排放管理

在数智企业经营管理沙盘系统中，第四年的碳排放量分配是基于各企业在该年度内实际产生的碳排放总量来确定的。自第四年起，企业每年都会根据上一年度的碳排放量来获得相应的碳排放配额。具体来说，上一年度碳排放量越高的企业,本年度获得的碳排放配额会越少。

从第四年开始,企业可以通过植树造林等活动来中和其产生的碳排放量。需要注意的是,中和掉的碳排放量并不意味着企业碳排放量的增加,而是直接作用于企业的碳排放中和率这一指标上。企业最终的经营得分将根据每年的中和率进行相应的加分。

8.7.4 人力总监

在第四年的经营活动中,人力总监需要通过点击“人”选项进入对应页面,以完成一系列与人力资源相关的岗位任务。这些任务包括招聘管理、人才留用、发放薪资管理、岗位管理、培训管理以及激励管理等。

8.7.4.1 招聘管理

在数智企业经营管理沙盘系统中,第四年的招聘管理操作如下(如图 8-108 所示):

(1)点击“人”按钮进入“人力总监”页面(图标①)。

(2)点击图标②“选”按钮,进入招聘管理页面,在此页面可以查看市场的整体人力状况。

(3)在图标③区域,通过对比工人的等级、基础效率以及他们的期望薪资(期望薪资即为月薪),选择性价比高的工人。选定后,可以点击图标⑤来发放薪水。

(4)图标④是一个切换按钮,点击它可以查看更多的人员信息。

(5)已发放的薪水信息会显示在第一页,通过刷新页面,可以查看薪水发放情况并进行薪资的编辑等操作。

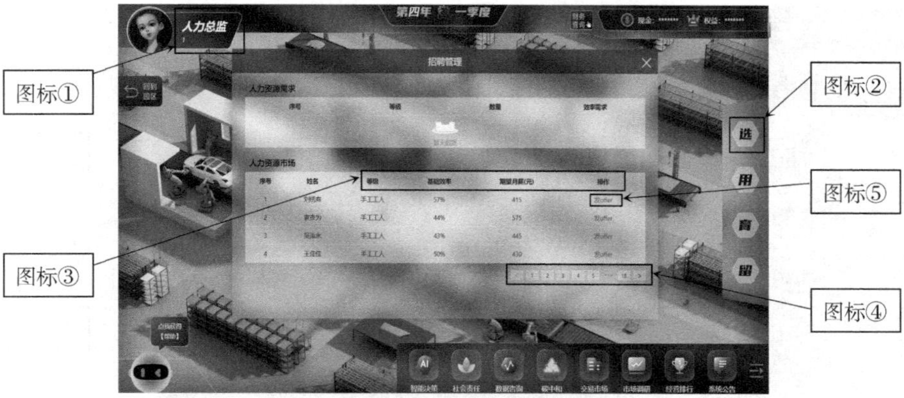

图 8-108 招聘管理

8.7.4.2 人才留用

在数智企业经营管理沙盘系统中,第四年的人才留用操作如下(如图 8-109 所示):

(1)点击图标①“用”按钮,以查看当前已雇佣的人员名单。

(2)利用图标②进行人员调整,决定是否继续雇佣或解雇。需要注意的是,解雇人员时需支付 $N+1$ 倍的工资,只有在支付完成后,才能正式解雇人员。

(3)通过图标③的“统一发薪”功能,发放本季度的薪资。薪资按季度计算,如果首次未按时发薪,将导致工人效率降低 50%;若连续两次未主动发薪,工人将自动离职,并且将按照解雇规则支付其工资。

图 8-109　人才留用

8.7.4.3　发放薪资管理

在数智企业经营管理沙盘系统中，第四年的发放薪资管理操作如下（如图 8-110 所示）：

（1）点击图标①“用”按钮，以查看员工的等级及当前的工作效率。

（2）通过“统一发薪”功能，并点击图标②“确定”按钮来完成薪资的发放。

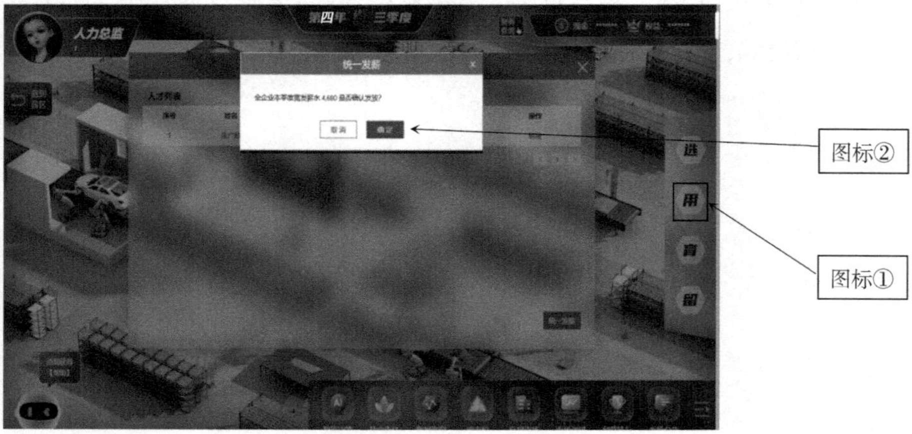

图 8-110　发放薪资管理

8.7.4.4　岗位管理

在数智企业经营管理沙盘系统中，第四年的岗位管理操作如下（如图 8-111 所示）：

（1）点击图标①“用”按钮，以查看岗位管理的相关信息。

（2）通过图标②来调整人员的雇佣状态，决定是否继续雇佣或解雇。需要注意的是，解雇人员时需支付 N+1 倍的工资，支付完成后方可解雇人员。

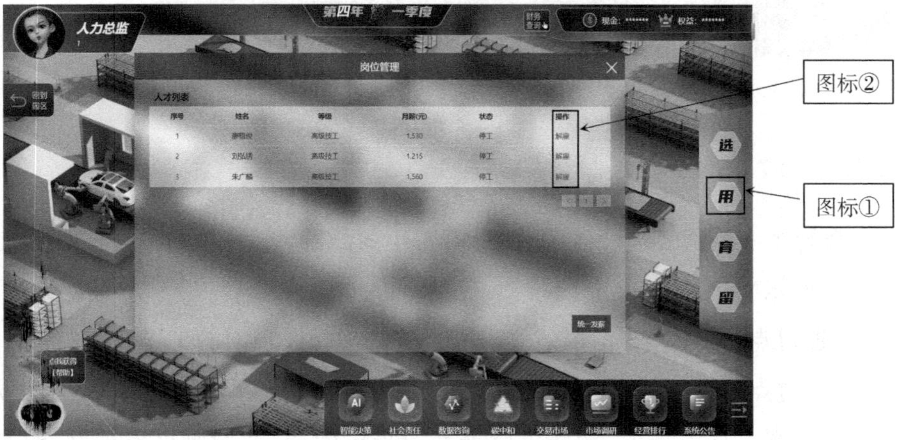

图 8-111　岗位管理

8.7.4.5　培训管理

在数智企业经营管理沙盘系统中，第四年的培训管理操作如下（如图 8-112 所示）：

（1）点击图标①“育”按钮，查看员工等级，以便决定是否提升员工等级。

（2）通过操作图标②区域来增加或减少培训人员。需要注意的是，培训管理一次最多可以提升 4 位员工的等级，而总费用固定为 5 000 元，员工人数的改变不会影响总费用。

（3）配置完成后，点击图标③“开始培训”按钮。培训后，员工的等级将得到提升，工资会翻倍，但工作效率保持不变。

图 8-112　培训管理

8.7.4.6　激励(涨薪)管理

在数智企业经营管理沙盘系统中,第四年的激励(涨薪)管理操作如下(如图 8-113 所示):

(1)通过点击图标①"留"按钮,查看员工的等级及当前的工作效率。

(2)通过点击图标②和图标③中的"涨薪"与"激励"两个选项,可以提升员工的工作效率。具体来说,涨薪可以提升 36%的效率,而激励可以提升 6%的效率。

(3)需要注意的是,"激励"这一操作不会改变工人的工资。

图 8-113　激励(涨薪)管理

思考题：

1. 数智企业经营管理沙盘不同季度的任务清单有何不同。
2. 市场预测对数智企业经营管理的影响。
3. 数智企业经营管理沙盘初始年经营策略有哪些。

第9章　数智企业经营管理沙盘数据分析

学习目标：

（1）分析并探索企业利润最大化的有效途径与策略。

（2）掌握营销策略的分析方法，学会策略对比，并找出最优方案。

（3）掌握生产计划制订技艺和提升工人工作效率的方法。

（4）理解经营过程中的难点，学习合理规划资金使用，掌握规避破产的方法。

（5）了解企业战略的重要性，能够在复杂多变的商业环境中，运用科学决策方法指导企业发展。

经过数智企业经营管理沙盘的实践，学生在首次经营过程中基本能够掌握沙盘流程，但还未能从全局角度运用战略思维进行科学决策，最终可能出现因现金流断流而破产的情况。因此，分析经营过程中需要考虑的决策点至关重要。通过制定营销策略、生产计划，以及优化工人效率等措施，帮助学生提高数智企业经营能力，从而使他们能够更顺利地经营企业，避免破产。

9.1　如何制定营销策略

企业经营的根本目的在于实现利润最大化。利润的获取不仅为企业争取到更多的银行贷款，从而支持市场拓展、产品研发、生产线购置、原材料采购以及员工招聘，进而扩大企业规模；同时，利润的增加也直接提升了企业的所有者权益。所有者权益是衡量企业经营稳健性的关键指标之一。因此，制定有效的营销策略是企业实现利润增长的重要途径。

根据企业订单得分的计算公式，有三种主要方式可以提升企业的总得分，包括促销广告（即知名度）、特性研发值以及报价。具体计算公式如下：

企业得分 = 知名度 + 市场占有率 × 商誉值 ×（参考价 − 报价）+ 特性值研发值

需要注意的是：

①知名度等同于广告费用的投入。

②市场占有率的初始值设定为 1。

③特性值代表生产管理中的特性研发值。

④促销广告和特性研发活动应在订货会之前进行，而报价则是在参加订货会进行订单申报时使用。

9.1.1　分析知名度、特性研发值、报价在不同情况下所产生的影响

知名度对于单个市场具有直接影响，而特性研发值则对所有具备该特性的产品产生效果，至于报价，它仅对单张订单起作用。

【案例 1】某张订单的报价为 2 800 元，企业的商誉值为 100 元，单位特性研发费用为 1 000 元。如果企业总共投入了 25 000 元的营销费用，则有以下几种情况。

情况 1：如果将这笔资金全部用于投放促销广告（按照满价竞拍，投放 1 个促销广告等于 1 知名度），数据如表 9-1 所示。

表 9-1　资金完全用于投放促销广告

知名度	市场占有率	商誉值	参考价	报价	特性值	企业得分
25 000	1	100	2 800	2 800	1 000×1	25 000+1×100×(2 800−2800)+1 000=26 000

情况 2：若将该笔资金用于投放特性研发（按满价竞拍），数据如表 9-2

所示。

表 9-2　资金完全用于投放特性研发

知名度	市场占有率	商誉值	参考价	报价	特性值	企业得分
0	1	100	2 800	2 800	1 000×(20 000/1 000)	0+1×100 ×(2 800−2 800)+25 000=25 000

对比两项得分可发现,单位特性研发费用为 1 000 元的情况下,将 25 000 元营销费用投资促销广告比投资特性值得分更高,应当将这笔费用用于投放促销广告。

情况 3:若希望通过降低报价的方式获得该张订单(不投促销广告、不调整研发特性值),数据如表 9-3 所示。

表 9-3　以降低报价形式获得订单

知名度	市场占有率	商誉值	参考价	特性值	企业得分	报价
0	1	100	2 800	1 000×1	26 000	2 800−(26 000−0−1 000) /100=2 550
0	1	100	2 800	1 000×1	25 000	2 800− (25 000−0−1 000) /100=2 560

结论一:当企业产品报价为 2 550 元时,才能与投放 25 000 元促销广告费用的得分相同。这一报价策略意味着每销售一个产品,利润将减少 250 元。如果企业申报销售两个产品,则总利润将减少 500 元;企业申报的产品数量越多,利润降低的幅度就越大。

降价减少的利润与营销费用的对比,通过表 9-4 展示。

表 9-4　降价减少的利润与营销费用对比(a)

单位:元

降价	申报数量/个	利润减少额	营销费用
250	99	250×99＝2 4750	24 750
250	100	250×100＝25 000	25 000
250	101	250×101＝25 250	25 250

从表格中可以看出,降价策略更为合适。如果企业计划出售的产品数量超过 100 个,那么选择投放促销广告可能更为经济有效。

结论二:当企业产品报价为 2 560 元时,其提升的特性值得分与投入 25 000 元营销费用的效果相同。然而,这一价格策略也意味着每个产品的利润将减少 240 元。对了深入剖析降价减少的利润与营销费用之间的对比关系,整理数据如表 9-5 所示。

表 9-5　降价减少的利润与营销费用对比(b)

单位:元

降价	申报数量/个	利润减少额	营销费用
240	104	240×104＝24 960	25 000
240	105	240×105＝25 200	25 000
240	106	240×106＝25 440	25 000

通过计算可以得出,如果企业计划销售的产品数量少于 104 个,那么在不增加额外营销费用的前提下,仅通过降价策略是更为合适的选择。相反,如果企业计划销售的产品数量超过 104 个,此时企业应当考虑提升特性研发值,通过产品本身的差异化优势来吸引更多消费者。

【案例 2】若某张订单报价为 1 000 元,企业商誉值为 100 元,单位特性研发费用为 500 元,企业有 25 000 元的营销费用,则有以下几种情况。

情况 1:若将该笔资金用于投放促销广告(按满价竞拍,投放 1 个促销广告＝1 知名度),如表 9-6 所示。

表 9-6 资金全部用于投放促销广告

知名度	市场占有率	商誉值	参考价	报价	特性值	企业得分
25 000	1	100	1 000	1 000	1 000×1	25 000+1×100×(1 000−1 000)+1 000=26 000

通过投放广告,企业能显著提升知名度,进而可能影响市场占有率和企业得分。

情况 2:若将该笔资金全部用于投放特性研发值,则能显著提升产品的特性值,从而增强产品竞争力(如表 9-7 所示)。

表 9-7 资金全部用于投放特性研发

知名度	市场占有率	商誉值	参考价	报价	特性值	企业得分
0	1	100	1 000	1 000	1 000×(25 000/500)=50 000	0+1×100×(1 000−1 000)+50 000=50 000

通过对比两项得分可以发现,在单位特性研发费用为 500 元的情况下,将 25 000 元营销费用投资于特性研发所获得的得分更高。因此,在这种情况下,应当将这笔费用用于提升企业的特性研发值。

情况 3:若以降低报价的方式获得该张订单(不投促销广告、不研发特性值),则如表 9-8 所示。

表 9-8 以降低报价方式获得订单

知名度	市场占有率	商誉值	参考价	特性值	企业得分	报价
0	1	100	1 000	1 000×1	26 000	1 000−(26 000−0−1 000)/100=750
0	1	100	1 000	1 000×1	50 000	1 000−(50 000−0−1 000)/100=510

结论一:当企业报价为750元时,其效果与投放25 000元促销广告费用的得分相当。然而,此报价意味着每个产品的利润将减少250元。降价减少的利润与营销费用的对比如表9-9所示。

表9-9　降价减少的利润与营销费用对比(a)

单位:元

降价	申报数量/个	利润减少	营销费用
250	99	250×99=24 750	25 000
250	100	250×100=25 000	25 000
250	101	250×101=25 250	25 000

通过计算可以得出,如果企业计划销售的产品数量少于99个,仅降价可能更为适宜。然而,如果企业计划销售的产品数量超过100个,投放促销广告可能更合适。

结论二:当报价降至510元时,效果等同于使用25 000元进行特性研发。然而,这一报价意味着每个产品的利润将减少490元。表9-10的对比显示,若企业计划销售的产品数量少于51个,那么降价策略更为适宜。然而,如果企业预期销售的产品数量超过51个,此时提升产品特性值将是更为有利。

表9-10　降价减少的利润与营销费用对比(b)

单位:元

降价	申报数量/个	利润减少	营销费用
490	51	490×51=24 990	25 000
490	52	490×52=25 480	25 000
490	53	490×53=25 970	25 000

通过分析上述两个案例,我们得出以下结论:

① 同样一笔资金在用于投放促销广告和提升产品特性研发时,所计算出的企业得分会有所不同。因此,在实际操作中,应当进行详细的成本效益分析。

② 在费用相同且采用满价竞拍策略的情况下,单位研发费用越低,通过提

升产品特性研发值所获得的企业得分越高。

③ 同样,在费用相同和满价竞拍的前提下,单位研发费用越高,通过投放促销广告所获得的企业得分越高。

④ 在报价得分、投放促销广告得分和提升特性研发值得分相同的情况下,降价幅度越大,所能售出的产品数量就越少。如果销售数量超过某一临界点,降低报价可能不如投放促销广告和提升产品特性研发值来得有效。

⑤ 单位特性研发费用越低,仅通过报价优势所能售出的产品数量越少。相反,单位研发费用越高,仅通过报价优势所能售出的产品数量越多。

9.1.2 分析企业特性研发值的临界点

不同的营销费用对知名度和单位特性研发费用的影响各异。在此,以25000 元的营销费用为例进行说明。假设某张订单的参考价为 2 800 元,企业的商誉值为 100 元(不考虑报价),具体情况如表 9-11 所示。

表 9-11 不同的营销费用对知名度和单位特性研发费用的影响

知名度	市场占有率	商誉值	参考价	报价	单位特性研发费用	特性研发值(初始研发值为 1)	企业得分
25 000	1	100	2 800	2 800	1 000	1	25 000+1×100×(2 800-2 800)+1 000×1=26 000
0	1	100	2 800	2 800	965	25 000/965≈25.91	0+1×100(2 800-2 800)+1 000×25.91=25 910
0	1	100	2 800	2 800	964	25 000/964≈25.93	0+1×100 (2 800-2 800)+1 000×25.93=25 930
0	1	100	2 800	2 800	963	25 000/963≈25.96	0+1×100 ×(2 800-2 800)+1 000×25.96=25 960
0	1	100	2 800	2 800	962	25 000/962≈25.99	0+1×100 ×(2 800-2 800+1 000×25.99=25 990
0	1	100	2 800	2 800	961	25 000/961≈26	0+1×100×(2 800-2 800)+1 000×26.02=26 020

续表

知名度	市场占有率	商誉值	参考价	报价	单位特性研发费用	特性研发值（初始研发值为 1）	企业得分
0	1	100	2 800	2 800	960	25 000/960≈26. 04	0+1×100×(2 800−2 800)+1 000×26. 04=26 040
0	1	100	2 800	2 800	959	25 000/959≈26. 07	0+1×100 ×(2 800−2 800)+1 000×26. 07=26 070
0	1	100	2 800	2 800	958	25 000/958≈26. 10	0+1×100 ×(2 800−2 800)+1 000×26. 10=26 100

在操作时应先计算出企业所能够拿出的营销费用，再计算将所有费用用于投资促销广告，企业获得的得分，最终计算出临界值（适用于所有规则，不同的营销费用临界值不同，均通过计算可得）。

9.1.3　分析企业的报价

每个季度，企业均可以投放营销费用。当企业投放完营销费用后，应当如何报价呢？

以下是对几种不同情况的分析。

情况 1：企业竞争优势明显，市场订单充足。

企业不仅当前知名度和特性研发值都比较高，且相比其他企业排名靠前，同时市场订单充足。在这种情况下，即使企业在不进行改变当前得分，企业也能售出全部产品。

情况 2：企业竞争力较弱，市场订单不足。

企业不仅当前知名度和特性研发值都比较低，且相比其他企业排在后几名，市场订单不足。在这种情况下，如果企业不做出改变将难以售出全部产品。

情况 3：企业竞争力居中，市场订单一般。

企业当前知名度和特性研发值处于中等水平，排名居中，且市场订单量一般。在这种情况下，若位于企业后几名的企业报价有所变动，那么本企业将处于劣势状态。

情况 4：定价高低是获取订单的重要因素

无论企业处于何种情况，定价都是获取订单、增加利润的关键手段。企业可以通过适时调整报价策略来提高企业得分。

下面以具体案例来详细阐述策略制定过程。

【案例 3】假设企业单位研发特性费用为 1 000 元，参考价为 2 800 元，企业商誉值均为 100 元。企业 1 的得分为 21 000 分，企业 2 的得分为 26 000 分，企业 3 的得分为 50 000 分。具体数据如表 9-12 所示。

表 9-12　案例 3 各企业数据

企业	知名度	商誉值	参考价/元	报价/元	特性研发值	企业得分
企业 1	20 000	100	2 800	2 800	1 000×1	21 000
企业 2	25 000	100	2 800	2 800	1 000×1	26 000
企业 3	0	100	2 800	2 800	1 000×50	50 000

注：企业得分＝知名度＋商誉值×市场占有率×（参考价－报价）＋特性研发值（市场占有率为 1）。

若企业 1 希望以降低报价的方式来增强竞争力，应填写的报价如表 9-13 所示。

表 9-13　企业 1 降价后的报价

情况	其他企业得分	本企业得分	商誉值	参考价	降低价格	报价
追上企业 2	26 000	21 000	100	2 800	（26 000－21 000）/100/1＝50	2 800－50＝2 750
追上企业 3	50 000	21 000	100	2 800	（50 000－21 000）/100/1＝290	2 800－290＝2 510

注：降低价格＝（其他企业得分－本企业得分）/商誉值/市场占有率；

报价＝参考价－降低价格。

根据上述结果，如果企业 1 在订货大会中希望获得订单优势，必须降低报价。如果企业 1 希望获得更多优势，报价应低于 2 750 元和 2 510 元。

然而,在沙盘经营模拟中,报价并非越低越好。我们需同时计算出最高报价和最低报价,以确保企业盈利并避免破产风险。因此,最低报价不能仅按单位生产成本计算,还需考虑管理费用等综合费用。因此,我们需先计算均摊后的成本。

其公式如下:

均摊后成本 = 单位成本 + 本年度综合费用 / 实际产能

如果报价等于均摊后成本,企业本年将无利润。

最终,我们可确定企业 1 报价区间(忽略其他企业降价情况):

若希望与企业 2 有相同的竞单机会,报价应设置在 2 300 元至 2 750 元之间。

若希望与企业 3 有相同的竞单机会,报价应设置在 2 300 元至 2 510 元之间。

9.2　如何制订生产计划

企业的销售情况是由其生产计划决定的,这一计划受到多种因素的影响,包括产线数量、产线安装周期、产线生产周期、生产班次、工人效率、工人报到时间以及原材料送货周期。这些因素最终取决于生产总监本年度可支配的金额和排放量。在沙盘经营实战中,生产总监需要根据自己本年各季度的可支配金额和碳排放量,来规划和设计每季度所需生产的产品数量和种类,以及需要购买的生产线。此外,还需根据生产的产品数量和种类,订购相应的原材料数量,并进行采购,以确保可支配金额得到最大化利用。

生产的基本要素包括:相应的工人配备、足够的原材料、完整的图纸以及相应的资质。

产量并非一成不变,受多种因素影响,最为显著的两种因素是工人效率和生产班次。通常采用产量计算公式来量化这种关系:

实际产量 = 基础产量 × (1 + 低级工效率之和 / 4 + 高级工效率之和) × 班次加成

【案例 4】某企业在其某年度中,生产总监可支配的金额为 320 000 元,可支配的碳排放量为 2 016 单位。为优化生产,需综合考虑各个因素,包括:生产线

信息概览如表 9-14 所示，班次与效率影响如表 9-15 所示，原材料信息如表 9-16 所示，产品图纸如表 9-17 所示。此外，起始普通工人的基础效率为 50%，高级工人的基础效率为 60%，招聘的工人将于下一季度报道。

表 9-14　生产线信息概览

线型名称	购买价格	安装周期	生产周期	基础产量	转产周期	普通工人	高级工人	碳排放量
传统线	50 000	0	2	10	1	4	0	4
全自动线	100 000	1	1	20	0	0	2	2

表 9-15　班次与效率影响

班次名称	产量加成	效率损失/%
8 小时制	1	2
12 小时制	1.5	50

表 9-16　原材料信息

材料名称	材料编码	基础价格	送货周期	账期/季
环保金属	R1	500	1	0
五金耗材	R2	500	2	0

表 9-17　产品图纸

产品名	产品编号	碳排放量	产品成本	环保金属	五金耗材
小羊单车	P1	1	500	1	0
小羊摩托	P2	2	1 000	1	1

注：默认开始无原材料、产线、工人

(1) 单条生产线的实际产量受到工人效率和班次制度加成的影响

具体数据如表 9-18 所示。以不激励员工(即默认为基础效率)并采用 8 小时工作制为例：

①对于一条传统生产线，其基础产量为 10，需要 4 位普通工人和 0 位高级工人，8 小时工作制的产量加成为 1。

实际产量计算公式为：

$$基础产量 \times [1 + (普通工人效率之和/4) + 高级工人效率之和] \times 班次加成 = 实际产量$$

即：

$$10 \times [1 + (50\% + 50\% + 50\% + 50\%) / 4 + 0\%] \times 1 = 15$$

②对于一条全自动生产线，其基础产量为 20，需要 0 位普通工人和 2 位高级工人，8 小时工作制的产量加成为 1。

实际产量计算公式为：

$$基础产量 \times [1 + (普通工人效率之和/4) + 高级工人效率之和] \times 班次加成 = 实际产量$$

即：

$$20 \times [1 + 0/4 + 60\% + 60\%] \times 1 = 44$$

表 9-18　实际产量受效率、班次影响

		传统线(单线实际产量)	全自动线(单线实际产量)
不激励	8 时制	10×[1+(50%+50%+50%+50%)/4+0%]×1=15	20×[1+0/4+60%+60%]×1=44
	12 时制	10×[1+(50%+50%+50%+50%)/4+0%]×1.5=22.5	20×[1+0/4+60%+60%]×1.5=66
满激励	8 时制	10×[1+(100%+100%+100%+100%)/4+0%]×1=20	20×[1+0/4+100%+100%]×1=60
	12 时制	10×[1+100%+100%+100%+100%/4+0%]×1.5=30	20×[1+0/4+100%+100%]×1.5=90

注：在不激励员工的情况下，员工的效率默认为基础效率。当单条生产线的产量出现小数时，采用向下取整的方式处理。以不激励员工并采用 12 小时工作制的传统生产线为例：单条传统生产线的产量应向下取整为 22；当有两条传统生产线时，总产量为 22.5 乘以 2，即 45；当有三条传统生产线时，总产量为 22.5×3，应向下取整为 67。

(2) 受产线数量影响

若原材料供应充足，产线数量越多，生产数量也越大（产线总数最多可达16条）。

(3) 受产线安装周期、生产周期影响

①以传统线为例，其安装周期为0个季度，生产周期为2个季度。若在第一季度购买1条传统线，由于其安装周期为0个季度，该传统线在第一季度当季即可安装完成并开始生产，本年度内可进行两次生产。第一次生产安排在第一季度，由于生产周期为2个季度，产品将在第三季度产出，此时可再次开始生产。第二次生产安排在第三季度，由于生产周期为2个季度，产品将在次年一季度产出。

因此，本年度的销售计划仅包含第一次生产的产品，第二次生产的产品将计入次年的销售计划。

②若以全自动线为例，其安装周期为1个季度，生产周期为1个季度。若在第一季度购买1条全自动线，由于其安装周期为1个季度，该全自动线将在第二季度安装完成，随后才能开始生产，本年度内可进行三次生产。第一次生产安排在第二季度，由于生产周期为1个季度，产品将在第三季度产出，此时可再次开始生产。第二次生产安排在第三季度，由于生产周期为1个季度，产品将在第四季度产出，此时可再次开始生产。第三次生产安排在第四季度，由于生产周期为一个季度，产品将在次年1季度产出。

因此，本年度的销售计划仅包含第一、二次生产的产品，第三次生产的产品将计入次年的销售计划。

(4) 受原材料送货周期影响

以小羊单车为例，一辆小羊单车需要一个环保金属，环保金属的送货周期为1个季度。如果在第一季度采购环保金属，由于其送货周期为1个季度，环保金属将在第二季度到账，此时方可开始生产。

以小羊摩托为例，一辆小羊摩托需要一个五金耗材，五金耗材的送货周期为2个季度。如果在第一季度采购五金耗材，由于其送货周期为2个季度，五金耗材将在第三季度到账，此时方可开始生产。

(5) 受工人报道时间影响

在第一季度招聘普通工人和高级工人后，工人将在第二季度报到，报到后方可开始生产。

(6)取决于生产总监本年度可支配金额

应寻找生产线和生产产品的最优搭配,以实现可支配金额的最大化利用(本案例仅展示最大产量组合,若要获取最大利润的最优生产搭配,请根据具体产品价格、后续生产、销售计划自行研究)。

已知开局时无生产线、原材料和工人。生产总监本年度的可支配金额为 320 000 元,根据表 9-14、表 9-15、表 9-16、表 9-17 所提供的信息,产线单次生产产品所需的原材料价格费用如表 9-19 所示。

表 9-19　产线单次生产产品所需原材料价格费用图

		传统线		全自动线	
		小羊单车	小羊摩托	小羊单车	小羊摩托
不激励	8 小时制	15×500=7 500	15×1 000=15 000	44×500=22 000	44×1 000=44 000
	12 小时制	22.5×500=11 250	22.5×1 000=22 500	66×500=33 000	66×1 000=66 000
满激励	8 小时制	20×500=10 000	20×1 000=20 000	60×500=30 000	60×1 000=60 000
	12 小时制	30×500=15 000	30×1 000=30 000	90×500=45 000	90×1000=90 000

注:不激励默认为员工基础效率。满激励、12 小时制为生产线最大生产量。

①若采用传统线生产小羊单车,应在第一季度购买原材料并招聘工人(由于原材料和工人需 1 个季度后到账,而购买传统线当季即可到账,故传统线可在第一或第二季度购入即可)。第二季度原材料、工人、生产线到账,即可开始生产,传统线生产周期为 2 个季度,即第四季度出产(本年销售第四季度出产的产品)。

②若采用传统线生产小羊摩托,应在第一季度购买五金耗材,第二季度购买环保金属、招聘工人,第三季度购买传统线。第三季度原材料、工人、生产线到账,即可开始生产,传统线生产周期为 2 个季度,即次年一季度出产(本年即无销售计划)。

③若采用全自动线生产小羊单车,应在第一季度购买生产线、购买原材料、招聘工人,第二季度开始生产,并购买第三季度所需要的原材料。第三季度再次开产,全自动线生产周期为 1 个季度,即第三、第四季度出产(本年即销售这两个季度出产的产品)。

④若采用全自动线生产小羊摩托,应在第一季度购买第三季度所需的五金耗材,第二季度购买环保金属、招聘工人、购买生产线,第三季度原材料、工人、生产线到账,即可开始生产。全自动线生产周期为 1 个季度,即第四季度出产(本年销售第四季度出产的产品)。

⑤也可采用不同产线产不同产品(混搭生产)。

在本案例中,为了达到最大产量,推荐采用两条全自动线,在第三、第四季度生产小羊单车(8 小时制,满激励状态)。

开产总费:100 000×2+30 000×2+30 000×2=320 000 元。

预计产量:60×2+60×2=240。

在实际操作中,可以采用"产一销一"的策略来获取后续生产资金,也可采取最低生产消费(不激励 8 小时制)来使开局时获得更多的产线,使第二次开产有充足资金后可以更快扩产(转换为满激励 12 小时制),从而更快获得 16 条生产线。工人效率在开局时不一定需要满激励,可根据具体实际进行激励。

(7)受可支配碳排放量影响(决定本年生产的最大产量)

产线单次生产碳排放量见表 9-20。单条生产线碳排放量=该生产线碳排放量+生产数量×该产品碳排放量

表 9-20 产线单次生产碳排放量

		传统线碳排放量		全自动线碳排放量	
		小羊单车	小羊摩托	小羊单车	小羊摩托
不激励	8 小时制	4+15×1=19	2+15×2=32	4+44×1=48	2+44×2=90
	12 小时制	4+22.5×1=26.5	2+22.5×2=47	4+66×=70	2+66×2=134
满激励	8 小时制	4+20×1=24	2+20×2=44	4+60×1=64	2+60×2=122
	12 小时制	4+30×1=34	2+30×2=62	4+90×1=94	2+90×2=182

注:不激励状态默认为员工基础效率。在各案例中,碳排放量可能因具体条件而异。部分案例在第三年开启碳排放限制,此时碳排放量与生产量一样需取整。

在本案例中,可支配的碳排放量为 2 016。因此,该年生产总监需确保全年所有开产活动的总碳排放量不超过 2 016。

【案例 5】若本年采用 16 条传统线以满激励 12 小时制生产小羊单车,则碳排放与生产计划的详细情况如下。

第一季度,碳排放量为:16×34=544,还剩 2 016-544=1 472 的可支配碳排放额度。

第二季度,碳排放量为:16×34=544,还剩 1 472-544=928 的可支配碳排放额度。

第三季度,碳排放量为:16×34=544,还剩 928-544=384 的可支配碳排放额度。

剩余可支配碳排放额度 384 已不足以支持满激励 12 小时制的生产,改为满激励 8 小时制进行第四季度生产,则:

第四季度碳排放量为:16×24=384,384-384=0,可支配生产额度为 0。

本年度可支配生产额度已充分利用完。无论设计怎样的生产计划,都需要与营销总监、人力总监、财务总监密切沟通,获取生产计划中所需要的产品资质、ISO 认证、工人对接、产销对接,以及生产所需要的资金(财务总监分配的可支配金额)。资金决定产量的下限,而可支配碳排放量决定产量的上限。在理解各影响因素后,将资金和可支配碳排放量合理高效利用,不要只注意眼前,目光长远,才能设计出优秀的生产计划。

9.3　如何使得工人效率最大化

在招聘工人方面,一般规则会区分初级工人和高级工人。招聘是否成功取决于所提供的工资水平(应尽量满足预期,否则可能导致工人招聘不足,影响生产线和出货率)。根据市场情况和工人效率,适当采用激励措施和奖励工资来提高工人效率。需要注意的是,在第一季度的招聘中,给工人发放薪水时无需支付工资,而是根据实际需求批准数智化预算。随后,每个季度都需要支付工人工资。数智化的好处在于后期可以自动计算工人工资。

在企业生产过程中,工人的工作效率通常会随着工作时长和生产次数的增

加而逐渐降低。在数智企业经营管理沙盘中,提升工人效率的方式有两种:

(1)激励

激励是指给予员工一笔资金,这笔资金相当于员工的福利,属于一次性费用。通过激励,工人的效率可以得到少许提升。然而,由于激励属于一次性费用,工人的工资保持不变,因此这种方式多在企业经营的前期使用。

(2)涨薪

涨薪是指改变工人原本的工资,从下季度开始为工人发放涨薪后的薪资。在涨薪的当季度,资金不会立刻减少,同时涨薪后工人的效率会有较大幅度的提升。由于每涨薪一次工人的工资就会增加一次,因此这种方式通常在企业经营的后期采用。

【案例6】某企业采用全自动线生产产品时,需要配备1名高级技工,其基础产量为30单位。已知在第三年第一季,该高级技术的工作效率为50%,工人工资为4 000元/月。若按8小时制生产一次,工人的效率会损失5%,但班次加成可提升1倍产量。企业本季度计划拿出8 000元用于提升工人工作效率,但不确定选择激励还是涨薪更为合适。基于给定激励规则(如表9-21所示)的分析如下。

表9-21　激励规则

激励名称	提升效率比例/%
激励	25
涨薪	50

首先,计算该笔资金分别用于激励和涨薪所能带来的效率提升:

若8 000元用于激励,则工人效率提升为:

8 000/(10 000/25%)×100%=2%

此时,工人的工作效率提升至50%+2%=52%。

若8 000元用于涨薪,则工人效率提升为8 000/(10 000/50%)×100%=4%。此时,工人的工作效率提升至50%+4%=54%。

其次,计算工人效率提升后所能够为企业增加的产品数量。

根据公式计算产线的实际产能：实际产能=基础产能×(1+手工工人效率之和/4+ 高级技工效率之和)×班次加成，具体如表 9-22 和表 9-23 所示。

表 9-22　产线的实际产能(a)

单位：%

方式	3Y1Q 工作效率	3Y2Q 工作效率	3Y3Q 工作效率	3Y4Q 工作效率	4Y1Q 工作效率	4Y2Q 工作效率	4Y3Q 工作效率	4Y4Q 工作效率
激励	52	50	48	46	44	42	40	38
涨薪	54	52	50	48	46	44	42	40

表 9-23　产线的实际产能(b)

单位：%

方式	3Y1Q 实际产能	3Y2Q 实际产能	3Y3Q 实际产能	3Y4Q 实际产能	4Y1Q 实际产能	4Y2Q 实际产能	4Y3Q 实际产能	4Y4Q 实际产能	产能 总计
激励	45	45	44	43	43	42	42	41	345
涨薪	46	45	45	44	43	43	42	42	350

然后，计算自工人提升效率后所产生的费用，如表 9-24 所示。

表 9-24　工人提升效率后所产生的费用

单位：元

激励	8 000
涨薪	8 000×3×7=168 000（假设每月增长 8 000 元，1 季度 3 个月，共 7 个季度）

在进行决策时，我们需要对比产能利润与费用之间的关系。具体来说，如果涨薪后的产能与激励后的产能之差乘以单位产品利润，所得结果大于涨薪费用与激励费用之间的差值，则涨薪是合适的选择。反之，如果这个差值小于费用差值，则激励更为合适。

假设单位产品利润为 X 元。通过计算来明确这一点：$(350-345)X=$

168 000−8 000,解得 X 为 32 000。因此,当单位产品利润大于 32 000 元时,涨薪是合适的选择;如果单位产品利润小于 32 000 元,则激励更为合适。

在企业发展的初期阶段,采用涨薪方式提升工人效率可能会产生高额费用,并对产品利润有较高要求。随着经营时间的延长,虽然相关费用会累积增加,但考虑到长期效益,在经营后期采用涨薪可能更为合适。

总体而言,无论是激励还是涨薪,都能提高工人的工作效率。然而,不同的方式会产生不同的结果,可以通过对比产品利润来确定最合适的投资方向。在产能固定的情况下,仔细考虑从投资季度到经营结束期间的总费用,以确定最优的投资策略。

9.4 如何避免破产

在数智企业经营管理沙盘中,破产是一个常见的现象。有些企业破产是由于经营不善导致资金断流,而另一些则单纯是因为在季末或年末未能留足现金。那么,在企业经营过程中,我们应该如何避免破产呢?

首先,我们需要明确破产的条件。破产通常是由于系统强制扣除企业应付却未付的费用,导致现金余额变为负数。如果在季末或年末,企业的资金充足,扣除费用后现金仍为正数,那么企业就不会破产。

其次,我们应该列出系统强制扣除的费用,确保在每个财务周期结束时,有足够的现金来覆盖这些费用。这样可以帮助企业更好地规划现金流,避免因资金不足而导致的破产风险。

9.4.1 企业应付却未付的费用

在数智企业经营管理沙盘中,企业应主动支付应付账款、管理费用、利息费用、贷款本金、工人工资以及解雇费用。若忘记支付这些费用,在切换季度时,系统将强制扣除相应资金,导致现金为负,从而视为破产。作为企业的高层,应当发挥企业家精神,主动承担企业责任,维护企业商誉,并及时支付所有应付费用。同时,应控制好各个部门的预算(预算范围在 20%~80% 内不会扣分,超出此范围将扣分)。

(1) 贷款方面

根据规则计算还款周期和利息,贷款后应主动还款。长期贷款的还款周期为 8 个季度,需要贴现或预留足够的本金和利息。长期贷款的利率通常比短期贷款和直接融资低,因此在大额贷款情况下,长期贷款是最佳选择。

(2) 贴现方面

由于订单交付后货款到账周期不同,企业应根据资金链状况选择最佳的贴现额度。能贷款时绝不选择贴现,因为贷款支付的利息通常比贴现亏损的资金少很多。特别是在只完成四年的情况下,第二年及以后的长期贷款本金不需要还款,仅需支付利息。此外,若公司盈利良好,贷款额度会非常高,这使得企业有更多资金用于创建生产线和生产货物,从而形成正循环资金链——资金促进生产,产品创造更多资金。

9.4.2　企业无法支付,系统自动扣除的费用

除了上述费用外,维修费、违约金、税金是由系统自动扣除的,企业无法主动支付。因此,在季末或年末时,企业应当计算并留足这部分资金,以避免因扣除这些费用而导致的破产。生产线的维修周期是固定的,企业需要提前预留维修费用,这些费用会在季度末自动扣除。

根据生产线的建成时间来计算维修费。生产线建成满一年后,系统会自动扣除维修费,并且此费用是按年持续扣除的。企业应根据规则查看每种生产线的维修费用,具体费用可参考表 9-25。

表 9-25　每种生产线的维修费用

生产线种类	生产线数量/条	单产线维修费/元	总维修费/元
传统线	4	500	4×500=2 000
全自动线	2	1 500	2×1 500=3 000
全智能线	1	5 000	1×5 000=5 000

违约金是由于未能及时交付产品而产生的经济处罚。在订单申报和货品生产时出现沟通失误,可能会导致以下两种情况:一是申报的订单数量少于实

际生产的货品数量,这会导致库存积压。但这种情况可以通过后续订单调整来补救。二是申报的订单数量多于实际生产的货品数量,这将导致违约。在数智企业经营管理沙盘规则下,违约并不等同于通常意义上的数量违约。例如,如果申报数量为 10 单,但实际只生产了 6 单,此时的违约数量仍为 10 单,因此需要支付的违约金为这 10 单的金额加上违约金额(总金额乘以违约金额利率)。

如果某季度无法交付产品,违约金将根据该张订单的总销售费用计算。企业应留足这部分资金,具体计算方法可参考表 9-26。

表 9-26　根据总销售费用计算违约

单位:元

订单销售收入/元	违约金比例/%	违约金/元
1 711 000	20	1 711 000×20% = 342 200

在年度翻季时,如果公司处于盈利状态,需依照规定税率计算应缴纳的税费(年末自动扣除)。若预留资金不足,可能导致公司破产。税费的计算方法是:年末权益额度减去年初权益额度的差值,再乘以税率(20%)。企业应根据盈利情况计算税金,具体可分为以下几种情况,详见表 9-27。

表 9-27　根据企业盈利情况计算税金

情景模拟	情景描述/元	税率/%	应交税金/元
情景 1	第一年盈利 2 000	20	2 000×20% = 400
情景 2	第一年亏损 2 000	20	不交税
情景 3	第一年亏损 2 000,第二年盈利 1 500	20	两年均不交税
情景 4	第一年亏损 2 000,第二年盈利 1 500,第三年盈利 3 000	20	第一年、第二年不交税,第三年交税金额:(1 500+3 000−2 000)×20% = 500

最后,如果企业在年末进行网络销售,税金的计算方式如下:网络销售的产

品在季度切换时，系统会自动将销售收入纳入企业现金账户，并相应扣除库存产品。然而，由于实际销售数量受到多种因素的影响，难以准确预测具体销量。因此，企业应在年末保留一定量的资金，具体数额如表 9-28 所示。

表 9-28　根据网络销售计算年末税金

单位：元

某年经销商市场销售收入为 32 483 000	年末预留现金要多于 32 483 000 × 20% = 6 496 000
某年经销商市场销售收入为 4 509 000， 年末零售市场上架量的销售收入为 43 780 000	年末预留现金要多于 4 509 000×20% = 901 800

值得注意的是，尽管零售市场的销售收入可能较高，但企业仍需考虑其他企业上架量对销售情况的影响。因此，为了规避这种风险，企业应当按照上述计算方法，在年末留足一定量的资金。

9.4.3　数智化开设的时间

开启数智化进程，建议在第一季度就开始前期的生产和人力资源配置，因为结算员工工资和生产原料的计算与操作相对复杂。至于财务和市场部门的数智化，可以在最后一个周期进行。选择在后期开启财务和市场数智化的原因在于这样可以将资金优先用于购买生产线和生产货物，因为前期的资金通常不如后期充裕。因此，选择在后期开启数智化，可以更有效地利用资金。

9.5　现金流量示例

现金管理对于确保企业拥有足够的流动资金以支持其日常运营活动至关重要。它不仅有助于防止因资金链断裂而导致的破产风险，还能为企业提供精确的财务数据和信息，从而支持管理层做出更为明智的财务决策。在模拟经营过程中，确保学生能够做出正确的战略决策，以最大化企业利润并取得优异成绩，这一点尤为重要。以下是某小组在实际教学中模拟经营的现金流量情况

（如表 9-29 所示），希望能为大家在数智企业经营管理沙盘实践中提供战略决策的参考。

表 9-29　小组经营现金流量表

编号	动作	资金	剩余	时间	岗位	备注
1	贷款	1 200 000	1 550 000	1 年 1 季度	财务总监	长期贷款
2	缴纳管理费	4 500	1 545 500	1 年 1 季度	财务总监	缴纳管理费
3	贷款	1 000 000	2 545 500	1 年 1 季度	财务总监	长期贷款
4	ISO 资质申请	20 000	2 525 500	1 年 1 季度	营销总监	ISO 资质申请
5	ISO 资质申请	40 000	2 485 500	1 年 1 季度	营销总监	ISO 资质申请
6	产品资质申请	20 000	2 465 500	1 年 1 季度	营销总监	产品资质申请
7	渠道开拓	30 000	2 435 500	1 年 1 季度	营销总监	渠道开拓
8	渠道开拓	60 000	2 375 500	1 年 1 季度	营销总监	渠道开拓
9	产品研发	80 000	2 295 500	1 年 1 季度	生产总监	产品研发
10	购买产线	100 000	2 195 500	1 年 1 季度	生产总监	购买产线
11	购买产线	100 000	2 095 500	1 年 1 季度	生产总监	购买产线
12	购买产线	200 000	1 895 500	1 年 1 季度	生产总监	购买产线
13	购买产线	200 000	1 695 500	1 年 1 季度	生产总监	购买产线
14	购买产线	200 000	1 495 500	1 年 1 季度	生产总监	购买产线
15	购买产线	200 000	1 295 500	1 年 1 季度	生产总监	购买产线
16	解锁数字化—生产总监	40 000	1 255 500	1 年 1 季度	生产总监	解锁数字化
17	购买产线	200 000	1 055 500	1 年 1 季度	生产总监	购买产线
18	广告投放	10 000	1 045 500	1 年 1 季度	营销总监	广告投放
19	购买产线	200 000	845 500	1 年 1 季度	生产总监	购买产线
20	广告投放	10 000	835 500	1 年 1 季度	营销总监	广告投放
21	广告投放	10 000	825 500	1 年 1 季度	营销总监	广告投放
22	缴纳管理费	4 500	821 000	1 年 2 季度	财务总监	缴纳管理费
23	还息	36 000	785 000	1 年 2 季度	财务总监	长期贷款
24	还息	2 500	782 500	1 年 2 季度	财务总监	长期贷款

续表

编号	动作	资金	剩余	时间	岗位	备注
25	产品设计	1 000	781 500	1 年 2 季度	生产总监	产品设计
26	激励	14 500	767 000	1 年 2 季度	人力总监	激励
27	激励	14 500	752 500	1 年 2 季度	人力总监	激励
28	激励	8 000	744 500	1 年 2 季度	人力总监	激励
29	激励	8 000	736 500	1 年 2 季度	人力总监	激励
30	激励	2 000	734 500	1 年 2 季度	人力总监	激励
31	激励	14 500	720 000	1 年 2 季度	人力总监	激励
32	激励	15 000	705 000	1 年 2 季度	人力总监	激励
33	开产	10 000	695 000	1 年 2 季度	生产总监	开产
34	开产	10 000	685 000	1 年 2 季度	生产总监	开产
35	付款	50 000	635 000	1 年 2 季度	财务总监	付材料费
36	付款	50 000	585 000	1 年 2 季度	财务总监	付材料费
37	缴纳管理费	4 500	580 500	1 年 3 季度	财务总监	缴纳管理费
38	还息	36 000	544 500	1 年 3 季度	财务总监	长期贷款
39	还息	2 500	542 000	1 年 3 季度	财务总监	长期贷款
40	收款	546 250	1 088 250	1 年 3 季度	财务总监	贴息
41	贴现	16 388	1 071 863	1 年 3 季度	财务总监	贴息
42	发薪	34 950	1 036 913	1 年 3 季度	人力总监	发薪
43	产品设计	1 200	1 035 713	1 年 3 季度	生产总监	产品设计
44	解锁数字化—人力总监	40 000	995 713	1 年 3 季度	人力总监	解锁数字化
45	激励	500	995 213	1 年 3 季度	人力总监	激励
46	激励	1 500	993 713	1 年 3 季度	人力总监	激励
47	激励	1 000	992 713	1 年 3 季度	人力总监	激励
48	激励	1 000	991 713	1 年 3 季度	人力总监	激励
49	激励	1 000	990 713	1 年 3 季度	人力总监	激励
50	激励	4 000	986 713	1 年 3 季度	人力总监	激励
51	激励	4 000	982 713	1 年 3 季度	人力总监	激励

续表

编号	动作	资金	剩余	时间	岗位	备注
52	激励	1 000	981 713	1 年 3 季度	人力总监	激励
53	激励	4 000	977 713	1 年 3 季度	人力总监	激励
54	激励	1 000	976 713	1 年 3 季度	人力总监	激励
55	激励	4 500	972 213	1 年 3 季度	人力总监	激励
56	激励	1 000	971 213	1 年 3 季度	人力总监	激励
57	激励	5 000	966 213	1 年 3 季度	人力总监	激励
58	激励	5 000	961 213	1 年 3 季度	人力总监	激励
59	激励	1 000	960 213	1 年 3 季度	人力总监	激励
60	激励	1 000	959 213	1 年 3 季度	人力总监	激励
61	激励	4 000	955 213	1 年 3 季度	人力总监	激励
62	激励	4 500	950 713	1 年 3 季度	人力总监	激励
63	激励	6 000	944 713	1 年 3 季度	人力总监	激励
64	开产	104 000	840 713	1 年 3 季度	生产总监	开产
65	付款	28 000	812 713	1 年 3 季度	财务总监	付材料费
66	付款	28 000	784 713	1 年 3 季度	财务总监	付材料费
67	付款	28 000	756 713	1 年 3 季度	财务总监	付材料费
68	付款	28 000	728 713	1 年 3 季度	财务总监	付材料费
69	付款	28 000	700 713	1 年 3 季度	财务总监	付材料费
70	付款	28 000	672 713	1 年 3 季度	财务总监	付材料费
71	付款	28 000	644 713	1 年 3 季度	财务总监	付材料费
72	付款	28 000	616 713	1 年 3 季度	财务总监	付材料费
73	付款	28 000	588 713	1 年 3 季度	财务总监	付材料费
74	付款	28 000	560 713	1 年 3 季度	财务总监	付材料费
75	付款	25 000	535 713	1 年 3 季度	财务总监	付材料费
76	付款	25 000	510 713	1 年 3 季度	财务总监	付材料费
77	付款	25 000	485 713	1 年 3 季度	财务总监	付材料费
78	付款	25 000	460 713	1 年 3 季度	财务总监	付材料费
79	付款	25 000	435 713	1 年 3 季度	财务总监	付材料费

续表

编号	动作	资金	剩余	时间	岗位	备注
80	付款	25 000	410 713	1 年 3 季度	财务总监	付材料费
81	付款	28 000	382 713	1 年 3 季度	财务总监	付材料费
82	付款	28 000	354 713	1 年 3 季度	财务总监	付材料费
83	付款	28 000	326 713	1 年 3 季度	财务总监	付材料费
84	付款	28 000	298 713	1 年 3 季度	财务总监	付材料费
85	付款	28 000	270 713	1 年 3 季度	财务总监	付材料费
86	付款	28 000	242 713	1 年 3 季度	财务总监	付材料费
87	付款	28 000	214 713	1 年 3 季度	财务总监	付材料费
88	付款	28 000	186 713	1 年 3 季度	财务总监	付材料费
89	缴纳管理费	4 500	182 213	1 年 4 季度	财务总监	缴纳管理费
90	还息	2 500	179 713	1 年 4 季度	财务总监	长期贷款
91	还息	36 000	143 713	1 年 4 季度	财务总监	长期贷款
92	收款	2 443 780	2 587 493	1 年 4 季度	财务总监	贴息
93	贴现	73 313	2 514 179	1 年 4 季度	财务总监	贴息
94	发薪	182 040	2 332 139	1 年 4 季度	人力总监	发薪
95	激励	11 000	2 321 139	1 年 4 季度	人力总监	激励
96	激励	11 000	2 310 139	1 年 4 季度	人力总监	激励
97	激励	11 000	2 299 139	1 年 4 季度	人力总监	激励
98	激励	11 000	2 288 139	1 年 4 季度	人力总监	激励
99	激励	9 500	2 278 639	1 年 4 季度	人力总监	激励
100	激励	1 000	2 277 639	1 年 4 季度	人力总监	激励
101	激励	11 000	2 266 639	1 年 4 季度	人力总监	激励
102	激励	1 000	2 265 639	1 年 4 季度	人力总监	激励
103	激励	11 000	2 254 639	1 年 4 季度	人力总监	激励
104	激励	1 000	2 253 639	1 年 4 季度	人力总监	激励
105	激励	10 500	2 243 139	1 年 4 季度	人力总监	激励
106	激励	1 000	2 242 139	1 年 4 季度	人力总监	激励
107	激励	9 500	2 232 639	1 年 4 季度	人力总监	激励

续表

编号	动作	资金	剩余	时间	岗位	备注
108	激励	11 000	2 221 639	1 年 4 季度	人力总监	激励
109	激励	1 000	2 220 639	1 年 4 季度	人力总监	激励
110	激励	11 000	2 209 639	1 年 4 季度	人力总监	激励
111	激励	1 000	2 208 639	1 年 4 季度	人力总监	激励
112	激励	11 000	2 197 639	1 年 4 季度	人力总监	激励
113	激励	11 000	2 186 639	1 年 4 季度	人力总监	激励
114	激励	11 000	2 175 639	1 年 4 季度	人力总监	激励
115	激励	6 000	2 169 639	1 年 4 季度	人力总监	激励
116	激励	11 000	2 158 639	1 年 4 季度	人力总监	激励
117	激励	11 000	2 147 639	1 年 4 季度	人力总监	激励
118	激励	11 000	2 136 639	1 年 4 季度	人力总监	激励
119	产品设计	1 000	2 135 639	1 年 4 季度	生产总监	产品设计
120	产品资质申请	60 000	2 075 639	1 年 4 季度	营销总监	产品资质申请
121	广告投放	10 000	2 065 639	1 年 4 季度	营销总监	广告投放
122	广告投放	10 000	2 055 639	1 年 4 季度	营销总监	广告投放
123	广告投放	10 000	2 045 639	1 年 4 季度	营销总监	广告投放
124	开产	116 000	1 929 639	1 年 4 季度	生产总监	开产
125	广告投放	10 000	1 919 639	1 年 4 季度	营销总监	广告投放
126	付款	25 000	1 894 639	1 年 4 季度	财务总监	付材料费
127	付款	25 000	1 869 639	1 年 4 季度	财务总监	付材料费
128	付款	25 000	1 844 639	1 年 4 季度	财务总监	付材料费
129	付款	25 000	1 819 639	1 年 4 季度	财务总监	付材料费
130	付款	25 000	1 794 639	1 年 4 季度	财务总监	付材料费
131	付款	25 000	1 769 639	1 年 4 季度	财务总监	付材料费
132	付款	32 000	1 737 639	1 年 4 季度	财务总监	付材料费
133	付款	32 000	1 705 639	1 年 4 季度	财务总监	付材料费
134	广告投放	10 000	1 695 639	1 年 4 季度	营销总监	广告投放
135	付款	32 000	1 663 639	1 年 4 季度	财务总监	付材料费

续表

编号	动作	资金	剩余	时间	岗位	备注
136	付款	32 000	1 631 639	1 年 4 季度	财务总监	付材料费
137	付款	32 000	1 599 639	1 年 4 季度	财务总监	付材料费
138	付款	32 000	1 567 639	1 年 4 季度	财务总监	付材料费
139	付款	32 000	1 535 639	1 年 4 季度	财务总监	付材料费
140	付款	32 000	1 503 639	1 年 4 季度	财务总监	付材料费
141	付款	32 000	1 471 639	1 年 4 季度	财务总监	付材料费
142	付款	32 000	1 439 639	1 年 4 季度	财务总监	付材料费
143	付款	32 000	1 407 639	1 年 4 季度	财务总监	付材料费
144	付款	32 000	1 375 639	1 年 4 季度	财务总监	付材料费
145	付款	32 000	1 343 639	1 年 4 季度	财务总监	付材料费
146	付款	32 000	1 311 639	1 年 4 季度	财务总监	付材料费
147	付款	32 000	1 279 639	1 年 4 季度	财务总监	付材料费
148	付款	32 000	1 247 639	1 年 4 季度	财务总监	付材料费
149	付款	32 000	1 215 639	1 年 4 季度	财务总监	付材料费
150	付款	32 000	1 183 639	1 年 4 季度	财务总监	付材料费
151	交税	165 128	1 018 511	1 年 4 季度	财务总监	交税
152	贷款	1 800 000	2 818 511	2 年 1 季度	财务总监	短期贷款
153	缴纳管理费	4 500	2 814 011	2 年 1 季度	财务总监	缴纳管理费
154	归还本金	1 000 000	1 814 011	2 年 1 季度	财务总监	长期贷款
155	还息	2 500	1 811 511	2 年 1 季度	财务总监	长期贷款
156	还息	36 000	1 775 511	2 年 1 季度	财务总监	长期贷款
157	渠道开拓	10 000	1 765 511	2 年 1 季度	营销总监	渠道开拓
158	发薪	182 040	1 583 471	2 年 1 季度	人力总监	发薪
159	激励	14 000	1 569 471	2 年 1 季度	人力总监	激励
160	激励	10 000	1 559 471	2 年 1 季度	人力总监	激励
161	产品设计	1 000	1 558 471	2 年 1 季度	生产总监	产品设计
162	开产	116 000	1 442 471	2 年 1 季度	生产总监	开产

续表

编号	动作	资金	剩余	时间	岗位	备注
163	解锁数字化—财务总监	20 000	1 422 471	2 年 1 季度	财务总监	解锁数字化
164	付款	25 000	1 397 471	2 年 1 季度	财务总监	付材料费
165	付款	25 000	1 372 471	2 年 1 季度	财务总监	付材料费
166	付款	25 000	1 347 471	2 年 1 季度	财务总监	付材料费
167	付款	25 000	1 322 471	2 年 1 季度	财务总监	付材料费
168	付款	25 000	1 297 471	2 年 1 季度	财务总监	付材料费
169	付款	25 000	1 272 471	2 年 1 季度	财务总监	付材料费
170	付款	32 000	1 240 471	2 年 1 季度	财务总监	付材料费
171	付款	32 000	1 208 471	2 年 1 季度	财务总监	付材料费
172	付款	32 000	1 176 471	2 年 1 季度	财务总监	付材料费
173	付款	32 000	1 144 471	2 年 1 季度	财务总监	付材料费
174	付款	32 000	1 112 471	2 年 1 季度	财务总监	付材料费
175	付款	32 000	1 080 471	2 年 1 季度	财务总监	付材料费
176	付款	32 000	1 048 471	2 年 1 季度	财务总监	付材料费
177	付款	32 000	1 016 471	2 年 1 季度	财务总监	付材料费
178	付款	32 000	984 471	2 年 1 季度	财务总监	付材料费
179	付款	32 000	952 471	2 年 1 季度	财务总监	付材料费
180	付款	32 000	920 471	2 年 1 季度	财务总监	付材料费
181	付款	32 000	888 471	2 年 1 季度	财务总监	付材料费
182	付款	32 000	856 471	2 年 1 季度	财务总监	付材料费
183	付款	32 000	824 471	2 年 1 季度	财务总监	付材料费
184	付款	32 000	792 471	2 年 1 季度	财务总监	付材料费
185	付款	32 000	760 471	2 年 1 季度	财务总监	付材料费
186	付款	32 000	728 471	2 年 1 季度	财务总监	付材料费
187	付款	32 000	696 471	2 年 1 季度	财务总监	付材料费
188	购买产线	200 000	496 471	2 年 1 季度	生产总监	购买产线
189	购买产线	200 000	296 471	2 年 1 季度	生产总监	购买产线

续表

编号	动作	资金	剩余	时间	岗位	备注
190	购买产线	200 000	96 471	2 年 1 季度	生产总监	购买产线
191	ISO 资质申请	80 000	16 471	2 年 1 季度	营销总监	ISO 资质申请
192	收款	1 400 000	1 416 471	2 年 1 季度	财务总监	贴息
193	贴现	70 000	1 346 471	2 年 1 季度	财务总监	贴息
194	购买产线	200 000	1 146 471	2 年 1 季度	生产总监	购买产线
195	产品资质申请	40 000	1 106 471	2 年 1 季度	营销总监	产品资质申请
196	产品资质申请	10 000	1 096 471	2 年 1 季度	营销总监	产品资质申请
197	购买产线	200 000	896 471	2 年 1 季度	生产总监	购买产线
198	购买产线	200 000	696 471	2 年 1 季度	生产总监	购买产线
199	购买产线	200 000	496 471	2 年 1 季度	生产总监	购买产线
200	购买产线	200 000	296 471	2 年 1 季度	生产总监	购买产线
201	产线维修	2 000	294 471	2 年 1 季度	生产总监	产线维修
202	产线维修	2 000	292 471	2 年 1 季度	生产总监	产线维修
203	缴纳管理费	4 500	287 971	2 年 2 季度	财务总监	缴纳管理费
204	还息	36 000	251 971	2 年 2 季度	财务总监	长期贷款
205	发薪	182 040	6 9931	2 年 2 季度	人力总监	发薪
206	激励	14 000	55 931	2 年 2 季度	人力总监	激励
207	收款	1 400 000	1 455 931	2 年 2 季度	财务总监	贴息
208	贴现	28 000	1 427 931	2 年 2 季度	财务总监	贴息
209	产品设计	1 200	1 426 731	2 年 2 季度	生产总监	产品设计
210	激励	10 000	1 416 731	2 年 2 季度	人力总监	激励
211	解锁数字化—运营总监	20 000	1 396 731	2 年 2 季度	营销总监	解锁数字化
212	开产	116 000	1 280 731	2 年 2 季度	生产总监	开产
213	付款	25 000	1 255 731	2 年 2 季度	财务总监	付材料费
214	付款	25 000	1 230 731	2 年 2 季度	财务总监	付材料费
215	付款	25 000	1 205 731	2 年 2 季度	财务总监	付材料费
216	付款	25 000	1 180 731	2 年 2 季度	财务总监	付材料费

续表

编号	动作	资金	剩余	时间	岗位	备注
217	付款	25 000	1 155 731	2 年 2 季度	财务总监	付材料费
218	付款	25 000	1 130 731	2 年 2 季度	财务总监	付材料费
219	付款	32 000	1 098 731	2 年 2 季度	财务总监	付材料费
220	付款	32 000	1 066 731	2 年 2 季度	财务总监	付材料费
221	付款	32 000	1 034 731	2 年 2 季度	财务总监	付材料费
222	付款	32 000	1 002 731	2 年 2 季度	财务总监	付材料费
223	付款	32 000	970 731	2 年 2 季度	财务总监	付材料费
224	付款	32 000	938 731	2 年 2 季度	财务总监	付材料费
225	付款	32 000	906 731	2 年 2 季度	财务总监	付材料费
226	付款	32 000	874 731	2 年 2 季度	财务总监	付材料费
227	付款	32 000	842 731	2 年 2 季度	财务总监	付材料费
228	付款	32 000	810 731	2 年 2 季度	财务总监	付材料费
229	付款	32 000	778 731	2 年 2 季度	财务总监	付材料费
230	付款	32 000	746 731	2 年 2 季度	财务总监	付材料费
231	付款	32 000	714 731	2 年 2 季度	财务总监	付材料费
232	付款	32 000	682 731	2 年 2 季度	财务总监	付材料费
233	付款	32 000	650 731	2 年 2 季度	财务总监	付材料费
234	付款	32 000	618 731	2 年 2 季度	财务总监	付材料费
235	付款	32 000	586 731	2 年 2 季度	财务总监	付材料费
236	付款	32 000	554 731	2 年 2 季度	财务总监	付材料费
237	产线维修	5 000	549 731	2 年 2 季度	生产总监	产线维修
238	产线维修	5 000	544 731	2 年 2 季度	生产总监	产线维修
239	产线维修	5 000	539 731	2 年 2 季度	生产总监	产线维修
240	产线维修	5 000	534 731	2 年 2 季度	生产总监	产线维修
241	产线维修	5 000	529 731	2 年 2 季度	生产总监	产线维修
242	产线维修	5 000	524 731	2 年 2 季度	生产总监	产线维修
243	收款	1 076 870	1 601 601	2 年 3 季度	财务总监	收款
244	缴纳管理费	4 500	1 597 101	2 年 3 季度	财务总监	缴纳管理费

续表

编号	动作	资金	剩余	时间	岗位	备注
245	还息	36 000	1 561 101	2 年 3 季度	财务总监	长期贷款
246	激励	138 500	1 422 601	2 年 3 季度	人力总监	激励
247	激励	196 500	1 226 101	2 年 3 季度	人力总监	激励
248	发薪	182 040	1 044 061	2 年 3 季度	人力总监	发薪
249	收款	1 000 156	2 044 217	2 年 3 季度	财务总监	贴息
250	贴现	20 003	2 024 214	2 年 3 季度	财务总监	贴息
251	开产	244 000	1 780 214	2 年 3 季度	生产总监	开产
252	付款	1 494 000	286 214	2 年 3 季度	财务总监	付材料费
253	缴纳管理费	4 500	281 714	2 年 4 季度	财务总监	缴纳管理费
254	还息	36 000	245 714	2 年 4 季度	财务总监	长期贷款
255	产品研发	79 200	166 514	2 年 4 季度	生产总监	产品研发
256	收款	4 764 864	4 931 378	2 年 4 季度	财务总监	贴息
257	贴现	142 946	4 788 432	2 年 4 季度	财务总监	贴息
258	发薪	378 900	4 409 532	2 年 4 季度	人力总监	发薪
259	产品设计	1 200	4 408 332	2 年 4 季度	生产总监	产品设计
260	激励	30 000	4 378 332	2 年 4 季度	人力总监	激励
261	激励	18 000	4 360 332	2 年 4 季度	人力总监	激励
262	广告投放	100 000	4 260 332	2 年 4 季度	营销总监	广告投放
263	广告投放	100 000	4 160 332	2 年 4 季度	营销总监	广告投放
264	开产	244 000	3 916 332	2 年 4 季度	生产总监	开产
265	付款	2 490 000	1 426 332	2 年 4 季度	财务总监	付材料费
266	广告投放	200 000	1 226 332	2 年 4 季度	营销总监	广告投放
267	广告投放	100 000	1 126 332	2 年 4 季度	营销总监	广告投放
268	收款	200 000	1 326 332	2 年 4 季度	财务总监	贴息
269	贴现	6 000	1 320 332	2 年 4 季度	财务总监	贴息
270	交税	1 016 772	303 560	2 年 4 季度	财务总监	交税
271	缴纳管理费	4 500	299 060	3 年 1 季度	财务总监	缴纳管理费
272	还息	36 000	263 060	3 年 1 季度	财务总监	长期贷款

续表

编号	动作	资金	剩余	时间	岗位	备注
273	还息	144 000	119 060	3 年 1 季度	财务总监	短期贷款
274	激励	30 000	89 060	3 年 1 季度	人力总监	激励
275	激励	18 000	71 060	3 年 1 季度	人力总监	激励
276	收款	2 370 040	2 441 100	3 年 1 季度	财务总监	贴息
277	贴现	47 401	2 393 699	3 年 1 季度	财务总监	贴息
278	贷款	10 000 000	12 393 699	3 年 1 季度	财务总监	长期贷款
279	归还本金	1 200 000	11 193 699	3 年 1 季度	财务总监	长期贷款
280	归还本金	1 800 000	9 393 699	3 年 1 季度	财务总监	短期贷款
281	发薪	378 900	9 014 799	3 年 1 季度	人力总监	发薪
282	开产	244 000	8 770 799	3 年 1 季度	生产总监	开产
283	付款	2 490 000	6 280 799	3 年 1 季度	财务总监	付材料费
284	产线维修	2 000	6 278 799	3 年 1 季度	生产总监	产线维修
285	产线维修	2 000	6 276 799	3 年 1 季度	生产总监	产线维修
286	还息	300 000	5 976 799	3 年 2 季度	财务总监	长期贷款
287	缴纳管理费	4 500	5 972 299	3 年 2 季度	财务总监	缴纳管理费
288	发薪	378 900	5 593 399	3 年 2 季度	人力总监	发薪
289	激励	30 000	5 563 399	3 年 2 季度	人力总监	激励
290	激励	18 000	5 545 399	3 年 2 季度	人力总监	激励
291	开产	244 000	5 301 399	3 年 2 季度	生产总监	开产
292	付款	2 490 000	2 811 399	3 年 2 季度	财务总监	付材料费
293	产线维修	5 000	2 806 399	3 年 2 季度	生产总监	产线维修
294	产线维修	5 000	2 801 399	3 年 2 季度	生产总监	产线维修
295	产线维修	5 000	2 796 399	3 年 2 季度	生产总监	产线维修
296	产线维修	5 000	2 791 399	3 年 2 季度	生产总监	产线维修
297	产线维修	5 000	2 786 399	3 年 2 季度	生产总监	产线维修
298	产线维修	5 000	2 781 399	3 年 2 季度	生产总监	产线维修
299	产线维修	5 000	2 776 399	3 年 2 季度	生产总监	产线维修
300	产线维修	5 000	2 771 399	3 年 2 季度	生产总监	产线维修

续表

编号	动作	资金	剩余	时间	岗位	备注
301	产线维修	5 000	2 766 399	3 年 2 季度	生产总监	产线维修
302	产线维修	5 000	2 761 399	3 年 2 季度	生产总监	产线维修
303	产线维修	5 000	2 756 399	3 年 2 季度	生产总监	产线维修
304	产线维修	5 000	2 751 399	3 年 2 季度	生产总监	产线维修
305	产线维修	5 000	2 746 399	3 年 2 季度	生产总监	产线维修
306	产线维修	5 000	2 741 399	3 年 2 季度	生产总监	产线维修
307	缴纳管理费	4 500	2 736 899	3 年 3 季度	财务总监	缴纳管理费
308	还息	300 000	2 436 899	3 年 3 季度	财务总监	长期贷款
309	产品设计	1 000	2 435 899	3 年 3 季度	生产总监	产品设计
310	激励	30 000	2 405 899	3 年 3 季度	人力总监	激励
311	激励	18 000	2 387 899	3 年 3 季度	人力总监	激励
312	发薪	378 900	2 008 999	3 年 3 季度	人力总监	发薪
313	开产	244 000	1 764 999	3 年 3 季度	生产总监	开产
314	收款	1 500 000	3 264 999	3 年 3 季度	财务总监	贴息
315	贴现	30 000	3 234 999	3 年 3 季度	财务总监	贴息
316	付款	2 490 000	744 999	3 年 3 季度	财务总监	付材料费
317	收款	27 020 460	27 765 459	3 年 4 季度	财务总监	收款
318	缴纳管理费	4 500	27 760 959	3 年 4 季度	财务总监	缴纳管理费
319	还息	300 000	27 460 959	3 年 4 季度	财务总监	长期贷款
320	发薪	378 900	27 082 059	3 年 4 季度	人力总监	发薪
321	交税	4 293 952	22 788 107	3 年 4 季度	财务总监	交税

思考题：

1. 分析知名度、特性研发值、报价在不同情况所产生的影响。

2. 如何制定生产计划。

3. 如何避免经营过程中的破产。

参考文献

[1]李璠,刘超.数智企业经营管理沙盘理论与实践[M].北京:清华大学出版社,2023.

[2]陈传明,周小虎.管理学原理[M].北京:机械工业出版社,2007.

[3]威廉·科恩.跟德鲁克学营销[M].蒋宗强,译.北京:中信出版社,2013.

[4]孟韬.市场营销[M].北京:中国人民大学出版社,2021.

[5]周君,王烨烨,高国生.市场营销[M].西安:西北工业大学出版社,2020.

[6]佩罗特,麦卡锡.营销学基础[M]. 梅清豪,译.北京:中国财政经济出版社,2004.

[7]LAUTERBORN B. New marketing litany:Four P's passe:C-words take over[J]. Advertising Age,1990(41):26.

[8]彭英.数字营销[M].北京:清华大学出版社,2023.

[9]李春生.精益生产管理实践[M].北京:北京理工大学出版社,2021.

[10]精益生产 管理方法体系的诞生及其特点[EB/OL].(2021-10-26)[2024-03-27]. http://k.sina.com.cn/article_5320574603_13d21868b00100xz59.html.

[11]金艳青.人力资源与服务研究[M].长春:吉林人民出版社,2021.

[12]吴灵辉,卢欢,王华.财务管理[M].北京:电子工业出版社,2023.

[13]刘平.数智沙盘模拟实训[M].北京:清华大学出版社,2023.